법학교수의 삶

법학교수의 삶

권 오 승

法 文 社

나는 1979년부터 2022년까지 43년간 법학교수로 살고 있다. 법학교수란 법과 제도를 연구하고 이를 학생들에게 가르치는 동시에 법을 통하여 사회에 봉사하는 직업이다. 법과 제도는 사회생활의 유지에 매우 필요한 중요한 것이지만 그 내용이 복잡하고 어려운 경우가 많기 때문에, 이를 연구하고 가르치는 일도 결코 쉬운 일이 아니다. 나는 평생 동안 법학교수로 살아오면서 주로 전공분야를 중심으로 열심히 연구하여 책도 많이 출판하고 논문도 많이 발표하면서 거기서 얻은 성과를 토대로 학생들을 가르치고 사회의 발전에 이바지하기 위하여 열심히 노력해 왔으며, 그 결과 상당한 성과를 거두었다고 자부할 수 있다. 그러나 정년퇴직을 하고 나서 인생을 마무리하는 시기에 접어들면서, 내가 법학교수로서 그동안 무엇을 얼마나 연구해 왔으며, 그 성과는 어떠한지, 그리고 제자들은 얼마나 많이 양성했으며 그들은 지금 어디에서 무엇을 하고 있는지, 또 법을 통하여 사회의 발전에 기여한 것은 무엇인지 등을 돌이켜보면, 한편으로는 많은 성과를 거두었다고 하는 뿌듯한 느낌이 들기도 하지만, 다른 한편으로는 과연 제대로 살아왔는지에 대한 의문이 제기되기도 한다.

법학은 그 역사가 매우 오래되었을 뿐만 아니라 그 분야도 아주 다양하다. 나는 그렇게 다양한 분야들 중에서 특히 경제법을 전공으로 하고 있는데, 경제법은 새로운 법 영역으로서 그 역사가 그리 오래되지 않아서 이를 제대로 아는 사람들이 많지 않다. 내가 대학에 다니던 1960년대와 70년대 초반에는 교과과정에 경제법이라는 과목이 개설되어 있지 않았기 때문에, 나는 국내에서는 경제법 강의를 들어본 적이 없고, 1984년에 독일 프라이부르크대학에 가서 경제법 강의를 처음 듣게 되었다. 그런데 1986년에 귀국한 후에는 대학에서 해마다 경제법 강의를 하게 되었을 뿐만 아니라, 1992년에 서울대학교 법과대학에 경제법 전임교수로 부임한 후에는 오로지 경제법만 연구하고 가르치면서 관련 분야에서 사회적인 활동을 전개하고 있다. 그러나 아직 경제법에 대하여 제대로 알지 못하는 것이 너무나 많은 것 같다.

그럼에도 불구하고, 내가 여기서 지난 40여 년간 법학교수로서 살아온 삶의 여정을 회고해 보고자 하는 이유는 다음과 같다. 우선, 내가 법학교수로 살아오면서 경험한 것, 그 중에서 보람 있게 생각되는 점들과 아쉽게 생각되는 점들을 솔직 담백하게 털어놓음으로써, 남은 여생 동안 이를 보완할 수 있는 기회를 얻고자 함이다. 둘째로 현재 나와 같은 길을 걷고 있거나 장차 비슷한 길을 걷고자 하는 후배들이나 다음 세대들에게 길잡이가 되거나 혹은 반면교사로 삼을 수 있는 기회를 제공하고자 함이다. 마지막으로 하나 더 추가하자면, 일반 사람들에게 법학교수의 삶을 진솔하게 소개함으로써 그들의 이해를 돕고자 함이다.

차 례

법학교수가
되기까지

제1장
법학교수가 되기까지

1. 학창 시절

법학보다 사회과학 일반에 관심

나는 1969년 3월에 서울대학교 법과대학에 입학하면서 법학과 인연을 맺게 되었다. 그러나 대학시절에는 법학에 큰 흥미를 느끼지 못했기 때문에 당시에는 법학교수가 되려는 생각은 전혀 하지 않았다. 법대에 입학할 때에는 다른 학생들과 마찬가지로 법대를 졸업하고 사법고시에 합격해서 판사나 검사가 되거나 행정고시에 패스해서 고급공무원이 될 수 있을 것이라는 막연한 기대를 가지고 있었다. 그런데 대학 1학년 때에 어느 선배의 권유로 '농촌법학회'라는 학회(동아리)에 가입해서, 선배들의 지도로 경제학이나 정치학을 비롯한 사회과학 서적들을 두루 섭렵하고, 자본주의와 사회주의, 농촌문제나 노동문제 등과 같은 사회문제에 대하여 관심을 갖기 시작하면서, 나의 삶의 목표와 방향이 서서히 바뀌게 되었다. 학회

활동을 통하여 사회문제를 비판적으로 바라보는 시각을 갖기 시작하면서, 농촌봉사활동과 학생운동에도 적극적으로 참여하게 되었고, 우리나라나 사회가 안고 있는 여러 가지 문제점들을 종합적으로 인식하기 위하여 노력하였으며, 그러한 문제점들을 효과적으로 해결하기 위해서는 학생들을 비롯한 지식인들이 그들에게 부여된 역사적 사명을 정확히 깨달아 이를 몸소 실천하기 위하여 열심히 노력해야 한다는 생각을 하게 되었다.

　이와 같이 사회문제에 대한 비판적인 의식을 가지고 이를 해결하기 위한 지식인의 역할에 대하여 고민하기 시작하면서, 나는 점차 법학보다는 경제학이나 정치학 등과 같은 사회과학 분야에 더 많은 관심을 가지게 되었고, 강의도 법학보다는 사회과학 분야의 강의를 더 많이 듣고, 독서도 법학 관련 문헌보다는 사회과학 분야의 서적들을 더 열심히 읽게 되었다. 그리고 여가시간은 주로 농촌법학회 선배들이나 동료, 후배들과 함께 보냈기 때문에 그들의 영향을 많이 받게 되었다. 그 결과는 대학시절의 성적표에 그대로 나타나 있다. 성적표에는 법학 과목의 성적은 그리 좋지 않은 반면, 다른 과목의 성적은 모두 A로 기록되어 있는 것을 볼 수 있다. 그리고 대학시절 8번의 방학 중에서 1학년 여름방학을 제외한 나머지 7번의 방학을 모두 농촌봉사활동에 할애할 정도로 농촌봉사활동에 적극적으로 참가하게 되었다.

　그리고 1960년대와 70년대에 우리나라의 정치상황은 매우 불안한 상태이었기 때문에, 대학 캠퍼스는 하루도 조용한 날이 없을 정도이었다. 3선개헌 반대, 교련반대, 전태일 사건, 독재정권타도 등과 같은 이슈들로 인하여 해마다 학생시위가 계속되었고, 서울대 법대가 항상 그러한 시위의 중심에 서 있었다. 그리고 1971년에는 고 박정희 대통령의 장기집권을 위한 음모가 드러나기 시작하여, 이에 반대하는 학생시위가 전국으로 확산되어 정국이 매우 불안해지기 시작하자, 정부는 국가비상사태를 선포하여 모든 대학이 문을 닫게 되었고, 대학 캠퍼스에는 무장군인들이 점령하는 사태까지 발생하게 되었다.

더욱이 1972년에는 정부가 이른바 '10월 유신'을 선포함에 따라, 우리 법학도들이 법 중의 법, 즉 법률의 최고봉이라고 생각하고 있던 헌법이 하루아침에 와르르 무너져 내리는 것과 같은 사태까지 발생하게 되었다. 그리고 학교 당국에서는 학생운동에 적극적으로 참여한 학생들을 제적시켜서 학교에서 몰아내는 조치를 취하였기 때문에, 대학에서 국가와 민족의 장래를 염려하면서 여러 가지 사회문제들을 놓고 치열하게 토론하고 농촌봉사활동과 학생운동에도 함께 참여했던 가까운 친구들이 징계를 받고서 군대에 끌려가는 사태가 발생하였다. 나는 지도교수님의 배려로 간신히 징계는 면했지만 경찰에 쫓기는 신세가 되어 하숙집에도 들어가지 못하고, 이집 저집을 전전하면서 동가숙 서가식(東家宿 西家食)하고 있다가, 농촌봉사활동을 하는 과정에서 농촌지도자로 만난 성동영(成東英, 나중에 成百曉로 개명) 형의 초청으로, 충남 부여군 은산면 고부실에 있는 '곡부서당'(曲阜書堂)에 가서 한문공부를 하면서 시간을 보내게 되었다.

법학자의 꿈

곡부서당에는 성동영 형을 비롯하여 5~6명의 서생들이 서암(瑞巖) 김희진(金熙鎭) 선생님을 모시고 한문공부를 하고 있었다. 서암 선생님은 평생 동안 한학에 전념해 오신 우리나라의 대표적인 한학자로서, 서당에서 서생들과 함께 기숙하면서 후학을 양성하고 계셨다. 서생들은 새벽에 일찍 일어나서 날이 밝을 때까지 글을 읽고 있다가 날이 밝으면 각자 논밭에 나가서 하루 종일 농사일을 하고 저녁에는 다시 서당에 모여서 글을 읽는, 그야말로 주경야독(畫耕夜讀)의 삶을 살고 있었다. 나도 그들과 함께 주경야독의 생활을 하면서 한문공부를 시작하게 되었다. 서암 선생님은 율곡 선생의 제자로서 당시에는 서생들에게 성학집요(聖學輯要)를 가르치고 계셨다. 그런데 나는 먼저 대학(大學)과 중용(中庸)을 읽은 다음에 성학집요를 읽는 것이 좋겠다고 하셔서, 대학과 중용을 읽으면서 서당의 분위기를 익힌 다음에 성학집요를 읽기 시작하였다.

그러던 어느 날 우연히 율곡전집(栗谷全集)에서 만언봉사(萬言封事)라는 율곡(栗谷) 선생의 상소문을 읽고 있다가 아주 큰 감명을 받았다. 그때까지 나는 국가나 사회의 현안에 대하여 무엇이 어떻게 잘못되었다는 식으로 문제점을 날카롭게 지적하는 분들은 많이 보았지만, 그러한 문제점을 어떻게 해결할 것인지, 그 대안을 명확하게 제시하는 분은 보지 못하였다. 그런데 율곡 선생은 그 상소문에서 당시에 우리나라[李氏 朝鮮]가 안고 있던 제반 문제점들을 정확히 지적한 다음에 이를 해결할 수 있는 종합적인 대책을 제시하고 있었던 것이다. 뿐만 아니라, 그는 그 상소문 서두에 만약 상소문의 내용 중에 추호라도 잘못된 점이 있다면 언제든지 자신의 목을 베라고 하면서 그야말로 목숨을 걸고서 상소문을 올리고 있었다. 나는 그 모습에 너무나 큰 감동을 받아서, 뛰는 가슴을 부여안고 며칠 동안 잠을 제대로 이루지 못하였다. 그때까지 나는 우리나라가 안고 있는 여러 가지 문제점들 중에서 특히 농촌문제에 초점을 맞추어서 이를 해결하기 위하여 헌신하는 농촌운동가가 되려는 꿈을 가지고 있었다. 그러나 그때부터는 율곡 선생처럼 우리나라의 제반 문제점들을 효과적으로 해결할 수 있는 종합적인 대안을 제시할 수 있는 대학자가 되었으면 좋겠다는 새로운 꿈이 생기게 되었다. 그것이 내가 학자의 길로 들어서게 된 결정적인 계기가 되었다.

그 후에 나는 서암 선생님과 함께 전북 군산에서 철학관을 운영하고 있던 선생님의 제자분을 방문한 적이 있었다. 거기서 그 제자분이 나에게 장래 희망이 무엇이냐고 묻기에, 나는 그 자리에서 농촌운동가가 되고 싶다고 말하기가 쑥스러워서 조금 망설이다가 농촌에 내려가서 중·고등학교 선생님을 하고 싶다고 대답하였다. 그런데 그분이 고개를 저으면서 "그것은 자네의 길이 아닌 것 같은데~"라고 하면서, "굳이 선생님이 되고 싶다면 대학교수가 되는 것이 좋겠다"고 말씀하셨다. 그때까지 나는 대학교수가 되겠다는 생각을 해본 적이 전혀 없었으나, 그날 이후에는 점차 대학교수가 되는 것도 괜찮을 것 같다는 생각을 하게 되었다. 그리고 1년 후에 대학을 졸업하면서 대학원에 진학하여 공부를 계속해야겠다는 결심을 하게 되었다.

그런데 내가 대학원에 진학할 경우에, 무엇을 전공으로 선택하여 공부할 것인가 하는 문제를 놓고 한동안 고민을 거듭하지 않을 수 없었다. 왜냐하면 당시에 나는 법학보다는 경제학에 더 많은 관심을 가지고 있었던 터라 대학원에서는 전공을 경제학으로 바꾸어서 공부하는 것이 어떨까 하는 생각을 하고 있었기 때문이다. 이 문제를 가지고 한동안 고민을 하고 있다가 평소에 존경하고 있던 건국대학교에서 농업경제학을 가르치고 계시던 김병태 교수님을 찾아가서 상담해 보았다. 김 교수님은 내가 그 대학의 대학원에 입학하면 기꺼이 지도해 주시겠다고 하셨다. 그러나 나는 사립대학교 대학원의 입학금을 감당할 능력이 없어서 경제학에 대한 미련을 버리고, 일단 국립대학인 서울대학교 대학원 법학과에 입학해서 법학의 다양한 분야들 중에서 흥미가 있는 분야를 찾아 보기로 하고, 1973년 3월에 서울대학교 대학원 법학과 석사과정에 입학하여 사회경제법을 전공으로 선택하여 공부를 하기 시작하였다.

그리고 대학원에 입학한 후에 법학의 여러 분야들 중에서 어느 분야를 선택하는 것이 좋을지에 대하여 고민하는 과정에서 나는 일본 와가츠마 사카에(我妻榮) 교수의 자서전을 읽고서 큰 감명을 받았다. 그는 일본의 민법학계를 대표하는 학자로서 우리나라 민법학에도 큰 영향을 미친 분이다. 와가츠마 교수는 민법해석학은 민법전의 논리적 해명을 기초로 하고 있지만, 거기에 그쳐서는 결코 안 된다고 하면서, 사회에서 일어나고 있는 현상에 대한 보편타당한 규율자로서의 사명을 다하기 위하여, 사회생활을 규율하는 보편적 가치와 아울러 일본의 사회생활을 규율하는 특유한 현실적 규범을 탐구하여 보편적으로 타당하고 설득력 있는 결론을 얻기 위하여 노력해야 한다는 것을 강조하고 있었다. 그리고 1920년대에 그가 대학에 재학할 당시에는 지식인들의 진로가 두 갈래로 갈라져 있었는데, 하나는 관료가 되어서 일본의 근대화에 기여하는 것이고, 다른 하나는 농촌에 들어가서 민중들과 함께 사회를 변화시키는 것이었다고 한다. 그는 원래 전자의 입장에서 장차 관료가 되어서 일본의 근대화에 기여하고자 하는 꿈을 가지고 있었으나, 존경하는 스승인하토야마 히데오(鳩山秀夫) 교수의 권유로 그 교수의 조수가 되어서 민법연구를 하기 시작하여 조수논문을 작성한 후, 미국에 유학 가서 사회학을 공부하고 나서 다시 독일에 가서 경제학을 공부한 뒤에, 귀국하는 길에 프랑스에 머물면서 자본주의 비판서적을 탐독한 후에 일본에 귀국하여 민법 교수로 출발하면서, "자본주의의 발달에 따른 사법의 변천"에 관한 연구를 필생의 연구과제로 삼고 민법 전편의 교과서를 완성하는 일에 헌신하겠다는 각오로 열심히 연구에 전념하여 획기적인 성과를 거둔 대학자이다.

그런데 그는 말년에 법학과 사회발전의 관계에 대하여 설명하면서, "전투대열에 비유하자면, 법학은 최전선이 아니라 본진에 해당된다."고 하면서, 그 이유를 다음과 같이 설명하고 있다. 최전선에 있는 군사들이 적진을 향해 공격하고자 할 때에, 본진에서 그들에게 필요한 병력과 장비 등을 지원해 주고 또 그들이 쟁취한 전과를 잘 지켜주지 않으면, 최전선에 있는 군사들이 적군에 의하여 함락될 우려가 있다고 하면서, 그렇게 되지 않도록 하기 위해서는 본진이 그 역할을 제대로 수행해야 한다고 강조하고 있었다. 나는 이러한 와가츠마 교수의 문제의식과 학문하는 자세에 큰 도전을 받고서 법학의 연구를 통해서도 사회발전에 기여할 수 있다는 믿음을 가지고, 민법의 여러 가지 제도들 중에서 우선 소유권, 계약 및 불법행위라는 세 가지의 기본적인 제도부터 연구해 보기로 하고, 먼저 소유권에 대한 연구를 하기 시작하였다. 그리고 1975년 2월에 대학원을 수료할 때에는 이를 평소에 깊은 관심을 가지고 있던 농촌문제와 연결하여, "농지소유권에 관한 연구"라는 주제로 석사논문을 작성하여 법학석사 학위를 취득하게 되었다.

2. 법학교수를 위한 준비

육군 제3사관학교 법학 교관

대학원 수료를 앞두고, 개인적으로 가장 시급하게 해결해야 할 문제는 바로 병역의무를 필하는 것이었다. 대학원에 진학하면서 군 입대를 2년간 연기해 두고 있는 상태이었기 때문에, 대학원을 수료하면 곧 바로 현역으로 입대해야 할 형편이었다. 그런데 나는 대학원 재학 중에 대학교 1학년 때부터 사귀어 온 여자 친구와 결혼을 하여, 슬하에 아들을 하나 두고 있는 세 식구의 가장이었기 때문에, 만약 사병으로 입대하면 병역의무를 가장 빨리 필할 수 있지만, 그동안 가족들의 생계를 유지하기가 어려워서 다른 방법을 찾아보지 않을 수 없었다. 이러한 병역문제를 놓고 고민을 하고 있던 중에 우연히 육군 제3사관학교에서 교관요원을 모집한다는 공고를 보고, 거기에 지원하여 육군 제3사관학교의 교관요원으로 선발되었다. 그리고 교관으로 임용되기 위하여 특수간부후보생 제66기로 정해진 훈련을 받게 되었는데, 그 훈련은 1975년 3월 초부터 6월 말까지 약 4개월 동안 진행되었다. 먼저 논산훈련소에 입소하여 6주간 신병훈련을 받고 나서, 광주보병학교에 가서 10주간 간부후보생 훈련을 받은 뒤에 6월 말에 육군 중위로 임관하여 경북 영천에 있는 육군 제3사관학교에 부임하여 3년간 법학교관으로 근무하게 되었다. 육군 제3사관학교에서는 법학교관으로서 사관생도들에게 법학개론과 군법 등을 가르치는 역할을 담당하게 되었다. 그리고 육군 제3사관학교에서 근무하는 동안, 1976년부터는 1주일에 한 번씩

대구에 있는 계명대학교와 한국사회사업대학(현 대구대학교)에 가서
민법과 상법 등을 강의할 수 있는 기회도 가졌다.

경제법 교과서

나는 1978년 7월에 고 황적인 교수님과 공저로 국내 최초의 경
제법 교과서를 출간하였다. 1975년 1월에 법학석사 학위논문의 심
사가 끝난 후에, 당시 석사논문의 지도교수이셨던 황 교수님이 나
를 연구실로 불러서, 당신이 경제법 교과서를 저술할 계획을 가지
고 있는데, 내가 공저자로 그 작업에 참여해 주면 좋겠다고 하셔
서, 그렇게 하겠다고 했더니, 경제법에 관한 당신의 강의안을 보여
주시면서, 그것을 토대로 하여 경제법 교과서 저술 작업을 시작해
보라고 말씀하셨다. 당시에 나는 경제법에 대해서 아는 바가 별로
없었기 때문에 경제법을 처음부터 새로 공부하는 자세로 그 작업에
착수하게 되었다. 그런데 당시에 국내에는 경제법에 관한 교과서는
물론이고 참고할 만한 자료도 거의 없는 상태이었기 때문에, 어쩔
수 없이 우리나라 법제에 가장 큰 영향을 미치고 있는 독일과 일본
의 경제법 교과서를 모델로 하여 경제법 교과서를 저술하는 작업을
시작하게 되었다. 그 당시에 내가 주로 참고했던 외국 교과서는 독
일 링크(G. Rinck) 교수의 경제법[1]과 일본 가나자와 요시오(金沢良
雄) 교수의 경제법[2]과 이마무라 시게가즈(今村成和) 교수의 독점금
지법[3] 등이었다. 그런데 그 교과서의 저술 작업은 무려 3년이라는

---

1) G. Rinck, Wirtschaftsrecht, 1963.
2) 金沢良雄, 經濟法, 有斐閣, 昭和 42.
3) 今村成和, 獨占禁止法, 有斐閣, 昭和 44.

세월이 걸려서 1978년 7월에야 비로소 법문사에서 초판을 출판하게 되었다. 그 이유는 내가 교과서 저술을 시작하고 나서 두 달 만에 육군에 입대하여 4개월간 군사훈련을 받은 뒤에 육군중위로 임관하여 육군 제3사관학교에 법학 교관으로 부임하여 3년간 근무하면서, 여가시간을 이용하여 저술 작업을 진행할 수밖에 없었기 때문이다.

이 책은 처음에는 독자들에게 큰 관심을 끌지 못했으나, 1980년대에 들어오면서 정부주도형 경제성장정책의 추진과정에서 나타난 제반 부작용이나 폐해를 시정하기 위하여 국가가 개인이나 기업의 경제활동에 대한 규제를 강화하기 시작하면서, 국민들 사이에 경제법의 의의나 중요성에 대한 인식이 점차 증가하게 되었고, 그 결과 경제법 교과서에 대한 학생들의 관심도 늘어나게 되었다. 그리고 1996년에는 사법시행령의 개정으로 경제법이 사법시험 제1차 선택과목에 포함되었기 때문에 많은 학생들이 경제법에 관심을 가지게 되었다. 이러한 과정을 거치면서 이 책은 우리나라 경제법에 관한 표준적인 교과서로 자리매김하게 되었다.

그런데 시간이 지나가면서 공저자인 황 교수님은 이 책의 내용에 대하여 깊은 관심을 보이지 않게 되었기 때문에, 나는 해마다 이 책의 내용을 수정·보완하여 개정판을 출간하면서, 언젠가는 이를 공저가 아니라 단독 저서로 출판하는 것이 좋겠다는 생각을 하게 되었다. 그리하여 이 책의 초판을 출간한 지 20년이 되는 1998년에는, 이 책의 구성과 내용을 전면적으로 개정하는 전정판을 출간하면서, 이를 내 단독 명의로 출판하게 되었다.

서울대학교 법과대학 조교

나는 1978년 6월 말에 군복무를 마치고 육군대위로 전역한 뒤에 7월 초부터 서울대학교 법과대학에서 조교로 근무하게 되었다. 당시에는 서울대 법대에 조교가 2명밖에 없었고, 그 임기도 명확하게 정해져 있지 않은 상태이었기 때문에 조교 자리를 얻기가 쉽지 않았다. 전임 조교가 해외로 유학을 가거나 다른 대학의 교수로 임용되어 가는 등 그 자리가 비지 않으면, 후임 조교를 채용하지 않았다. 그런데 나는 아주 운이 좋게도 군복무를 마치자마자 바로 조교로 임용될 수 있게 되었다. 그리고 그해 9월부터는 대학원 박사과정에 복학하여 대학원 공부도 계속할 수 있게 되었다. 조교로 근무하는 동안, 나는 아침 일찍 학교에 출근해서 하루 종일 교수님들이 시키는 일들을 도와드리고 나서, 일과가 끝난 후에는 저녁 늦게까지 연구실에 혼자 남아서 오로지 연구에만 집중할 수 있었다. 돌이켜 보면 그 기간이 나에게 아주 유익한 기회가 되었던 것 같다.

민법 교수

제2장
민법 교수

1. 동아대학교 교수

1979년 3월 1일은 내가 부산에 있는 동아대학교 법정대학 법학과에 민법 교수(전임강사)로 임용된 날이다. 법학교수로서 첫 출발을 한 매우 뜻깊은 날이다. 동아대 법대의 교수로 부임하는 과정에서 나는 당시 경희대 법대에 근무하고 있던 고 구연창 교수[4]의 도움을 받았다. 1979년 11월경 구 교수님은 나에게 전화로 부산 동아대에서 민법 담당교수를 채용할 계획이 있다고 하는데, 혹시 지원할 의사가 있느냐고 물었다. 그런데 당시에 나는 1년 후에 독일에 가서 유학할 계획을 가지고 준비를 하고 있었기 때문에 그 질문에 쉽게 대답할 수가 없었다. 그리하여 대학원 지도교수이신 황적인 교수님을 찾아가서 그러한 사정을 말씀드리고 어떻게 하는 것이 좋겠느냐고 여쭈어 보았다. 그런데 황 교수님은 지금은 독일에 유학

---

4) 구연창 교수님은 서울대 법대 선배이고 우리나라의 환경법을 개척한 분으로서, 당시 경희대에서 민법을 가르치고 계셨다.

가서 박사학위를 받아가지고 와도 교수로 임용되기가 어려운 형편이니, 주저하지 말고 당장 동아대에 지원을 하라고 말씀하셨다. 나는 그 말씀에 따라 동아대에 지원해서 1979년 3월 1일 자로 민법 담당 전임강사로 임용되었다.

동아대에 부임한 후, 가족들을 서울에 남겨둔 채 혼자 부산에 내려가서 처음 두 달 동안 부산시 서구 동대신동 동아대학교 캠퍼스 인근에서 하숙생활을 하게 되었다. 그러나 그러한 생활을 계속할 수는 없을 것 같아서, 그해 5월에 해운대에 있는 주공아파트 한 채를 구입해서 가족(아내와 두 아들)과 함께 부산에서 생활을 하기 시작하였다. 이처럼 동아대에서 민법 교수로서 첫 출발은 비교적 순조롭게 진행되었다. 강의는 주로 민법총칙과 물권법을 담당하면서, 선택과목으로 서양법제사와 경제법도 가르쳤다. 그런데 나는 모든 강의를 새로 시작하는 것이었기 때문에, 강의 준비에 아주 많은 시간과 노력을 투입할 수밖에 없었다. 그리고 동아대에서는 주간과 야간을 함께 운영하고 있었기 때문에 강의부담이 상당히 많은 편이었다. 더욱이 야간의 경우에는 직장생활을 하고 있는 학생들이 많았기 때문에, 그들 중에는 나이가 많은 학생들도 있었고, 심지어 나보다 나이가 많은 학생들도 있었기 때문에, 신임교수가 그들을 대상으로 강의를 하는 것이 그리 쉽지는 않았다. 그럼에도 불구하고 나는 열심히 준비해서 성의껏 가르쳤으며, 그 결과 강의에 대한 학생들의 반응이나 평가는 좋은 편이었다.

내가 동아대학교에서 새롭게 경험한 대학의 분위기는 서울, 특히 서울대학교의 그것과는 많이 달랐다. 우선, 교수들이 대학 강의에서 교재로 사용하는 교과서가 서울대에서 사용하던 것과는 많이 달랐다. 당시 서울대에서는 민법교과서를 주로 김증한 교수님이나 곽윤직 교수님의 책을 교재로 사용하고 있었기 때문에, 나는 동아대에서도 당연히 그 교과서를 교재로 사용하고자 하였다. 그러나 학생들이 부산에서는 서점에서 그러한 교과서를 판매하고 있지 않아서 그 책들을 구입할 수 없다고 하였다. 그래서 나는 어쩔 수 없이 출판사(당시에 김증한 교수님의 사모님이 출판사를 운영하고 계셨다)에 연락을 해서 그 교과서를 대학교 정문 앞에 있는 서점으로 보내 달라고 부탁한 뒤에, 나중에 내가 그 서점에 가서 교과서를 판매한 대금을 받아서 출판사에 전달해 주는 방법으로 그 문제를 처리할 수밖에 없었다. 오늘날의 관점에서 보면, 그야말로 호랑이 담배 피우던 시절의 이야기와 같다고 할 수 있을 것이다.

그리고 대학에서 교수들이 교육의 내용이나 방법 또는 학생지도 등에 관하여 토의할 기회가 있을 때에, 내가 서울대에서 직접 경험한 것을 토대로 하여 이야기를 하기 시작하면, 다른 교수들은 서울대는 예외적인 경우에 해당하니까 그런 이야기는 아예 꺼내지도 말라고 할 정도이었다. 한편, 당시에 동아대에서는 연구실 사정이 여의치 않아서, 각 교수가 연구실을 하나씩 사용하지 못하고 교수 2인이 연구실 하나를 공동으로 사용하고 있었다. 나는 민법과 환경법을 담당하고 있던 고 전창조 교수님[5]과 함께 연구실을 공동으로 사용하게 되었다. 다행히 전 교수님은 연구실에 오래 계시지 않는 분이어서 나는 별다른 어려움 없이 연구실을 사용할 수 있었다. 그런데 초기에는 내가 하숙을 하고 있는 형편이었기 때문에, 연구실

---

5) 전창조 교수님은 동아대에서 민법을 가르치면서, 환경법의 연구를 통하여 환경법의 발전에도 큰 기여를 하셨다.

에 남아 있는 시간이 많았고, 또 나는 서울대에서 조교로 근무할 때부터 아침 일찍 연구실에 나가서 밤늦게까지 연구실에 머물러 있다가 밤늦게 퇴근하는 것이 습관처럼 되어 있었기 때문에, 매일 저녁 연구실에서 밤늦게까지 연구를 하다가 집으로 돌아가곤 하였다.

그런데 하루는 밤 10시가 되기 전에 경비 아저씨가 연구실로 올라와서 학교의 규정상 건물 전체를 밤 10시에 소등을 하게 되어 있으니, 늦어도 10분 전까지는 퇴근해야 한다고 하셨다. 나는 대학에서 교수 연구실이 있는 건물을 밤 10시에 소등한다고 하는 것이 도저히 이해가 되지 않아서, 그 다음 날 아침에 법정대 학장실에 찾아가서 학장님께 어제 저녁에 있었던 일을 말씀드리고, 나는 지금 하숙집에서 연구를 하기가 어려운 형편이니 연구실에서 밤늦게까지 일할 수 있게 해달라고 부탁드렸다. 그런데 학장님이 사무처에 전화해서 사정을 알아보신 후에 하시는 말씀이, 원칙적으로는 안 되는 일인데, 권 교수만 예외적으로 밤 11시까지 연구실에서 일할 수 있게 해주겠다고 하셨다. 나는 학장님께 감사하다고 말씀드리고 연구실로 돌아왔다. 그것은 당시 서울대의 기준으로 보면 도저히 납득하기 어려운 일이라고 생각되었지만, 지방대학에서는 그리 놀라운 일이 아니었던 것으로 보인다.

한편, 당시에 동료교수들의 분위기는 대체로 연구보다는 교육이나 학교 행정 등 다른 일에 더 많은 신경을 쓰고 있는 것처럼 보였다. 그리고 선배교수들이 감사하게도 신임교수인 나에게 아주 친절하게 대해 주었고 또 여러 가지를 따뜻하게 배려해 주었다. 예컨대 당시에 법학과장을 맡고 계셨던 강위두 교수님[6]은 매일 11시 50분경에 4층에 있는 내 연구실로 올라와서, 연구는 평생 동안 해야 할 터인데 벌써부터 그렇게 열심히 하면 어떻게 하느냐고 농담을 하시면서 같이 점심식사를 하러 가자고 권유하실 정도였다. 내가 강 교수님을 따라서 점심식사를 하러 나가면, 그분은 2~3명의 선배 교수님들과 함께 택시를 타고 시내에 있는 소문난 맛집으로 가서 점심식사를 한 후에 가까운 다방에서 커피나 차를 마시면서 환담을 하다가 학교로 돌아오게 되었는데, 연구실에 도착하면 오후 2시가 넘는 경우가 많았다. 나는 좋은 음식점에서 선배교수님들과 맛있는 점심식사를 하는 것은 좋지만, 이를 위하여 매일 2시간 정도를 소비하는 것은 시간낭비가 아닌가 하는 생각이 들어서 마음이 편하지 않았다.

토지소유권의 법적 성질

동아대에서 나는 신임교수로서 새로운 환경에 적응하면서 강의 준비에 집중하느라, 그리고 틈나는 대로 독일 유학을 위한 독일어 공부를 하느라 전공분야의 연구에는 큰 성과를 거두지 못했다. 그런데 그 와중에서도 토지소유권의 법적 성질에 관한 연구[7]를 발표할 수 있었던 것은 참 다행스러운 일이라고 생각된다. 이 논문의 요지는 다음과 같다.

우리나라는 자본주의적 시장경제를 경제질서의 기본으로 삼고 있다. 헌법 제23조 제1항은 "모든 국민의 재산권은 보장된다"고 규

---

6) 당시에 강위두 교수님은 동아대에서 상법을 가르치고 계셨으며, 그 후에 부산대로 옮겨서 오랫동안 근무하시면서 상법의 발전에 많은 기여를 하셨다.

7) 이 연구는 1980년 11월에 발간된 경희대 대학논문집 제4집 하권에 발표되어 있다.

정하여 사유재산권을 제도적으로 보장하고, 제119조 제1항은 "대한민국의 경제질서는 개인과 기업의 자유와 창의를 존중함을 기본으로 한다"고 규정하여 시장경제를 기본으로 한다고 선언하고 있다.

사유재산권을 보장하고 있는 나라에서는 토지에 대한 재산권도 보장된다. 그런데 토지는 다른 물건과는 다른 여러 가지 특성, 즉 토지는 인간의 노동의 산물이 아니고, 토지는 유한하며, 토지에 대한 인간의 지배 특히 토지소유는 한정적인 지표에 대한 사적 독점이며, 또 토지는 위치가 그 본질적인 속성이기 때문에 그 지표의 특성에 따라 강한 개성을 가지므로 대체성이 없고, 다른 토지와 인접하고 있기 때문에 상린성이 강하여 일정한 토지의 이용은 다른 토지에 미치는 영향이 대단히 크다는 점 등으로 인하여, 토지에 대한 소유권은 다른 물건에 대한 소유권에 비하여 강한 사회적·공공적 성격을 가진다. 오늘날 토지문제가 중요한 사회문제의 하나로 부각되고 있는 이유는 바로 이와 같은 토지소유권의 특질, 즉 토지소유의 사적·독점적 성격과 토지의 사회적·공공적 성격 간의 모순에서 유래되며, 그것이 자본주의 사회의 고도화와 더불어 점차 심각한 모습을 띠게 된 것이라고 할 수 있다.

따라서 토지문제를 효과적으로 해결하기 위해서는, 먼저 토지소유권의 양면성을 정확히 파악하고, 토지소유권에서 나타나는 소유자의 사적 이익과 공공복리의 충돌을 적절히 해결할 수 있는 조화점을 찾기 위하여 노력할 필요가 있다. 이를 위한 구체적인 방안으로서 선진국에서는 한편으로는 토지에 대한 소유권보다 이용권을 존중하는 방향으로 나아가고 있다. 이를 토지소유권의 근대화라고 한다. 한편 토지의 소유와 이용에 관하여 사익과 공공복리가 충돌하는 경우에는 공공복리를 실현하기 위하여 사익을 제한하는 제도나 이론이 개발되고 있다. 이를 토지소유권의 공개념이라고 한다. 그런데 우리나라에서는 토지소유권의 근대화가 제대로 이루어지지 않은 상태에서, 토지의 소유와 이용에 관하여 사적 이익과 공공복리가 충돌하는 경우가 자주 발생하고 있다. 정부는 이러한 문제를 해결하기 위하여 토지소유권을 제한하는 입법을 하는 경우가 자주 있다. 그런데 토지의 소유와 이용에 관한 사익과 공공복리가 충돌할 경우에 이를 조정할 수 있는 이론적 근거가 마련되어 있지 않은 상태에서, 정부가 그때그때의 필요에 따라 토지소유권에 대하여 각종 제한을 가하고 있기 때문에, 토지문제를 둘러싼 분쟁이나 갈등을 원만하게 해결할 수 있는 방안을 마련하기가 더욱 어렵다고 할 수 있다.

부마사태와 10.26사태

1979년 5월 3일 야당인 신민당의 전당대회에서 '민주회복'의 기치를 든 김영삼(金泳三) 의원이 총재로 당선된 후 정국은 여야격돌로 인하여 더욱 경색되었다. 그리고 8월 11일 YH사건, 9월 8일 김영삼에 대한 총재직 정지 가처분 결정, 10월 4일 김영삼 의원의 의원직 박탈 등 일련의 사건이 발생함으로써 유신체제에 대한 야당과 국민의 불만이 크게 고조되었다.

그런 와중에 김영삼의 정치적 본거지인 부산에서는 10월 15일에 부산대학교에서 민주선언문이 배포되었고, 16일과 17일에 부산대와 동아대에서 학생들이 주도한 시위가 격렬해지면서 시민들이 이에 합세하여 대규모 반정부시위가 일어나게 되자, 18일 0시에 부산 일대에 비상계엄령이 선포되었고, 18일과 19일에는 이 시위가 마산 및 창원지역으로 확산되어 20일 정오에 마산 일대에 위수령이 발동되었다. 정부의 강경진압으로 반정부시위는 진정되는 듯하였으나, 26일에는 중앙정보부장 김재규가 박정희 대통령을 시해하는 10.26사태가 발생하여 유신체제는 무너지게 되었다.

이러한 10.26사태는 대학사회에도 큰 소용돌이를 불러 일으켰다. 민주화의 요구가 전국적으로 확산되기 시작하자 동아대도 그 영향을 받게 되었다. 처음에는 총장님이 젊은 교수들을 모아놓고 우리 대학도 민주적인 방향으로 개혁하려고 하니까, 여러분들이 그 구체적인 방안을 마련해 주었으면 좋겠다는 부탁을 하게 되었다. 이에 뜻있는 젊은 교수들이 대학의 민주화를 위한 계획을 마련하기 시작하였고, 이를 준비하기 위한 5인 위원회를 구성하게 되었는데, 나도 그 일원으로 참여하여 대학의 민주화를 위한 청사진을 마련하는 데 일조할 수 있게 되었다. 그러나 당시 보안사령관으로서 10.26사건의 합동수사본부장을 맡고 있던 전두환 장군이 12.12군사반란으로 정권을 장악하게 되자 정국의 상황이 급격히 바뀌게 되었고, 대학의 분위기도 돌변하게 되었다. 1980년 3월에 개최된 전체교수회의에서 부총장이 연단에 올라와서 전체 교수들에게 우리 대학은 현 정권에 적극 협조하기로 했으며, 대학의 정책도 기존의 방침을 그대로 유지해 나가기로 했다고 말하면서, 여기에 동의하지 않는 교수들은 하루속히 학교를 떠나주기 바란다고 선언하였다.

그리고 대학 당국에서는 그동안의 사태를 수습하는 과정에서 대학의 분위기를 쇄신하기 위하여 전체 교수들에게 사직서를 제출하라는 지시를 내렸다. 대부분의 교수들은 이에 순응하여 사직서를 제출하였지만 나는 그렇게 하지 않았다. 왜냐하면 나는 이런 상황에서 대학 당국이 전체교수들에게 일방적으로 사직서 제출을 요구하는 것은 전근대적인 행태로서 옳지 않다고 생각했기 때문이다. 뿐만 아니라 사직서 제출은 교수 개인의 입장에서는 신상에 중대한 변화를 초래하는 매우 중요한 의사표시인데, 이를 대학 당국의 강요에 의하여 하는 것은 타당하지 않다고 판단하였기 때문이다.

그런데 당시 법정대학의 학장은 나를 불러다 놓고서, 다른 교수들은 모두 사직서를 제출했는데 권 교수만 사직서를 제출하지 않고 있어서 자신의 입장이 매우 난처하게 되었다고 하면서, 자기의 입장을 봐서라도 사직서를 빨리 제출해 달라고 요청하였다. 그리고 내가 만약 사직서를 제출하지 않으면 자기는 지난 20여 년간 이 학교에서 쌓아온 공로가 한순간에 와르르 무너지게 된다고 하였다. 또 내가 사직서를 제출하더라도 그것은 곧 반려될 것이 분명하니까 염려할 것이 전혀 없다고 하였다. 그것이 사실에 가까울 수도 있을 것 같았다. 그러나 나는 교수들이 사직서를 제출해 놓고 그 수리 여부를 총장의 재량에 맡기는 것은 옳지 않을 뿐만 아니라 결코 있을 수 없는 일이라고 생각하였기 때문에 사표를 제출하지 않겠다는 태도를 계속 유지하기로 했다. 그런데 시간이 한참 지나고 나니까 다른 교수들은 모두 사직서를 제출했는데, 나 혼자만 이렇게 고집을 부리고 있는 것이 결코 지혜롭지 않은 것 같다는 생각이 들어서, 나도 사직서를 제출해야 할 것인지 여부를 놓고 좀 더 진지하게 고민해 보게 되었다.

내가 1979년 3월 동아대에 법학교수로 임용되었을 때에 나는 평생 동안 법학교수를 천직으로 삼아 열심히 연구하고 가르치는 삶을 살아가겠다는 각오를 하고, 가족들을 모두 데리고 부산에 내려 와서 자리를 잡게 되었다. 그런데 내가 여기서 본의 아니게 교수직을 그만 두게 되면 장차 어디서 무엇을 하면서 살아야 할 것인지에 대하여 깊이 생각해 보지 않을 수 없었다. 나는 법과대학을 졸업했지만 사법시험에 응시하지 않고 학자의 길을 선택했기 때문에, 변호사의 자격도 취득하지 못하였다. 따라서 장차 내가 선택할 수 있는 직업은 법률전문가가 아니라 일반적인 직업이 될 수밖에 없을 것이다. 예컨대 일반 기업에 취직해서 회사원의 삶을 살거나 혹은 택시운전사나 일용노동자와 같은 육체노동으로 연명할 수밖에 없을 것 같았다. 그래서 나는 당시에 정법대 학장을 맡고 있던 교수를 찾아가서 그러한 이유로 내가 사직서를 제출하지 못하는 것을 양해해 달라고 말씀드렸다. 그러한 일연의 사태를 경험하면서 지방 사립대학 교수의 지위가 얼마나 나약하고 초라한 것인지를 뼈저리게 느낄 수 있었다. 그리고 그것이 내가 그 다음 학기에 동아대를 떠나서 서울로 올라오게 된 계기가 되었다.

지독료(志篤僚)의 지도교수

동아대학에서는 학교가 사법고시나 행정고시를 준비하는 학생들을 지원하기 위한 시설인 '지독료'를 운영하고 있었다. 그런데 나는 동아대학에 부임한 지 6개월 만에 그 지독료의 지도교수로 임명되어 고시준비생들을 지도하고 감독하는 업무를 맡게 되었다. 지독료는 대학 캠퍼스에서 얼마 떨어지지 않은 곳에 위치하고 있었고, 그 시설에 소속되어 있는 학생들은 거기서 숙식을 함께 하면서 고시공부를 하고 있었다. 나는 일과 중에는 학교에서 근무하다가 방과 후에는 그 곳에 가서 학생들을 지도하는 일을 하다가 밤 10시가 넘어서 퇴근하게 되었다. 그 당시에 나는 해운대 달맞이고개에 있는 주공아파트에서 살고 있었기 때문에, 거의 매일 한밤중이 되어야 비로소 집에 도착할 수 있었다. 그런데 총장님이 그러한 사정을 전해 듣고서 이를 안타깝게 생각하여 정법대 학장을 통하여 대학교 근처에 있는 학교 소유의 아파트 한 채를 비워줄 터이니 나를 그곳으로 이사 와서 살도록 하라는 지시를 하셨다. 그것은 나에 대한 특별한 호의이자 배려이었다. 그러나 나는 그러한 배려를 받아들일 수가 없었다. 왜냐하면 나는 법학공부를 제대로 하기 위하여 기회가 닿는 대로 독일로 유학 갈 생각으로 이를 준비하고 있었는데, 그러한 호의를 받아들이게 되면 그것이 장차 나의 행동을 제약하는 족쇄가 될 것 같은 생각이 들었기 때문이다. 그랬더니 총장님은 자신의 호의를 받아들이지 않고 이를 거절하였다고 하여 매우 괘씸하게 생각하셨던 것 같았다.

2. 경희대학교 교수

동아대에서 경희대로

나는 부산 동아대에서 1년 6개월을 지내고 다시 서울로 올라왔다. 1979년 3월 동아대에 부임할 때에는 부산에서 최소한 5년 이상은 근무하겠다는 각오를 하고 내려갔었다. 그래서 해운대 쪽에 아파트를 하나 구입해서 온 가족이 부산으로 이사를 갔던 것이다. 그런데 내가 앞에서 언급한 바와 같은 사정으로 동아대에서 더 이상 근무하기가 어려울 것 같다는 생각을 하고 있을 즈음에 당시 경희대 법대에 근무하고 있던 구연창 교수님이 연락을 해서 경희대로 오라고 요청하셔서, 1980년 8월에 동아대를 떠나서 경희대 법대로 옮기게 되었다. 그런데 막상 경희대에 와서 보니, 경희대도 격렬한 학원사태의 후유증으로 인하여 대학의 분위기가 매우 어수선하다는 것을 알게 되었다. 법대 교수들은 학생대표들과 열심히 대화하면서 면학분위기를 조성하기 위하여 노력하고 있었기 때문에, 나도 경희대에 부임하자마자 학생지도에 적극적으로 참여하지 않을 수 없었다.

민법의 연구와 강의

나는 경희대에 민법 담당교수로 부임하였기 때문에, 강의는 민법총칙을 비롯하여 채권법과 민법연습 등을 담당하게 되었고, 그 밖에 경제법과 서양법제사 등을 가르치게 되었다. 민법총칙은 내가 이미 동아대에서도 가르쳤던 과목이었기 때문에 강의에 큰 부담이 없었지만, 채권법 총론과 각론은 경희대에서 처음으로 담당하는 과목이어서 강의 준비가 상당히 부담스러웠다. 나는 대학 재학시절에는 사법시험 준비를 하지 않았을 뿐만 아니라 학원소요 등으로 인하여 민법 강의를 제대로 듣지 못하였기 때문에, 채권법에 대한 지식이 매우 부족한 상태이었다. 그래서 채권법을 처음부터 새로 공부하지 않으면 안 되었다. 다음 날 채권법 강의가 있는 날은 그 강의를 준비하느라 밤잠을 제대로 자지 못하는 경우가 많았다. 이처럼 나는 정말 열심히 준비해서 성의껏 가르쳤지만 학생들의 반응은 그리 좋지 않은 것 같았다. 예컨대 민법상 인정되는 여러 가지 제도나 이론에 대하여는 학설의 대립이 있는 경우가 많은데, 그러한 경우에 나는 먼저 통설이나 다수설 또는 소수설의 내용을 자세히 소개하고 각 견해의 장점과 단점을 비교·검토한 후에 내가 보기에 타당하다고 생각되는 견해를 사견으로 제시하는 방식으로 강의를 진행하였다.

그런데 강의시간에는 학생들이 내 설명이나 주장을 잘 듣고 수긍하는 듯했으나 중간고사나 기말고사에 그 문제를 출제하게 되면, 학생들의 답안은 내 기대와 많이 달랐다. 학생들의 답안 중에는 통설이나 다수설 또는 소수설과 내 견해를 소개한 뒤에, 아무런 이유나 부연설명도 없이, 그러나 통설이나 다수설이 옳다고 기술하는 경우가 많았다. 그러한 답안을 읽으면서 나는 처음에는 매우 당황했으나 차츰 학생들이 왜 그러한 태도를 보이는지, 그 이유를 짐작할 수 있었다. 그 이유는 학생들이 강의실에서 강의를 들을 때에는 내 설명이나 주장이 타당한 것으로 생각되었으나, 집에 가서 교과서를 다시 읽어보면 통설이나 다수설이 옳은 것처럼 느껴졌을 것이기 때문이다. 이른바 "활자의 마력"이라고 할 수 있다. 그때부터 나는 내 주장을 정리하여 학생들이 반복해서 읽을 수 있게 해 주어야 하겠다는 생각으로, 민법의 주요 쟁점들에 대하여 간단히 정리한 논문들을 작성하여 고시계나 고시연구 등과 같은 수험 잡지에 발표하기 시작하였다. 그리고 나중에 그러한 논문들을 모아서 한 권의 책으로 출간하게 되었는데, 그것이 1990년에 출간한 "민법의 쟁점"(법원사)이었다. 내 견해나 주장이 논문이나 책의 형태로 발표되어 학생들이 반복해서 읽을 수 있게 되자, 내 강의에 대한 학생들의 태도나 반응도 많이 달라졌다. 그리고 나는 시내 여러 대학에 고시 특강을 위한 강사로 초빙되어 특강을 하는 기회도 갖게 되었다.

(1) 계약자유와 계약공정

채권법 강의를 하면서, 나는 그 중에서도 특히 계약법과 불법행위법에 깊은 관심을 가지게 되었다. 계약법에서는 계약자유와 그 제한, 보통거래약관, 리스계약 등에 관하여 연구해 오다가, 계약의 자유와 공정의 관계를 본격적으로 연구해 보고 싶은 생각이 들어서, 1987년 여름방학에는 이 문제를 집중적으로 연구할 수 있는 기회를 갖게 되었다. 그 연구의 성과는 1988년에 "계약자유와 계약공정"[8]이라는 논문으로 발표되었다. 그런데 여름방학이 끝나고 신학기가 시작되어 학교에 가서 법대 학장실에 들렀더니, 당시 법대 학장을 맡고 있던 박연호 교수님이 나에게 그동안 무엇을 하면서 지냈느냐고 묻기에, 방학기간 내내 계약의 자유와 공정의 문제를 가지고 씨름했다고 했더니, 그 문제는 '창과 방패'의 관계처럼 해결하기가 매우 어려운 문제인데, 더운 여름에 그러한 문제를 가지고 씨름하고 있으면 어떻게 하느냐고 하면서 껄껄 웃으셨다.

그리고 불법행위법에서는 불법행위법 일반이론, 즉 불법행위법의 형성과 전개, 공동불법행위, 사용자책임과 의료과오와 의사의 주의의무 등에 관하여 관심을 가지고 연구하게 되었으며, 특히 의사의 주의의무에 대해서는 주의의무 일반[9]과 의사의 설명의무[10]에 대하여 깊이 연구하여 논문도 쓰고 학회에서 발표도 하게 되었다.

(2) 소비자보호

1980년대에 들어와서는 우리나라에서도 소비자문제가 중요한 사

---

8) 권오승, "계약자유와 계약공정", 계약법의 제 문제(사법연구 3), 고시계, 1988.
9) 권오승, "의사의 주의의무", 민사법학 제8권, 1990.4.
10) 권오승, "의사의 설명의무", 민사판례연구 제11권, 1989.4.

회문제의 하나로 부각되기 시작하였다. 나는 법과 정책적인 측면에서 소비자문제에 대하여 관심을 가지고 연구하기 시작하였다. 1980년에는 한국법학교수회가 소비자보호와 관련된 주제로 논문을 작성해 달라고 부탁해서, "현대사회의 소비자의 지위와 권리"라는 논문11)을 집필하게 되었는데, 그때부터 소비자보호는 나의 중요한 연구주제가 되었다. 소비자문제를 연구하면서 자본주의 사회에서 소비자는 어떠한 지위에 있으며, 그들은 어떠한 권리를 가지는지에 대하여 깊이 생각해 볼 수 있게 되었다.

1962년에 미국 케네디 대통령은 의회에 보내는 교서에서 소비자는 ① 안전의 권리, ② 알 권리, ③ 선택할 권리, ④ 의견을 반영할 권리 등 4가지 권리를 가진다고 선언하였고, 1975년에 유럽공동체는 소비자는 ① 생명 및 건강을 침해당하지 않을 권리, ② 적정한 표시를 행하게 할 권리, ③ 부당한 거래조건에 강제당하지 않을 권리, ④ 부당하게 입은 피해로부터 공정하고 신속하게 구제받을 권리, ⑤ 정보를 신속하게 제공받을 권리 등 5가지 권리를 가진다고 선언한 것을 알게 되었다. 그런데 자본주의 사회에서 사업자보다 구조적으로 열등한 지위에 놓여있는 소비자가 그 권리를 제대로 보호받을 수 있기 위해서는 소비자도 스스로 단결하여 그 권익을 실현할 수 있는 힘을 가질 필요가 있다. 이는 노동자들이 스스로 단결해서 단체적으로 활동을 할 수 있는 권리를 가지는 것과 마찬가지이다. 그리하여 나는 소비자도 단결권과 단체행동권을 가진다고 보는 것이 타당하다고 생각하여, 위의 논문에서 조심스럽게 소

---

11) 권오승, "현대사회의 소비자의 지위와 권리", 한국법학교수회편, 법과 소비자보호, 삼영사, 1981.

비자는 ① 안전의 권리, ② 알 권리, ③ 선택할 권리, ④ 의견을 반영시킬 권리, ⑤ 피해보상을 받을 권리, ⑥ 교육을 받을 권리 이외에, ⑦ 단결권 및 단체활동권을 가진다고 주장하게 되었다. 그런데 이러한 나의 주장은 학계에서 큰 호응을 받게 되었고, 정부가 1986년 12월에 소비자보호법을 개정할 때에 이를 법률 개정안에 반영하여, 우리나라 소비자보호법이 세계 최초로 소비자는 위와 같은 7가지 권리를 가진다고 명문으로 규정하게 되었다.[12] 그리고 그 후에 제정된 중국 소비자보호법도 이를 받아들여서 소비자의 7대 권리를 규정하게 되었다. 이러한 연유로 나는 1980년대에는 소비자 보호운동에도 적극적으로 참여하게 되었다.

학생지도

일반적으로 법과대학의 교육에서는 헌법, 민법, 형법 등과 같은 기본법의 비중이 매우 크고, 그 중에서도 특히 민법의 비중이 지대하기 때문에, 교수들 중에서 민법 교수가 차지하는 비중이 매우 크고 그들의 부담도 막중하다. 게다가 나는 경희대에 부임한 지 6개월 만에 법학과장이라는 보직을 맡게 되었기 때문에 나의 어깨는 더욱 무거웠다. 그 이유는 당시에 법학과장을 맡고 있던 구연창 교수가 1981년 초에 연구를 위해 미국으로 떠나 버렸기 때문이다. 나는 아직 학교의 사정을 제대로 파악하지도 못한 상태에서 학과장을 맡았기 때문에 그 보직이 매우 부담스럽게 느껴졌다. 특히 당시에는 학과장의 임무 중에서 가장 어려운 것이 학생지도이었는데, 여

---

12) 정부는 2001년에 소비자보호법을 개정할 때에 여기에 환경권이 추가하여 현행법상 소비자는 8가지 권리를 가지는 것으로 되어 있다.

러 가지 사정으로 학교의 분위기가 안정되지 않은 상태이었기 때문에, 신임교수로서 학과장을 맡는다는 것은 매우 힘들고 어려운 일이었다. 나는 얼결에 그 보직을 맡을 수밖에 없었지만, 일단 그것을 맡은 이상 정성을 다하여 그 소임을 성실히 수행하지 않을 수 없었다. 그리고 열심히 노력한 결과 단기간에 면학분위기를 형성하는데 상당한 기여를 할 수 있었다.

내가 학생지도와 관련하여 경험한 에피소드 몇 가지를 소개하면 다음과 같다. 당시에 우리나라에서는 각 대학의 학생회 조직이 학도호국단 소속으로 편성되어 있었고, 그 단장은 학교에서 지명하게 되어 있었기 때문에 법과대학에서는 학장이 해마다 학도호국단의 단장을 지명하도록 되어 있었다. 이러한 규정에 따라 학장은 해마다 성적이 우수하고 행실이 올바른 학생을 골라서 단장으로 임명하게 되었다. 그런데 아주 이상한 것은 그들이 학도호국단의 단장으로 임명되고 나면 얼마 지나지 않아 그 태도가 확 바뀌어서 학교 당국에 협조하지 않고 반항하는 모습을 보이게 된다는 점이다. 나는 그 이유가 무엇인지를 곰곰이 생각하고 있다가, 그 이유가 그들의 리더십에 민주적 정당성이 결여되어 있기 때문에, 그러한 약점을 보완하기 위한 자구책으로 그러한 태도를 보이게 된다는 것을 알게 되었다. 나는 이러한 문제점을 해결하지 않으면 학생지도를 제대로 할 수 없다고 판단하고, 이를 해결하기 위해서는 학생들이 스스로 그들의 대표를 선발하도록 해야 한다고 보고, 1982년부터 법과대학에서는 학생들이 스스로 그들의 대표를 선발하는 투표를 실시하도록 하였다. 그런데 이러한 조치는 학내에서 많은 비판과 저항을 받게 되었다. 우선 대학 본부의 학생처에서 강한 우려를 표명했을 뿐만 아니라 법대의 학장님도 소극적이었다. 그러나 나는 대학생들이 그들의 대표를 스스로 선발하지 못하도록 하는 제도는 옳지 않다는 점과 장차 학생지도의 효율성을 위해서도 학생들이 그들의 대표를 스스로 선발하게 하는 편이 낫다는 점을 강조하는 등 다방면으로 그들을 설득하면서, 법과대학에서는 학생들이 투표를 통하여 그들의 대표를 선발하도록 한 후에 그들이 선발한 학생을 대표로 인정하게 되었다. 그 결과, 학생들의 자긍심이 매우 높아졌으며, 교수와 학생 간의 신뢰도 두터워져서 불필요한 갈등이나 소요도 많이 줄어들게 되었다.

그리고 1982년 4월에는 법과대학 전체 학생들의 체육대회가 예정되어 있었다. 그런데 학생처에서는 학생들이 그 체육대회가 끝난 뒤에 반정부시위를 할 모의를 하고 있다는 첩보가 들어왔다고 하면서 체육대회를 취소하는 것이 좋겠다는 권고를 해왔다. 그러나 나는 그러한 이유로 모처럼 추진하고 있는 학생들의 체육대회를 취소하는 것은 옳지 않다고 판단하여 그 행사를 강행하기로 하였다. 체육대회는 대운동장에서 개최되었는데, 모든 프로그램이 아주 순조롭게 잘 진행되었다. 그런데 마지막에 시상식이 끝나고 대회를 마무리하려고 할 때에 학생들이 갑자기 운동장 중앙에 둥그렇게 원을 그리면서 모이더니 시위할 때에 부르는 노래를 부르기 시작했다. 그 순간 나는 아찔한 현기증을 느끼게 되었다. 왜냐하면 대학 정문 앞에는 이미 무장경찰들이 대기하고 있었는데, 학생들이 만약 스크럼을 짜고 반정부 구호를 외치면서 교문 밖으로 나가게 되면 주동자가 희생되는 것은 물론이고 모처럼 형성되어 있던 면학분위기가 깡그리 망가질 수밖에 없었기 때문이다.

나는 대운동장 본부석에서 이 광경을 지켜보고 있다가, 어떻게 해서라도 학생들이 시위대를 형성하여 교문 밖으로 진출하는 것은 막아야 겠다는 일념으로 갑자기 대운동장으로 뛰어 내려가 학생들 속으로 들어가서 학생들과 함께 노래를 부르기 시작하였다. 그것은 순식간에 벌어진 일이었다. 그 순간, 학생들이 매우 당황한 모습을 보이면서 나에게 우르르 몰려오더니 나를 헹가래를 친 상태로 운동장을 돌기 시작하였다. 운동장을 한 바퀴 돌고 나서 나를 운동장에 내려놓더니, 학생회장이 앞으로 나와서 오늘 모임은 이것으로 마치겠다고 선언하는 것이었다.

나는 오로지 학생들의 희생을 막으려는 일념으로 그들 속으로 뛰어 들어갔을 뿐인데, 학생들은 나의 충정을 이해하고 나를 다치지 않게 하기 위하여 그들의 계획을 수정하여 그 모임을 끝내 주었던 것이다. 나는 그러한 상황에서 학생들이 얼마나 많은 고민과 갈등 그리고 번민을 거듭했을 것인지 충분히 이해할 수 있었다. 이에 학생대표들에게 감사하는 마음으로 대운동장에 막걸리를 몇 통 시켜다 놓고 학생들과 함께 실컷 마시면서 그들을 격려하고 위로한 후에 뿌듯한 마음으로 집으로 돌아오게 되었다. 당시에는 학생대표들이 나를 깊이 신뢰하였고, 나도 그들을 충분히 신뢰하는 신뢰관계가 형성되어 있었기 때문에 우리는 말 한마디 없이 눈빛만으로도 서로 소통할 수 있었던 것으로 기억된다.

독일 유학

제3장
독일 유학

우리나라 법학은 독일법의 영향을 많이 받고 있기 때문에, 법학자로서 더욱 성장·발전하기 위해서는 독일에 가서 독일법을 체계적으로 연구할 필요가 있다. 그러나 1980년대 우리나라의 경제사정은 여유가 없었고 우리 집은 나를 재정적으로 지원할 수 있는 형편이 아니었다. 뿐만 아니라 나는 아내와 두 아들을 거느리고 있는 가장이었기 때문에, 좋은 조건의 장학금을 받지 않으면 독일로 유학을 갈 수 없었다. 나는 독일 유학에 필요한 재정적인 지원을 받기 위하여 1983년 여름에 독일 알렉산더 폰 훔볼트 재단(Alexander von Humboldt Stiftung)에 장학금 지원신청을 해 보기로 하였다.

이를 위하여 먼저 연구계획서와 이력서를 작성하고, 국내에서 두 분의 교수님으로부터 추천서를 받아서 이를 훔볼트재단에 제출한 뒤에, 독일에서 나를 지도해 줄 교수님에게 연락해서 추천서를 써 달라고 부탁하지 않으면 안 되었다. 그런데 그러한 서류를 모두 독일어로 작성해야 하기 때문에, 그 준비가 만만치 않았다. 독일에서는 프라이부르크대학 프리츠 리트너(Fritz Rittner) 교수에게 지도를 받고 싶었기 때문에, 그분에게 연락해서 추천서를 써달라고 부탁하고 싶었으나, 내가 그분을 개인적으로 알지 못하였기 때문에, 국내에서 그분을 잘 알고 있는 것으로 알려진 교수님을 찾아가서 전후 사정을 말씀드리고, 그분에게 추천서를 써 달라는 취지의 편지를 써 달라고 부탁을 드렸다. 그랬더니 그 교수님은 당신이 리트너 교수님의 교과서를 번역할 계획을 가지고 있는데, 내가 그것을 도와주면 그분에게 그러한 취지의 편지를 써 주겠다고 하셨다.

그러나 나는 그러한 제안을 받아들일 수 있는 시간적 여유가 없었기 때문에, 어쩔 수 없이 직접 편지를 쓰기로 하였다. 내가 그러한 용기를 가질 수 있었던 것은 1982년에 리트너 교수님이 한국을 방문해서 강연을 하셨을 때에 패널로 참가하여 몇 가지 질문을 드렸던 인연이 있었기 때문이다. 내가 직접 리트너 교수님에게 훔볼트재단에 나를 장학생으로 추천하는 추천서를 써 달라고 부탁하는 내용의 편지를 써서 보냈더니, 리트너 교수님은 아주 친절하게도 그때에 내가 무슨 질문을 했는지를 기억한다고 하시면서 기꺼이 추천서를 써 훔볼트재단에 직접 보내주시겠다는 내용의 회신을 보내 주셨다. 그러한 과정을 거쳐서 그해 7월 말경에 훔볼트재단에 장학금 지원신청에 필요한 서류를 모두 제출한 후에 초조하게 그 결과를 기다리고 있다가, 12월 20일경에 훔볼트재단으로부터 내가 1984년도 훔볼트재단이 지원하는 장학생으로 선발되었다는 통지를 받게 되었다. 나는 그 통지를 받고서 얼마나 기뻤던지, 아내와 얼싸안고 눈물을 흘릴 정도로 좋아했던 것으로 기억된다. 그것은 내가 그때까지 받은 선물 중에서 가장 크고 귀한 선물이었다.

나는 1984년 6월 초에 1학기 수업을 서둘러 마무리하고 학교에 휴직서를 제출한 뒤에 독일행 비행기를 타게 되었다. 비행기로 김포공항에서 프랑크푸르트공항까지 가서 프랑크푸르트 시내에 있는 제자의 집에서 하루를 보내고, 그 다음 날 아침에 기차로 프라이부르크로 가서, 거기서 독일문화원(Goethe Institut)에 등록하여 4개월간 독일어 공부를 하게 되었다. 그런데 독일문화원은 프라이부르크 대학과 가까운 거리에 있었기 때문에, 나는 독일문화원에서 독일어 공부를 하는 동안에도 자주, 아니 거의 매일 그 대학에 갈 수 있는 기회를 가졌다. 내가 그 대학에서 처음에 가장 놀랍게 생각했던 것은 그 대학에는 캠퍼스가 없었다는 점이다. 프라이부르크는 대학도시로서 시내의 여러 곳에 대학 건물들이 흩어져 있는데, 법대는 시내 한복판에 자리잡고 있고, 그 앞에는 오페라 극장이 있으며, 그 옆과 뒤에는 백화점을 비롯한 각종 상점이나 식당 등 다양한 건물들이 즐비하게 들어서 있다.

그리고 법대 옆에는 지은 지 580년이 넘는, 그 대학에서 가장 오래된 건물이 하나 있는데, 그 건물의 꼭대기에 "진리가 너희를 자유케 하리라"(Die Wahrheit Wird Euch Frei Machen)라는 문구가 새겨져 있다. 내가 그것을 처음 보는 순간, 그것이 성경에 있는 말씀인 줄도 모르고, "저것은 사기다"라는 생각이 들었다. 왜냐하면 그 문구는 미래형으로 되어 있었는데, 대학의 설립자가 580년 전에 그 건물을 지을 당시에 거기에 그 문구를 새겨 놓았을 터인데, 그때에 미래형으로 되어 있던 문구가 무려 580년이 지난 오늘날까지 미래형으로 남아 있는 것을 보면, 앞으로도 영원히 미래형으로 남아 있을 것이 분명하다. 그렇다면 장차 그것이 실제로 실현되는 날은 결코 오지 않을 것이라는 생각이 들었기 때문이다. 그런데 내가 나중에 하나님을 인격적으로 만나서 신앙생활을 제대로 하기 시작하면서 신약성경 요한복음 8장 32절[13]에서 그 말씀을 발견하고서, 당시에 내가 얼마나 무식하고 교만했는지를 깨닫고 너무나 부끄러워서 하나님께 용서를 비는 회개기도를 드렸던 기억이 있다.

그리고 프라이부르크에 도착한 지 한 달 정도 되었을 때에, 나는 당시 리트너 교수의 조교로 일하고 있던 마인라드 드레어(Meinrad Dreher)와 볼프 폰 레헨베르크(Wolf von Rechenberg)를 레스토랑으로 초대하여 저녁식사를 함께 하면서 여러 가지로 다양한 대화를 나눌 수 있는 기회를 가졌다. 그때에 우리가 나누었던 대화의 자세한 내용은 생각나지 않지만, 그 주요 내용은 다음과 같았던 것으로 기억된다. 나는 그들에게 독일의 역사와 문화 및 대학생활 등에 대하여 궁금한 것들을 물어보고, 그들은 나에게 한국의 역사와 문화 및 대학생활 등에 대하여 궁금한 것들을 물어 보면서, 거기서 공통점과 차이점을 발견하고 그것에 대하여 이야기하였던 것 같다. 그런데 그러한 대화를 나누는 가운데 나는 독일과 한국 사이에는 많은 차이점이 있다는 것을 발견하게 되었다. 그러나 그들은 그것이 단순한 차이가 아니라 우열이라고 생각하는 것 같다는 느낌을 받았다. 그래서 내가 그것은 차이이지 우열의 문제가 아니라고 지적하게 되었고, 그들은 독일에서도 30~40년 전에는 당시에 한국에서 나타나고 있던 것과 비슷한 현상이 있었는데, 시간이 지나면서 그것이 점차 오늘날과 같은 모습으로 바뀌게 되었다고 설명해

---

13) 진리를 알지니 진리가 너희를 자유롭게 하리라.

주었다. 그런데 그 후 40년의 세월이 지난 오늘의 관점에서 돌이켜 보면, 그들의 주장이 맞았던 것도 있지만 내 주장이 맞았던 것도 있는 것 같다.

1. 다양한 문화적 충격

나는 독일 남부지방에 있는 작고 아름다운 도시 프라이부르크에서 1984년 6월부터 1986년 7월까지 2년 1개월 동안 생활하게 되었다. 처음 3개월은 기숙사에서 혼자 살았고, 1984년 9월에 가족들이 합류한 후에는 외국인을 위한 게스트하우스에서 가족들과 함께 살았다. 그 기간은 내가 학문적으로 평생 동안 경제법을 연구할 수 있는 이론적인 기초를 다지는 기회가 되었을 뿐만 아니라, 개인적으로 문화적·사회적인 측면에서 선진국의 문화와 일상을 경험할 수 있는 아주 소중한 기회가 되었다. 나는 생전 처음 가족과 함께 여러 가지 측면에서 낯설고 또 우리보다 훨씬 앞서 있는, 선진국의 생활을 경험할 수 있었기 때문에, 2년간의 삶을 통한 경험은 나와 우리 가족에게 매우 유익하였을 뿐만 아니라 아주 소중한 추억으로 남아 있다. 돌이켜 보면, 그 기간이 내가 서구사회를 좀 더 깊이 이해할 수 있는 기회가 되었고, 또 새로운 눈으로 세상을 바라보고, 보다 열린 눈으로 우리의 현실과 미래를 전망할 수 있는 좋은 기회가 되었던 것 같다.

내가 독일에서 가족과 함께 생활하면서 새롭게 경험하고 또 피부로 느낀 점들이 아주 많지만, 그 중에서 가장 놀랍고 또 신기하게 생각되었던 점들을 몇 가지 소개하면 다음과 같다. 우선, 내가 독일 프랑크푸르트에 도착해서 시차를 극복하기 위하여 피곤한 몸을 이끌고 시내 공원에 가서 산책을 하고 있는데, 그 공원에는 내가 이름을 잘 알고 있는 꽃들도 많이 있었고 참새들도 많이 보였다. 나는 그것을 통하여 독일에도 우리나라와 비슷한 점들이 많이 있다는 점을 확인하고 어느 정도 안도감을 느낄 수 있었다. 그러나 그 다음 날 프랑크푸르트에서 프라이부르크로 가기 위하여 프랑크푸르트 중앙역에서 프라이부르크행 기차를 기다리고 있을 때에는, 플랫폼에서 젊은 남녀들이 서로 부둥켜안고 키스하는 모습을 보고 깜짝 놀라지 않을 수 없었다.

나는 그 모습이 너무나 충격적이고 신기하기도 해서 자꾸 그 쪽으로 시선이 끌리는 것을 억제할 수가 없었다. 그러나 그들은 주위의 사람들에 대하여 전혀 신경을 쓰지 않았을 뿐만 아니라 다른 사람들도 그들의 행동에 대하여 별다른 관심을 보이지 않는 것 같았다. 나는 저렇게 강한 스킨십을 하려면 집안이나 남들이 보지 않는 은밀한 장소에서 할 것이지 많은 사람들이 왕래하고 있는 공공장소에서 공개적으로 하는 것은 옳지 않은 것 같다는 생각을 하면서, 저런 행동이 혹시 공연음란죄에 해당되지는 않을까 하는 의문도 들었다. 그런데 세월이 지나가면서 나도 차츰 그러한 행동에 대하여 별다른 신경을 쓰지 않게 되었을 뿐만 아니라, 3개월 후에 아내와 두 아들이 프랑크푸르트 공항에 도착했을 때에는 내가 아이들을 안아준 뒤에 아내에게 다가가서 허깅을 하려고 했으나, 아내는 그런 나의 행동을 이해하지 못하고 깜짝 놀라면서 몸을 피했기 때문에 결국 아내와는 허깅을 하지 못하였던 것으로 기억된다. 그런데 세월이 지나면서 언제부터인지는 모르지만 우리나라에서도 길가에서 젊은 남녀들이 공공연하게 서로 끌어안고서 강한 스킨십을 하고 있는 모습을 목격할 수 있게 되었는데, 그때마다 나는 독일에서 그러한 모습을 처음 보았을 때를 회상하면서 혼자 쓴웃음을 짓곤 한다.

그리고 프라이부르크에서는 전철이나 버스를 탈 때에 차표 (ticket)를 검사하는 사람이 보이지 않았는데, 나는 그것이 매우 이상하게 생각되었다. 저렇게 차표를 검사하는 사람이 없으면 무임승차는 어떻게 막을 수 있을까 하는 의문도 들었다. 그런데 어느 날 수업이 일찍 끝나서 오후 3시경에 전철을 타고 집으로 돌아오던 중에, 나는 비로소 어떤 사람이 전철에 올라와서 차표 검사를 하는 것을 보게 되었다. 그런데 아주 놀라운 것은 그때에 전철에 타고 있던 사람들 중에서 차표를 소지하지 않은 사람은 한 사람도 없었다는 점이다. 나는 전철을 탈 때에 차표를 구입하는 사람은 전혀 보지 못했는데, 그들은 모두 차표를 소지하고 있었던 것이다. 그들은 사전에 정기패스나 차표를 여러 장 구입해서 소지하고 있었던 것이다. 나는 차표 검사는 아주 드물게 하고 있음에도 불구하고, 승객들이 모두 차표를 소지하고 있는 것이 너무나 신기하게 생각되어서, 다음 날 괴테학원에서 독일어를 가르치는 선생님에게 그것을 간단히 설명한 뒤에 누가 그들을 통제하느냐고 물어보았다. 그런데 그 선생님은 그들은 모두 양심의 통제를 받고 있기 때문에 굳이 외부의 통제가 필요하지 않다고 말하는 것이었다. 나는 그 대답이 아주 멋있게 들리기는 했지만, 양심의 통제를 받는다는 말의 의미가 쉽게 이해되지 않았다.

한편, 독일에서는 식당에 가서 식사를 하려면 음식과 함께 음료수도 주문하게 된다. 그런데 음료수 중에는 통상 맥주나 물을 주문하게 되는데, 물값이 맥줏값보다 비쌌다. 한국에서는 식당에서 물은 무료로 제공하는 것이 보통이기 때문에 물값이 맥줏값보다 비싸다는 것은 놀라운 일이었다. 그리고 독일에서는 여러 사람이 함께 식당이나 카페에 가서 식사를 하거나 음료수를 마실 경우에, 그 비용은 각자가 지불하는 것이 원칙이다. 따라서 서브하는 사람은 손님들이 먹고 마신 것을 별도로 체크해 두었다가 따로 계산을 하게 된다. 그런데 독일에서도 한국 사람들은 그 중에 어느 한 사람이 그 비용을 모두 계산하는 경우가 많은데, 그럴 경우에는 서브하는 사람이 그 비용을 합산하는 데 상당한 시간이 걸려서 손님들이 한참 동안 기다려야 하는 경우가 자주 있었다.

1984년 10월에 나는 리트너 교수와 함께 베를린 국가의회 의사당(Reichtag, 현재는 연방의회의 건물로 사용)에서 개최되는 "경쟁법과 경쟁정책에 관한 학술대회"에 참가하게 되었다. 리트너 교수는 나에게 그 대회에 참가하는 데에 필요한 여러 가지 정보를 알려 주고, 베를린에서 머물 수 있는 호텔까지 친절하게 안내해 주었다. 그리고 우리는 각각 베를린으로 가서 학술대회가 열리는 날 아침에 리트너 교수가 투숙하고 있는 호텔 앞 버스정류장에서 만나서 버스를 타고 대회장으로 가기로 약속했다. 나는 약속된 시간에 정해진 장소에 가서 리트너 교수를 만나서 그와 함께 의사당으로 가는 버스를 타게 되었다. 그런데 리트너 교수가 먼저 버스에 승차해서 버스표를 사 가지고 안으로 들어갔기 때문에 나는 그가 당연히 내 표도 샀을 것으로 생각하고 버스 안으로 들어가려고 했다. 그런데 버스 기사가 나에게 버스표를 사야 한다고 말하는 것이었다. 나는 버스표를 살 준비가 되어 있지 않았기 때문에 당황스러운 표정으로 버스가 출발한 뒤에 지갑을 꺼내서 버스표를 사느라고 수선을 떨 수밖에 없었다. 개인주의적 문화에 익숙한 독일인의 입장에서 보면, 그것은 전적으로 나의 잘못이라고 할 수 있다. 그러나 우리 한국인의 입장에서 보면, 독일의 문화나 생활에 익숙하지 않은 외국인을 동반하고 있을 때에 내국인이 버스에 먼저 승차해서 자기의 버스표를 구입할 경우에, 그 외국인의 표까지 구입해 주는 것이 당연한 배려이자 예의라고 할 수 있지 않을까 하는 생각이 들었다. 나는 그것이 너무나 서운하고 야속하게 생각되어서 버스에서 그의 옆자리가 비어 있었음에도 불구하고 그 뒷자리에 가서 앉아서, 내가 이 사람에게 2년 동안 과연 무엇을 배울 수 있을까 하는 의문을 갖게 되었다.

그리고 그 학술대회가 진행되는 동안 나는 또다시 색다른 경험을 하게 되었다. 대회가 시작된 지 1시간 정도가 지났을 때에 웨이터가 회의장으로 들어와서 커피나 차 중에서 무엇을 마시겠냐고 물어서 커피를 주문했더니 커피를 서브한 뒤에 한참 만에 다시 들어와서 커피나 차의 대금을 거두고 있었다. 땡그랑 땡그랑 하면서 잔돈을 거슬러 주는 소리가 대회의 진행에 방해가 되는 것 같았으나 거기에 신경을 쓰는 사람은 아무도 없었다. 그런데 오전 세션이 끝난 후에 주최 측에서 모든 참가자들을 레스토랑으로 초대하여 점심식사를 대접해 주었으며, 식사 후에는 커피나 차 등 음료수가 무료로 제공되었다. 나는 주최 측에서 참가자들에게 점심식사를 그렇게 융성하게 대접하면서 대회가 진행되는 동안에 제공되는 음료수의 대금을 개인적으로 지불하게 하는 까닭을 이해하기가 어려웠다.

그날 학술대회가 끝난 후 저녁시간에 리트너 교수가 나와 연방카르텔청에 근무하고 있던 당신의 제자, 미하엘 쿨카(Michael Kulka) 박사를 고급 레스토랑으로 초대해서 아주 맛있는 저녁식사를 대접해 주었다. 나는 그러한 대접을 받으면서도 그날 아침에 경험한 버스표 사건이 머리에서 지워지지 않았다. 만약 그날 아침에 리트너 교수가 나에게 버스표 1장만 사주었더라면 나는 그렇게 당황하거나 야속하다는 생각을 하지 않았을 것이다. 그러나 그는 나에게 매우 친절하게 대해 주고 있었기 때문에, 내가 그런 생각을 하고 있을 것이라고는 전혀 생각하지 못하고 있는 것 같았다.

나는 리트너 교수가 1988년에 한국경제법학회의 초청으로 한국을 방문했을 때에 며칠간 그 부부를 모시고 다니면서 그러한 사정을 직접 확인할 수 있었다. 학회의 공식 행사가 끝난 후에 우리 부부는 리트너 교수님 부부를 모시고 경주로 여행을 가게 되었는데, 거기에 들어가는 비용은 내가 모두 부담하기로 하였다. 그런데 하루 이틀이 지나가면서 그는 그것이 너무 부담스럽게 생각되었던지 자기에게도 그 비용의 일부를 지불할 수 있는 기회를 달라고 요청하였다. 나는 당신들은 우리의 손님일 뿐만 아니라, 우리가 독일에 2년간 체재하는 동안 여러 가지로 많은 배려를 해 주셨기 때문에 그 보답으로 이번에는 내가 모든 비용을 기꺼이 부담할 생각을 하고 있으니 전혀 부담스럽게 생각하지 말라고 말씀드렸다. 그럼에도 불구하고, 그의 부인은 우리가 독일에 체재하는 동안 그들은 우리를 그렇게 대접하지 않았다고 하면서, 지금 한국에 와서 보니까 그 당시에 우리가 많이 서운했을 것 같다는 생각이 든다고 하면서, 우리가 다음에 독일에 다시 오게 되면 우리를 좀 더 잘 대우해 주겠다고 다짐을 하기도 했다. 그런데 그날 저녁에 호텔 레스토랑에서

저녁식사를 한 뒤에 카운터에서 식대를 지불하려고 했더니, 직원이
이미 계산이 끝났다고 하는 것이었다. 나는 깜짝 놀라서 누가 계산
을 했느냐고 물었더니, 리트너 교수를 가리키면서 그분이 화장실에
갔다 오는 길에 먼저 계산을 했다고 하는 것이었다. 그날 나는 리
트너 교수가 이제 한국의 문화를 조금씩 이해하고 거기에 적응하기
시작하는구나 하는 인상을 받게 되었다.

그리고 우리 가족이 독일에 체재하는 동안 두 아들, 혁태와 혁
주는 독일 초등학교(Grundschule)에 다녔다. 그들이 독일에 처음 도
착했을 때에는 독일어를 한마디도 하지 못하였다. 그럼에도 불구하
고, 우리는 그들을 독일학교에 보낼 수밖에 없었다. 그런데 그들이
아주 감사하게도 한 학기가 지나기 전에 친구들도 잘 사귀고 학교
생활에도 잘 적응해서 별다른 어려움없이 학교생활을 할 수 있었
다. 어느 날 초등학교 3학년에 다니고 있던 큰아들이 학교에서 돌
아와서 하는 말이 "아빠, 독일 아이들은 꿈이 크지 않은 것 같아
요"라고 하기에, 내가 왜 그렇게 생각하느냐고 그 이유를 물었더니,
그는 오늘 학교에서 선생님이 자기 반 학생들에게 장래 희망을 조
사한 결과를 발표했는데, 학생들의 대답이 의외로 아주 평범해서
놀랐다고 하는 것이었다. 자기와 다른 친구 한 명을 제외하고는,[14]
모든 학생들의 장래 희망이 우리가 주변에서 흔히 볼 수 있는 직
업, 예컨대 전차 운전수, 꽃집이나 빵집 주인, 이발사, 소방관, 우편
배달부 등과 같이 아주 평범한 직업이었다고 하는 것이었다. 당시
에 한국에서는 대부분의 어린아이들이 장차 대통령이나 장관, 의사,

---

14) 교수의 아들인 자기는 교수를 희망하고 치과의사의 아들인 다른 친구는 치과
   의사를 희망했다고 한다.

과학자, 판사나 검사 등과 같은 직업을 선호하는 경향이 있었기 때문에, 그에게는 그러한 독일 어린아이들의 태도가 아주 놀랍게 여겨졌던 것 같았다.

그 일이 있은 후에 나는 학교에서 지도교수의 조교로 있던 독일 친구에게 그 이야기를 하면서, 만약 내 아들이 장래 희망이 이발사라고 했다면, 나는 실망해서 그에게 다시 한번 더 생각해 보라고 하였을 것이라고 말했다. 그랬더니 그 친구가 정색을 하면서 "왜, 한국에는 이발사가 없니?"라고 물었다. 내가 "아니, 한국에도 이발사가 많이 있지"라고 했더니, 그는 다시 "모두들 이발사가 되기를 싫어한다면, 누가 이발사가 되느냐"고 물었다. 나는 "죽지 못해서 (어쩔 수 없이) 하지"라고 했더니 그는 고개를 갸우뚱하면서 도저히 이해할 수 없다는 표정을 지었다. 그 후에 나는 프라이부르크 시내에서 골목길을 지나 가다가 어느 이발소 입구에 '8월 한 달간 여름휴가로 문을 닫는다'는 안내문이 붙어 있는 것을 보고 깜짝 놀랐던 적이 있다. 나는 그때에야 비로소 독일에서는 이발사도 여름에 한 달간 여름휴가를 즐길 수 있다는 것을 알게 되었으며, 그러니까 어린아이들이 장차 이발사가 되겠다는 꿈을 가지고, 이를 당당하게 표현할 수 있겠구나 라고 생각하게 되었다.

우리 가족은 대학에서 운영하는 외국인 교수나 연구자들을 위한 게스트하우스(guest house)에서 살았다. 그런데 그 숙소는 프라이부르크 시내에서 4~5km 떨어진 외각에, 인공으로 조성된 호숫가에 위치하고 있었기 때문에 아주 조용하고 경치도 좋고 산책하기도 아주 좋은 쾌적한 환경을 가지고 있었다. 그런데 그 호수가 여름에는 이른바 FKK(Freie Körper Kultur, free body culture), 즉 알몸으로 수

영도 하고 일광욕도 하는 사람들이 모이는 장소로 이용되고 있었다. 어느 주말에는 그들이 우리 집 베란다 바로 밑에까지 와서 알몸으로 일광욕을 즐기기도 하고, 또 배구를 하면서 뛰어노는 모습을 볼 수 있었다. 나는 그러한 모습을 보기가 너무 민망하기도 하고, 또 은근히 어린 두 아들이 그런 모습을 보면서 자라도 괜찮을까 하는 걱정도 되었다. 그러나 그들은 주위의 시선을 전혀 의식하지 않고 아주 태연하고 자연스럽게 수영이나 일광욕 등을 즐기고 있었다. 그런데 하루는 당시 프라이부르크대학에 교환교수로 와 있던 한국 교수들이 우리 집에 놀러와서 그 모습을 지켜보면서 매우 놀라워하였을 뿐만 아니라, 그 중에 어느 분은 나에게 좀 더 자세히 볼 수 있게 망원경을 가져다 달라고 요청하기도 하였다.

그런데 내가 귀국한 후 2년이 지난 뒤에 다시 프라이부르크를 방문했을 때에는, 그동안 또 다른 변화가 발생한 것을 보고 놀라지 않을 수 없었다. 어느 주말에 날씨가 너무 더워서 독일 친구와 함께 야외수영장에 수영을 하러 갔는데, 여자들이 수영팬티만 입고 가슴에는 아무 것도 걸치지 않은 채 수영을 하고 있는 것을 보게 되었다. 그곳은 FKK들을 위한 장소가 아니라 공공수영장이었기 때문에, 적어도 2년 전에는 그러한 모습을 볼 수 없었던 곳이다. 나는 그러한 변화가 너무 놀라워서 같이 갔던 독일 친구에게 여자들이 저런 모습으로 수영을 해도 되는가 하고 물었더니, 그가 대답하는 말이 "글쎄 말이야, 젊은 애들만 그렇게 했으면 좋겠는데, 늙은 이들까지 그렇게 하고 있으니"라고 하는 것이었다. 나는 그의 반응이 너무나 의외라서 다시 한번 놀라지 않을 수 없었다.

2. 독일의 법학교육

독일 유학 초기에는 매일 아침 일찍 연구실에 나가서 저녁 늦게까지 경제법을 비롯한 사법 전반에 관하여 관심 있는 책이나 논문들을 찾아서 읽으면서 독일법에 대한 이해를 넓히려고 노력하였다. 그리고 지도교수인 프리츠 리트너 교수의 강의와 세미나에는 빠짐없이 참가하여 경제법의 이론과 경쟁제한방지법에 관한 쟁점들을 정확히 파악하기 위하여 노력하였다. 또 민법분야에 관해서도 계약법이나 불법행위법 등에 관한 강의와 세미나에 참가하여 독일 민법의 이론과 실제에 대하여 정확히 이해하려고 노력하였다.

이러한 과정을 통하여 나는 전공분야에 대한 연구뿐만 아니라 법학교육의 목표가 무엇인지를 정확히 이해하고, 강의와 세미나가 어떻게 진행되는지에 대하여도 제대로 경험할 수 있었다. 리트너 교수는 법학교육의 목표를 법을 전혀 알지 못하는 문외한인 학생들을 법질서 안으로 안내해 들어가서 그들에게 살아있는 법질서의 모습을 정확히 이해시키고, 나아가 그 법질서가 안고 있는 문제점을 파악하여 그 개선방안을 모색할 수 있게 하는 것이라고 설명하였다. 나는 그 설명을 들으면서, 망치로 뒤통수를 한 대 얻어맞은 것과 같은 충격을 받았다. 왜냐하면 나는 그때까지 대학에서 법학을 공부하고 교수로서 법학을 가르치면서도 법학교육의 목표가 무엇인지에 대하여 깊이 생각해 보지 않았을 뿐만 아니라, 단순히 학생들에게 특정한 과목에서 중요한 의미를 가지고 있는 법 개념이나 법률지식 및 법의 기본원리 등을 가르치려고 노력하였지, 그들을 "법질서 안으로 안내해 들어가려는" 생각을 하지 못했을 뿐만 아니라,

살아있는 법질서의 모습을 제대로 파악하려고 노력하지도 않았기 때문이다. 따라서 내가 장차 훌륭한 법학교수가 되기 위해서는 무엇보다 먼저 법학교육의 목표를 정확히 이해하고, 살아있는 법질서의 모습을 정확히 파악하기 위하여 노력할 필요가 있다는 것을 깨닫게 되었고, 그때부터 이를 위하여 열심히 노력하게 되었다.

그리고 독일에서는 법학교육의 방법으로 강의와 세미나가 주로 사용되고 있는데, 양자를 구별하는 기준은 거기에 참가하는 학생들의 수와 참여하는 방법이다. 강의는 많은 학생들이 참가하여 교수가 앞에서 설명하는 내용을 수동적으로 듣고 이해하는 방식으로 진행되고, 세미나는 비교적 적은 수의 학생들이 참가하여 그들이 특정한 주제에 대하여 적극적으로 발표하고 토론하는 방식으로 진행된다. 따라서 강의의 성패는 주로 교수의 지식과 열의 및 전달능력 등에 달려 있지만, 세미나의 성패는 학생들의 준비와 노력 및 참여의 정도에 따라 좌우된다.

내가 독일에서 법학교육의 방법에 관하여 리트너 교수로부터 배운 것이 매우 많지만, 그 중에서 특히 중요한 것을 들자면 학생들의 질문과 관련된 것이다. 그는 세미나 시간에 학생들의 질문을 독려하기 위하여, 질문의 좋고 나쁨은 질문자에 의하여 결정되는 것이 아니라 대답하는 자에 의하여 결정된다고 말하면서, 학생들에게 주저하지 말고 무슨 질문이든지 열심히 하라고 적극적으로 권장하였다. 그 이유는 학생들이 아무리 좋은 질문을 해도 교수나 발표자가 그 질문에 대하여 제대로 대답하지 못하면 그 질문은 나쁜(?) 질문이 될 수밖에 없다. 그러나 학생들이 비록 잘 정리되지 않은 엉성한 질문을 하더라도 교수나 발표자가 그 질문의 취지를 정확히 파악해서 좋은 답변을 해주거나 그 질문을 계기로 강의나 주제 발표에서 설명이 부족했거나 명확하게 설명하지 못했던 부분에 대하여 보충설명을 해 줄 수 있다면 그 질문은 학생들에게 도움이 되는 좋은 질문이 될 수 있기 때문이다.

3. 리트너 교수와 만남

독일 프라이부르크대학에서 2년간 유학생활을 하면서 프리츠 리트너 교수와의 만남은 내 학문의 여정에 있어서 매우 중요한 의미를 가진다. 내가 2년간의 유학생활을 하는 동안, 처음 1년간은 독일 경제법에 관한 문헌들을 찾아서 통독하고, 또 강의와 세미나 등에 열심히 참가하면서 독일 경제법의 일반이론과 경쟁제한방지법의 주요 내용 및 쟁점들에 대하여 정확히 이해하기 위하여 노력하였다.

그 과정에서 나는 많은 것을 배울 수 있었지만 여러 가지 의문점들도 발견되었기 때문에, 2년차에 들어가서는 그러한 의문점들을 해소하기 위하여 리트너 교수를 직접 만나서 질의와 응답을 할 수 있는 정기적인 면담시간을 가졌으면 좋겠다는 생각을 하게 되었다. 그 이유는 내가 독일에서 경제법 일반과 경쟁제한방지법에 관한 연구를 하는 과정에서, 책이나 논문 등 문헌을 읽는 것만으로는 이해하기가 어려운 의문점들이 많이 발견되었기 때문이다. 그러한 의문점들을 해소하기 위해서는 경제법의 대가인 리트너 교수님과 만나서 직접 질문하고 토론할 수 있는 기회를 갖는 것이 가장 좋은 방법이 될 것 같다는 생각이 들었기 때문이다.

그리하여 리트너 교수의 사무실에 찾아가서 교수님에게 그러한 사정을 말씀드리고, 내가 교수님을 직접 면담할 수 있는 시간을 좀 내어 줄 수 있겠느냐고 물었다. 그랬더니 교수님은 아주 흔쾌하게 언제든지 찾아오라고 하셨다.

그러나 독일에서는 대학 교수들이 주로 자택의 서재에서 연구를 하고 대학교의 사무실에는 강의나 세미나 또는 회의 등과 같은 업무가 있을 때에만 나와서 그 업무를 처리하고 그것이 끝나면 바로 집으로 돌아가기 때문에, 그들이 대학교의 사무실에 나와 있는 시간은 아주 제한적이었다. 그리고 학생들의 면담시간도 1주일에 한 번 특정한 시간으로 정해져 있기 때문에, 학생들이 어느 교수와 면담을 하려면 사전에 그 교수의 사무실에 찾아가서 비서와 면담시간을 정해서 그 시간에 찾아가야 비로소 교수를 만날 수 있게 되어 있어서, 그러한 약속을 하지 않고는 교수를 만나기가 어려웠다. 그래서 나는 리트너 교수님을 찾아가서 내가 교수님과 면담할 수 있는 시간을 따로 정해 주셨으면 좋겠다고 말씀드렸다. 그랬더니, 교수님은 아주 흔쾌하게 매주 월요일 오전 9시부터 10시까지 학생들과 면담하는 시간이 잡혀 있는데, 그 이후에 10시부터 11시까지 나를 위한 면담시간으로 비워놓을 터이니 그 시간에 찾아오라고 하셨다. 나중에 조교들에게 들은 이야기이지만, 그러한 배려는 아주 이례적인 것으로서 외국인 교수인 나에게만 특별한 배려를 해 주신 것이라고 하였다.

나는 그 면담시간을 이용해서 내가 그동안 공부해 오면서 마음 속에 품고 있던 여러 가지 근본적인 질문들을 풀어내기 시작하였다. 그런데 문제는 당시에 내 독일어 실력이 부족해서 내가 의도하는 질문의 내용을 정확하게 설명하기가 어려웠다는 점이다. 그리하여 나는 시간을 절약하고 면담시간을 효율적으로 사용하기 위하여 질문의 요지를 사전에 문서로 작성해서 그것을 교수님에게 제출한 뒤에 그 질문들을 하나씩 풀어나가는 방법을 선택하게 되었다. 리트너 교수님은 내가 제출한 질문지를 받아들고서 우선 대답하기 쉬운 것부터 시작해서 하나씩 대답하면서 설명해 나가기 시작하셨고, 나는 거기에 추가적인 질문을 보태는 방식으로 면담을 진행하게 되었다. 이 면담시간은 꾸준히 이어져서 1년간 지속되었다. 나중에 리트너 교수님은 이 면담시간을 이른바 월요대담(Montagsgespräch)이라고 부를 정도로 유명하게 되었다.

나는 이 면담시간을 통하여 경제법의 이론과 실제는 물론이고, 시장과 정부의 관계, 경쟁법의 주요쟁점, 기업결합규제법의 관련쟁점, 사법의 기초이론 등에 대하여 보다 깊이 이해할 수 있는 절호의 기회를 맞이하게 되었다. 뿐만 아니라 대학교수가 학문을 연구하고 제자를 가르치는 자세나 태도 등에 대하여 아주 좋은 가르침과 아울러 깊은 감명을 받았다. 돌이켜 보면, 이 면담시간이야 말로 내가 독일에서 유학하는 동안 누릴 수 있었던 최고의 축복이었으며, 리트너 교수님으로부터 받은 가장 귀한 선물이었다고 할 수 있다. 나는 이 면담시간과 거기서 나누었던 대화를 평생 동안 아주 소중한 추억으로 간직하고 있다.

나는 리트너 교수님과 면담을 하는 동안, 나의 인생관이나 세계관에 대해서도 원점에서부터 다시 점검해 볼 수 있는 기회를 가졌다. 나는 독일에 가기 전에는 말할 것도 없고 독일에 가서 리트너 교수님과 개인적인 면담을 시작할 당시에도 자본주의와 시장경제에 대하여 비판적인 견해를 가지고 있었다. 그런데 리트너 교수님은

나와 정반대의 입장에 서 있는 철저한 시장주의자로서, 경제활동에
대한 정부규제는 필요한 최소한도에 그쳐야 한다고 주장하는 자유
주의 법학자이셨다. 그는 제2차 세계대전 당시에 독일군의 일원으
로 전쟁에 참가했다가 러시아 전투에서 러시아군에게 전쟁포로로
잡혀서 러시아 포로수용소에서 몇 년간 고생한 경험을 가지고 있는
분이었기 때문에, 모든 권위주의에 대하여 철저히 반대하는 입장을
유지하고 계셨다. 나는 세계에서 가장 건강한 경제질서를 유지하고
있는 독일에서, 철저한 시장주의자인 리트너 교수님과 개별면담을
진행하면서, 자본주의와 사회주의, 시장과 정부의 관계, 자유로운
경쟁질서, 사적자치와 공정의 문제 등과 같은 경제법과 사법의 기
본적인 문제들에 대하여 보다 깊이 생각해 볼 수 있는 시간을 가졌
다. 그러한 과정에서 나는 한동안 가치관의 혼란을 겪게 되었는데,
당시에는 머리가 깨지는 것처럼 아파서 더 이상 연구실에 앉아있기
가 어려울 정도이었다. 그럴 때에는 잠시 읽고 있던 책을 덮어 놓
고 연구실을 나와서 시내를 돌아다니면서 사색을 하거나, 시내에
있는 쉬로스베르크(Schloßberg)라고 하는 작은 산에 올라가서 산책
을 하면서, 여태까지 내가 믿고 있었던 사상이나 철학들이 과연 옳
은 것인지에 대하여 곰곰이 되씹어 보면서 생각을 정리하는 시간을
가졌다. 옆에서 이러한 고통과 번민의 과정을 지켜보고 있던 아내는
그때부터 내 머리에 흰머리가 생기기 시작했다고 회상하고 있다.

　독일은 제2차 세계대전에서 패전한 후에 이른바 사회적 시장경
제(Soziale Marktwirtschaft, social market economy)라는 경제시스템을
확립하여 패전으로 인한 혼란과 위기를 조기에 극복하고 세계에서
가장 건강하고 효율적인 경제질서를 형성해서 운영하고 있다. 사회

적 시장경제란 자본주의적 시장경제를 기본으로 하면서, 국가가 시장경제의 기능을 유지하는 동시에 그 한계를 극복하기 위하여 경제활동을 규제하는 경제질서를 가리킨다. 나는 독일의 경제질서에 대하여 깊은 관심을 가지게 되면서, 이와 같은 경제질서가 어떻게 형성되고 발전되어 왔는지, 그리고 그것이 안고 있는 문제점은 무엇인지 등에 대하여 깊이 연구하여, 우리나라가 거기서 배워야 할 것이 무엇인지를 검토해 볼 필요가 있다는 생각을 하게 되었다.

당시 유럽에서는 이미 자본주의가 좋으냐 사회주의가 좋으냐 하는 체제논쟁은 끝난 지가 오래 되었고, 시장경제가 정상적으로 작동할 수 있게 하려면 국가가 무엇을 해야 하며, 그것을 어떻게 해야 할 것인지, 그리고 시장경제의 한계를 극복하기 위해서는 국가가 어떠한 대책을 강구해야 하는지 등에 관한 문제에 대하여 학계를 비롯한 사회각계의 논의가 집중되고 있었다. 그리고 소련과 동유럽 여러 나라에서도 그 내부에서 체제전환을 위한 움직임이 서서히 진행되고 있는 상태이었기 때문에 시장경제와 이를 유지하기 위한 법제에 대한 관심이 고조되고 있었다. 소련에서는 고르바초프의 페레스트로이카로 인해 사회주의 체제의 취약성이 만천하에 드러나게 되었고, 폴란드와 헝가리 등과 같은 나라에서도 사회주의 계획경제가 안고 있는 문제점을 근본적으로 해결하기 위하여 그들의 경제체제를 시장경제로 전환하기로 하고 이를 위한 준비에 박차를 가하고 있는 상태이었다. 그들은 전문가들을 독일에 파견하여 리트너 교수와 같은 전문가들에게 체제전환의 구체적인 방안에 관한 자문을 구하기도 하고, 또 그 분야의 전문가들을 자국으로 초청하여 강연을 듣거나 세미나를 개최하는 등 다방면으로 진지한 노력을 경주하고 있었다.

한편 우리가 대학에서 공부하고 있던 시절에는 거의 모든 교과서가 자유와 공정의 관계에 대하여 설명하면서 자유는 남용될 우려가 있기 때문에, 그것을 막고 공정을 실현하기 위해서는 정부가 이를 규제해야 한다는 주장이 대세를 이루고 있었다. 그러나 독일에서는 1980년대에 이미 리트너 교수를 비롯한 많은 교수들이 정부규제가 가지는 문제점을 지적하면서 사적자치의 중요성을 다시 강조하고 있는 상황이었다. 그 이유는 정부가 사적인 영역에서 공정이라는 가치를 실현하기 위하여 개인적인 거래관계에 대하여 공적인 규제를 실시할 경우에, 실제로 그 규제를 담당하고 있는 자(공무원)도 여러 가지 역학관계나 이해관계에 의하여 영향을 받을 수밖에 없는 불완전한 인간이므로, 그들에 의한 규제를 통해서는 진정한 의미에 있어서 공정을 실현하기가 어려운 경우가 많기 때문이다. 따라서 사적인 영역에 대한 정부규제는 필요한 최소한도로 줄여야 한다는 주장이 힘을 얻고 있었다. 그런데 그러한 주장은 당시에 자유는 남용될 우려가 있기 때문에 그 남용을 막기 위해서는 정부가 적극적으로 개입해서 경제활동을 규제해야 한다고 생각하고 있던 나에게는 아주 큰 충격으로 다가오게 되었다.

4. 유럽 여행

독일은 유럽의 중심에 자리잡고 있기 때문에 유럽 전역을 여행하기에 아주 좋은 나라이다. 게다가 유럽에서는 여름방학과 겨울방학 이외에도 부활절, 추수감사절 등과 같은 절기에 각급 학교가 1

주일 정도 쉬는 휴일이 많기 때문에, 가족여행을 하기에 적합한 나라이다. 따라서 우리 가족은 이러한 점을 이용하여 독일에 머무는 동안 가능한 한 유럽 여러 나라와 주요 명승지를 돌아보면서 폭넓은 경험을 쌓으려고 노력하였다. 더욱이 프라이부르크는 독일 남부에 위치한 흑림지대(Schwartzwald)에 인접해 있는 아름다운 도시이기 때문에 주말마다 가족과 함께 가벼운 소풍이나 산책을 하기에 아주 좋은 지역이다. 그리고 자동차로 1시간 이내에 프랑스와 스위스의 국경을 넘을 수 있는 도시이기 때문에, 마음만 먹으면 프랑스 알사스(Alsace) 지방이나 스위스 바젤(Basel) 등과 같은 지역으로 쉽게 여행을 할 수 있다. 우리 가족은 이러한 장점을 이용하여 시간이 날 때마다 가까운 곳으로 소풍을 가기도 하고, 하이델베르크나 프랑크푸르트, 본, 뉘른베르크, 뮌헨 등과 같은 독일의 여러 도시를 방문하기도 하였다.

그러나 유럽에서 가장 유명한 도시는 프랑스 파리(Paris)와 이탈리아 로마(Rome), 영국 런던(London) 그리고 오스트리아 빈(Wien)과 같은 도시라고 할 수 있으며, 자연이 아름다운 곳으로는 스위스 알프스를 빼놓을 수 없다. 그런데 그러한 곳에 방문하려면 최소한 3~4일은 걸리기 때문에, 사전에 치밀한 계획과 철저한 준비를 하지 않으면 안 된다. 그러나 우리의 경험에 비추어보면 세상 일이 항상 계획한 대로 순조롭게 진행되는 것은 아닌 것 같다.

우리가 독일에 2년간 체재하는 동안 유럽의 여러 나라를 방문할 수 있는 기회를 많이 가졌지만, 그 중에서 가장 기억에 남는 것은 파리여행과 이탈리아여행이었다. 나는 2년 동안 파리를 두 번 방문했는데, 처음에는 1984년 7월에 지인과 함께 버스여행을 하게 되었다. 당시에는 아직 가족들이 독일로 오기 전이었기 때문에, 한국에서 유럽여행을 나온 지인과 함께 프라이부르크에서 파리로 가는 버스를 타고 파리를 방문하게 되었다. 버스가 프라이부르크에서 밤늦게 출발해서 밤새 고속도로를 달려서 파리에는 그 다음 날 새벽에 도착하였다. 버스가 새벽에 파리에 도착해서 시내를 한 바퀴 둘러본 후에 우리를 호텔 앞에 내려 주었다. 그런데 새벽에 둘러본 파리시내의 모습은 정말 감격스러울 정도로 아름다웠다. 도시 전체가 하나의 예술이라는 느낌을 받았다. 그러나 아주 불행하게도 그날 아침에 시내 관광을 하기 위하여 나갔다가 호텔에서 얼마 떨어지지 않은 곳에서 동행중인 지인이 집시들에게 소매치기를 당해서 지갑을 잃어버리는 바람에 기분을 잡쳐서 그날 오전에는 관광을 하지 못하고 호텔에 머물러 있다가, 오후에야 비로소 파리에 있는 친구의 도움을 받아서 에펠탑과 노트르담 대성당 등과 같은 곳을 방문한 뒤에 저녁에 세느강에서 유람선을 타고서 파리의 야경을 둘러보는 정도로 관광을 마치고 그 다음 날 아침에 다시 버스를 타고 프라이부르크로 돌아오게 되었다. 따라서 첫 번째 여행은 그야말로 수박 겉핥기식으로 진행되었다고 할 수 있다.

두 번째 방문은 그해 가을에 가족과 함께 자동차로 가게 되었다. 나는 드디어 가족과 함께 파리를 방문하게 되었다는 생각에 다소 들뜬 기분으로 프랑스 국경을 넘어서 국도를 달리고 있다가 주유소에 들어가서 자동차에 주유를 하였다. 그런데 그 주유소는 운전자가 스스로 주유를 하는 곳이었는데, 주유기에 엣소(Esso)라고 쓰여진 곳과 가스 오일(Gas Oil)이라고 쓰여진 곳이 있었다. 나는 가스 오일을 가솔린(gasoline)으로 오인하여 그것을 가득 채우고 나서 기분좋게 출발을 하였다. 그런데 자동차가 500m 정도 진행하다가 갑자기 부릉부릉하는 소리를 내면서 시동이 꺼져버렸다. 나는 그 원인을 알지 못하여 안절부절하고 있다가 지나가던 자동차 운전자의 도움으로 연료에 문제가 있다는 것을 알고나서 그 문제를 해결하느라 땀을 뻘뻘 흐리면서 몇 시간을 허비한 적이 있었다. 그러나 막상 파리에 도착한 후에는 파리에 사는 친구가 소개해 준 시내 중심에 있는 숙소에서 1주일 동안 묵으면서 비교적 여유 있게 개선문, 에펠탑, 루브르박물관, 베르사유 궁전 등 파리의 주요 명소를 둘러보면서 즐거운 시간을 보낼 수 있었다.

그리고 이탈리아여행을 할 수 있는 기회도 두 번 있었다. 처음에는 독일문화원에서 사귄 이탈리아 친구 뽀나멘떼(Bonamente)의 초청으로 그와 함께 기차로 그의 고향인 아씨시(Assisi)를 방문하게 되었고. 그 다음에는 파리에서 온 대학 친구와 함께 자동차로 가족여행을 하게 되었다. 기차여행은 아주 편안하고 안전하게 다녀왔으나 자동차여행은 그 반대이었다. 기차여행의 일정은 독일 프라이부르크에서 특급열차(ICE)로 스위스를 거쳐서 밀라노까지 가서, 거기서 로마행 일반열차로 갈아타고 아씨시까지 가게 되어 있었다. 그런데 아주 신기하게 생각되었던 것은 기차가 프라이부르크를 출발하여 스위스를 지나서 이탈리아 국경을 넘을 때까지는 모든 정거장을 정시에 출발해서 정시에 도착할 정도로 시간을 정확하게 지켰으나, 이탈리아국경을 넘어서면서 부터는 조금씩 늦어지기 시작하더니 밀라노에는 예정된 시간보다 훨씬 늦게 도착해서 우리가 환승하기로 되어 있었던 기차를 놓치고 다른 기차를 탈 수밖에 없었다. 그리고 객차 안에 있는 승객들의 분위기도 기차가 독일과 스위스를 지나서 이탈리아 국경을 넘을 때까지는 아주 조용하고 쾌적했으나, 이탈리아 영토에 들어서면서부터 갑자기 왁자지껄하게 변하는 것을 보게 되었다. 나는 거기서 독일과 이탈리아 사이에 엄청나게 큰 문화적 차이가 있다는 것을 피부로 느낄 수 있었다.

두 번째 여행은 아무런 준비도 없이 아주 즉흥적으로 이루어졌기 때문에 그 과정에 여러 가지로 많은 우여곡절이 있었다. 1984년 겨울 크리스마스 휴가기간에 파리에서 유학하고 있던 친구 성낙인 교수가 프라이부르크를 방문해서 며칠을 지내게 되었다. 나는 지난번 파리를 방문했을 때에 그에게 신세를 진 적도 있고 해서, 그 친구를 프라이부르크 시내와 흑림지대(Schwarzwald)를 비롯하여 하이델베르크에 이르기까지 가볼 만한 곳을 모두 데리고 다니면서 열심히 안내를 하였다. 그러나 그는 영 시답지 않다는 표정을 지으면서 "프라이부르크에서는 공부밖에 할 것이 없네"라고 말하는 것이었다. 나는 그를 어디로 안내하면 좋을까 하고 생각하다가 스위스 제네바(Geneve)로 가서 거기서 하루 이틀을 보내는 것이 좋겠다고 생각하여, 가족과 함께 자동차로 제네바로 가게 되었다. 그런데 막상 제네바에 도착해 보니, 한겨울 제네바의 분위기는 그리 좋지 않았을 뿐만 아니라 바람까지 불어서 그곳에 머무를 엄두가 나지 않았다. 그래서 우리는 좀 더 따뜻한 곳으로 가야겠다는 생각에 알프스 터널을 지나서 이탈리아로 들어가게 되었다. 그런데 이탈리아여행에 대해서는 사전에 준비한 것이 전혀 없었기 때문에, 일단 지난번에 가본 적이 있는 아씨시로 가서 이탈리아 친구의 도움을 받는 것이 좋겠다고 생각되어 아씨시로 가게 되었다. 저녁 8시쯤 아씨시 근처에 있는 친구의 집에 도착했더니 그 친구가 우리를 아주 반갑게 맞이해 주었을 뿐만 아니라, 우리를 아씨시 시내에 있는 그 친구의 부모님 댁에서 며칠 동안 묵을 수 있게 배려해 주었다.

우리는 그 집에서 융성한 대접을 받으면서 아씨시를 둘러보고 나서 이왕 거기까지 내려온 김에 로마를 방문하는 것이 좋겠다는 생각이 들어서, 하루 일정으로 로마를 방문하기로 하였다. 그런데 일정상 우리가 로마에서 머무를 수 있는 시간은 6시간 정도밖에 되지 않은데다가, 로마에 대한 사전 지식이 전혀 없었기 때문에 로마에서는 관광을 어떻게 하는 것이 좋을지에 대하여 아무런 아이디어도 갖고 있지 않았다. 로마시내에서 마침 지나가는 한국 유학생에게 "우리가 6시간 동안 로마관광을 하려고 하는데 어떻게 하는 것이 좋겠느냐"고 물었더니, 그 학생이 "6일이 아니라 6시간이라고요?"하면서 놀랍다는 표정을 지으면서, 로마에서 가장 유명한 관광명소를 몇 군데 가르쳐 주었다. 우리는 그 학생의 설명을 참고해서 유명한 관광명소 몇 곳을 주마간산식으로 둘러보고 나서 후일을 기약하면서 밤늦게 아씨시로 돌아올 수밖에 없었다.

그리고 아씨시에서 하루를 더 묵은 뒤에 독일 프라이부르크로 돌아오게 되었다. 돌아올 때에는 성낙인 교수가 밀라노역에서 파리행 기차를 타는 것이 좋겠다고 하여 그를 밀라노역에 내려 주고, 우리 식구들만 알프스를 넘어 스위스를 거쳐서 프라이부르크로 향하는 여행을 하게 되었다. 그런데 우리가 알프스에 근접하게 되었을 때에 갑자기 날씨가 흐려지더니 함박눈이 내리기 시작하여 도로에 눈이 쌓이면서 자동차의 주행속도가 느려지게 되었다. 우리는 겨울용 타이어를 준비하지 못하여 여름용 타이어로 달리고 있었을 뿐만 아니라 지갑에 돈도 얼마 남지 않아서 마음이 불안한 상태이었다. 게다가 엎친 데 덮친 격으로 아내가 갈림길에서 지도를 잘못 읽어서 빠른 길을 놓아두고 돌아가는 길로 들어서게 되었다. 그래서 내가 짜증을 내었더니 아내가 갑자기 화를 내면서 자기는 차에서 내리겠다고 하면서 자동차문을 열고 내려서는 순간, 갑자기 불어온 강풍에 아내 목에 감겨 있던 빨간 마후라가 멀리 날아가 버렸다. 나는 간신히 아내를 달래서 다시 차에 태우고 조심조심 알프스를 넘어서 스위스를 거쳐서 밤늦게 프라이부르크에 도착하게 되었다. 그런데 집에 와서 보니 그동안 얼마나 긴장을 많이 했던지 입술이 모두 부르터 있었다. 그 여행은 지금 생각해도 너무나 무모한 여행이었지만 기억에 오래 남는 가장 인상적인 여행이었다고 할 수 있다.

5. 독일에서 사귄 친구들

내가 1984년 6월에 프라이부르크에 도착해서 대학을 방문했을 때에 리트너 교수는 두 명의 조교를 데리고 있었는데, 그들이 바로 마인라드 드레어(Meinrad Dreher)와 볼프 폰 레헨베르크(Wolf von Rechenberg)이다. 그들은 나에게 독일의 역사와 문화 그리고 대학생활 전반에 관하여 아주 친절하게 안내해 주었을 뿐만 아니라, 내가 필요하거나 아쉬운 것이 있으면 언제든지 찾아가서 도움을 요청할 수 있게 해 주었다. 나는 그들로부터 아주 다양한 정보와 도움을 받을 수 있었다. 도서관에는 독일 경제법에 관한 책이나 자료들이 너무나 많은데, 그들 중에서 반드시 읽어야 할 것과 그렇지 않은 것을 구별하는 것에서부터 강의나 세미나에 관한 정보 등 연구와 관련된 것은 물론이고, 주말에 가족과 함께 가벼운 산책이나 여행을 가고자 할 때에 어디로 가는 것이 좋을지 등과 같은 일상생활에 관한 것에 이르기까지 아주 다양하고 유익한 정보와 도움을 많이 받았다.

　그리고 우리가 독일 체재를 마치고 귀국 준비를 할 때에도 그들은 여러 가지로 많은 도움을 주었다. 아내가 세탁기를 하나 구입하고자 할 때에는 어느 회사의 제품이 좋은지를 알지 못하여 마인라드로부터 테스트(Test)라는 잡지를 빌려서 필요한 정보를 얻을 수 있었고, 나는 이삿짐을 프라이부르크에서 마인츠까지 운송하는 과정에서 볼프로부터 큰 도움을 받았다. 우리는 이삿짐이 그리 많지 않아서 마인츠에서 박사학위를 취득하고 귀국하는 지인과 함께 컨테이너 하나를 빌려서 사용하기로 하였다. 나는 이삿짐을 자동차로 마인츠까지 싣고 가서 거기서 해운회사에 넘겨주어야 했다. 이를 위하여 화물자동차 1대를 빌려야 했기 때문에 볼프에게 그것에 대하여 물어보았다. 그런데 그는 자기가 마침 1종 면허를 소지하고 있으니까, 직접 이삿짐을 실을 수 있는 화물자동차 1대를 빌려서 나와 함께 이삿짐을 싣고 마인츠까지 다녀오면 비용도 절약할 수 있을 것 같다고 하면서 그렇게 하자고 제안하였다. 나는 그 제안이 너무나 고맙기는 하지만, 연구에 바쁜 사람에게 그러한 부담을 줄 수는 없다고 생각하여 이를 거절하였다. 그러나 그는 아주 진지하게 우리가 그동안 서로 너무 바빠서 충분한 시간을 가지고 대화를 할 기회가 없었는데, 이삿짐을 싣고서 함께 마인츠까지 왕복하게 되면 그동안 나누지 못했던 이야기도 나눌 수 있지 않겠느냐고 하면서, 굳이 자기가 그렇게 할 수 있게 해 달라고 강하게 다시 요청하였다. 나는 그러한 배려가 너무 고마워서 이를 허락하게 되었다. 그는 정말 아주 기쁜 마음으로 화물자동차 1대를 빌려서 이삿짐을 싣고 나와 함께 마인츠까지 다녀오게 되었으며, 우리는 하루 종일 아주 즐거운 시간을 보낼 수 있게 되었다. 그것은 볼프의 정말 아주 특별한 배려이자 귀한 선물이었다. 나는 지금도 그 당시에 볼프가 베풀어 준 따뜻한 배려에 대하여 진심으로 감사하게 생각하고 있다.

나는 1986년에 귀국한 후에도 그들과 계속 연락을 취하면서 좋은 관계를 유지하고 있다. 그들은 각각 교수와 변호사로 진출하여 왕성하게 활동하고 있으며, 각 분야에서 큰 성공을 거두고 있다. 드래어 교수는 독일 경제법학계의 대표적인 학자로 성장하여 현재 마인츠대학에 재직하면서 독일과 EU의 경제법의 발전에 크게 기여하고 있다. 그리고 폰 레헨베르크는 독일의 대표적인 세법전문변호사로서 베를린에 소재하고 있는 대형 로펌에서 대표변호사로 활동하고 있다가 은퇴한 후에는 다시 새로운 로펌을 설립하여 운영하고 있다. 나는 귀국한 후에도 주로 여름 방학을 이용하여 연구와 자료수집을 위하여 여러 차례 독일을 방문한 적이 있는데, 그때마다 그들을 찾아가서 그들로부터 여러 가지로 많은 도움도 받았고 가족들과도 아주 친밀한 관계를 유지하면서 따뜻한 우정을 나누고 있다.

지도교수인 리트너 교수는 1989년에 프라이부르크대학에서 정년퇴직을 하셨다. 따라서 그 후에는 내가 독일을 방문할 때마다 프라이부르크대학에 가지 않고, 드래어 교수가 근무하는 대학(기센대학, 마인츠대학 등)에 찾아가서 그의 도움을 받으면서 연구를 하게 되었다. 그는 호스트(host)로서 나에게 연구실과 숙소 등을 주선해 주고,

조교나 비서를 통하여 연구에 필요한 자료수집이나 기타 다양한 서비스를 제공해 주기도 하였으며, 주말에는 가족들과 함께 가까운 곳에 있는 명승지나 공원 등에 가서 즐거운 시간을 보내기도 하고 오페라나 콘서트를 관람하기도 했다.

그리고 나는 드레어 교수에게 여러 명의 제자들을 추천하여 그의 지도하에 독일과 EU 경제법을 연구할 수 있는 기회를 제공하게 되었다. 매우 감사하게도 그들은 모두 좋은 성과를 거두고 한국에 돌아와서 대학교수나 공무원 등으로 활동하고 있다. 그들중 대부분은 현재 국내 주요 대학에서 경제법 교수로 일하면서 우리나라 경제법학계를 리드하고 있다. 한편, 내가 공정거래위원회 위원장으로 재직하고 있을 당시에는, 2007년 9월에 경주에서 개최된 서울경쟁포럼에 그를 연사로 초청하여 강연을 한 후에, 국내의 여러 대학에서 강연을 할 수 있는 기회도 제공하였다.

2015년 3월에는 내가 서울대에서 정년퇴임을 하면서, 이를 기념하기 위하여 경쟁법의 세계적 기준과 국내적 기준에 관한 국제학술대회를 개최한 바 있는데, 드레어 교수는 그 자리에 참석하여 EU 경쟁법의 형성과 발전에 관한 우수한 논문을 발표해 주었다. 당일 저녁에 열린 정년기념논문집 증정식에서는 그의 부인 수잔네(Susanne)가 우리가 독일을 방문했을 때에 그의 집 정원에서 어린 아이들과 함께 노는 사진을 가지고 나와서 내가 독일 방문시에 오로지 연구만 하지는 않았다고 하면서, 아주 재미있는 축사도 해 주었다. 그리고 그 다음 날부터 우리는 2박 3일간 부부 동반으로 제주도에 가서 한라산 등반도 같이하고 제주도 여러 곳을 둘러보면서 즐거운 시간을 보냈다.

한편, 폰 레헨베르크는 베를린에 있는 대형 로펌에서 대표변호사로 활동하고 있었는데, 그의 집은 베를린의 고급 주택지인 남서부 젤렌도르프(Zehlendorf)의 호숫가에 자리잡고 있다. 나는 베를린을 방문할 때마다 그의 집에 마련되어 있는 게스트룸에서 며칠을 보내면서 그들과 각별한 우정을 쌓아오고 있다. 여름철에는 아침마다 그와 함께 집 앞에 있는 호수에 나가서 수영도 하고 저녁때에는 가까운 곳에 있는 골프장에 가서 함께 운동도 하고 호숫가를 거닐면서 대화를 나누기도 한다. 그는 부부가 모두 변호사로 일하고 있는 법률전문가들로서 한국을 여러 차례 방문했는데, 그때마다 부부가 함께 와서 국내 로펌의 변호사들과 상담도 하고 대학에 초청되어 강연을 한 후에, 우리 부부와 함께 쇼핑이나 관광도 하면서 즐거운 시간을 보냈다.

최근에는 그들이 2019년 서울에서 개최된 세계법률가대회에 참석하기 위하여 서울을 방문한 바 있는데, 그 대회가 끝난 뒤에는 우리 부부와 함께 골프도 치고, 간단한 여행과 쇼핑도 하면서 즐거운 시간을 보내고 나서 중국을 거쳐서 베를린으로 돌아갔다. 그가 한국을 떠나기 전에, 그들이 2020년 6월 중순부터 한 달간 북해의 독일 연안에 있는 푀르(Föhr)라는 작은 섬에서 여름휴가를 보낼 계획을 가지고 있는데, 그 기간 중에 우리 부부를 그 곳으로 초대하여 함께 여름휴가를 보내는 것이 좋겠다고 하여, 우리는 기꺼이 그렇게 하기로 약속하였다. 그러나 애석하게도 코로나19 사태로 인하여 해외여행이 제한되었기 때문에, 우리는 그 약속을 지키지 못하고 말았다. 아내는 지금도 이를 매우 아쉽게 생각하고 있다.

6. 훔볼트 여행

훔볼트재단에서는 1975년 여름방학에 재단의 지원으로 독일에서 연구하고 있던 외국인 학자들(Humboldt Stipendiaten)에게 3주간 부부동반으로 독일 전역을 여행할 수 있는 기회를 제공해 주었다. 그 여행은 몇 개의 그룹으로 나뉘어서 전국의 주요도시와 명승지 등을 방문하면서 독일의 역사와 문화를 폭넓고 깊이 있게 이해하고 경험할 수 있도록 짜여져 있었다. 우리 그룹은 주로 뮌헨(München), 프라이부르크(Freiburg), 본(Bonn), 튀빙겐(Tübingen) 등 독일의 중남부 지역에서 연구하고 있는 학자들의 부부 20명 정도로 구성되어 있었는데, 그들의 전공은 물론이고 출신 국가도 아주 다양했다. 우리 그룹은 관광버스로 뮌헨에서 출발하여, 프라이부르크, 프랑크푸르트, 고슬라, 바이로이트, 베를린, 함부르크, 트리어, 본 등 주요도시를 방문하면서 독일의 역사와 문화, 사회 등을 깊이 체험할 수 있게 짜여 있었다. 그 중에서 나에게 가장 인상적이고 기억에 남는 것은 서베를린에 체재하는 동안 체험한 일들이었다.

우리 팀에는 전용 가이드로 뮌헨대학 박사과정에 재학하고 있는 실라(Schilla)라는 학생이 처음부터 끝까지 동반하면서 여러 가지 일들을 잘 도와주고 있었으며, 버스가 각 지역에 도착하면 그 지역의 안내를 담당하는 지역 가이드가 버스에 탑승하여 그 지역을 자세히 안내해 주곤 하였다. 그런데 우리가 서베를린에 도착하니까, 서베를린을 안내하는 가이드가 버스에 올라와서 자기는 베를린 자유대학 박사과정에 재학하고 있는 학생이라고 소개한 뒤에 서베를린에 대한 안내를 하기 시작하였다. 그런데 제2차 세계대전 중에 있었던 유태인 학살에 대하여 설명하면서, 독일인들이 얼마나 잔인하고 악독한 행동을 저질렀는지에 대하여 침을 튀기면서 자세히 설명해 주었다. 나는 독일 학생이 외국인 학자 부부들로 구성되어 있는 우리 그룹에게 독일인의 잘못을 저렇게 적나라하게 설명하는 것이 과연 가능할까 하는 생각이 들어서, "당신은 어느 나라 사람이냐"고 물었더니, 그의 대답이 "나는 독일인이지만 독일인이라고 불리고 싶지 않다"고 하였다. 내가 "그럼 어떻게 불리고 싶으냐"고 물었더니, "나는 바이에른 출신이니까 바이에른 사람(Bayerner)이라고 불리거나 아니면 유럽인(European)이라고 불리고 싶다"고 말하였다. 그 이야기를 듣는 순간, 나는 "아, 그렇구나! 독일 사람들은 다음 세대들에게 저렇게 가르쳤구나!" 하는 생각이 들어서 다시 놀라지 않을 수 없었다. 나는 독일 사람들은 후손들에게 그 선조들이 전쟁 중에 저지른 잘못을 정확히 가르쳐서 이를 반성하고 회개하도록 하면서도, 거기에 그치지 않고 한 걸음 더 나아가 그들에게 '유럽인'이라고 하는 새로운 정체성을 제시해 주었다는 것을 깨달을 수 있었다. 그것이 오늘날 독일이 유럽의 통합을 주도하고 이를 더욱 발전시켜 나갈 수 있는 정신적인 자원이자 동력이 되고 있는 것이 아닌가 하는 생각이 들었다.

그리고 우리는 서베를린에 체재하는 동안 동베를린을 방문할 수 있는 기회도 가졌다. 우선, 체크포인트 찰리(Checkpoint Charlie)에 가서 1일 동안 유효한 방문비자를 받은 뒤에 1인당 서독 돈 25마르크를 동독 돈으로 환전해서 동베를린에 들어가게 되었다. 당시에 서독 마르크와 동독 마르크를 교환할 때에 통용되는 공식 환율은 1:4이었지만 체크 포인트에서는 1:1로 교환해 주었다. 그런데 그 돈은 동베를린에서 다 쓰고 나와야지, 그렇지 않으면 이를 다시 환전할 수 없다고 하였다. 우리는 아침 일찍 체크포인트에 가서 1일 비자를 받은 후에 각자 25마르크씩 환전해서 동베를린으로 들어갔다. 그런데 막상 동베를린에 들어가서 보니 다소 긴장도 되었고, 또 보고 싶은 것은 많은데 시간이 제한되어 있었기 때문에, 나는 그 시간을 효율적으로 사용하기 위하여 아내와 헤어져서 각자가 보고 싶은 것들을 보고 난 후에 오후 2시에 훔볼트대학 정문 옆에 있는 다리 위에서 다시 만나기로 약속하였다.

　나는 아내와 헤어진 후에 혼자서 훔볼트대학과 여러 박물관을 방문하게 되었는데, 그곳의 박물관들은 내가 상상했던 것과는 많이 달랐기 때문에 관람하는데 시간이 오래 걸리지 않았다. 그리하여 나는 오후 2시가 되기 전에 약속된 장소에 가서 아내를 기다렸다. 그런데 아내는 오후 2시가 지나도 약속된 장소에 나타나지 않았다. 처음에는 좀 늦어지는가 보다라고 생각하고 기다렸으나, 30분이 지나고 1시간이 지나도 아내가 나타나지 않았다. 그때부터 나는 슬그머니 걱정이 되기 시작하여 아내가 갈 만한 곳들을 찾아가 보기로 하고 이곳 저곳을 기웃거려 보았으나 아내는 그 어느 곳에서도 보이지 않았다. 그러자 나는 머리 속으로 온갖 불길한 상상을 다하면서 불안한 마음으로 동베를린의 거리를 헤매기 시작하였다. 왜냐하면 당시에는 한국인이 공산권 국가를 방문하려면 사전에 정부의 허가를 받아야 했는데, 우리는 그러한 절차를 밟지 않고 동베를린을 방문하였을 뿐만 아니라, 1978년에는 최은희라고 하는 유명한 영화배우가 동남아에서 북한 요원에 의하여 납치된 사건도 있었기 때문이다. 나는 그렇게 헤매고 있다가 2시간 반이 더 지나서 훔볼트대학으로 가는 도로 위에서 아내를 만날 수 있었다. 나는 반갑기도 하고 걱정도 되어서, 아내에게 달려가서 왜 그렇게 늦었느냐고 따지듯이 물었더니, 아내는 아주 태연하게 아침에 체크포인트에서 환전한 50마르크를 가지고 두 아들에게 줄 기념품을 사기 위하여 여러 곳을 돌아다녀 보았으나, 적절히 살 만한 기념품이 없어서 기념이 될 만한 상품을 구입하기 위해서 돌아다니다 보니 시간이 그렇게 많이 지났는데 그것도 모르고 있었다고 말하였다. 나는 아내에게 내가 10년은 감수(減壽)한 것 같다고 하면서, 지난 2시간 반 동안 내가 얼마나 많은 걱정을 했는지에 대하여 자세히 설명해 주었다. 그런데 아내는 빙그래 웃으면서 미안하다는 말도 하지 않고, 무슨 쓸데없는 걱정을 그리 많이 하고 있었느냐고 핀잔을 주었다.

7. 일본 교수와 교제

나는 프라이부르크대학에 체재하는 동안 여러 나라의 교수들과 교제할 수 있는 기회를 가졌는데, 그 중에서 특히 일본교수들과는 매우 가까이 지내게 되었다. 그런데 일본 교수들 중에서 지금까지 그 교제가 지속되고 있는 사람은 일본 고베(神戸)대학의 야스나가 마사아키(安永正昭) 교수이다. 나는 1984년 가을에 그를 프라이부르크대학 도서관에서 처음 만났는데, 그는 민법 교수로서 나보다 1년 먼저 독일에 와서 연구를 하고 있었고, 가족들은 일본에 남겨 두고 혼자 와서 외롭게 지내고 있었다. 나는 어느 주말에 그를 우리 집으로 초대하여 한국 음식을 대접한 적이 있는데, 그 이후에 우리는 더욱 친하게 지내게 되었다.

그런데 1년 후에 그가 연구를 마치고 귀국할 때에 그에게 작은 선물이라도 하고 싶어서, 무엇을 선물하는 것이 좋을까 하고 생각하다가, 그의 자녀들이 취미로 우표 수집을 하고 있다는 이야기를 들은 적이 있어서, 한국에서 온 우표들을 모아서 그의 자녀들을 위한 선물로 주게 되었다. 그런데 그 우표에는 유관순 열사와 윤봉길 의사 등과 같은 분들의 사진이 실려 있었기 때문에, 나는 그에게 그 사진에 나오는 사람들이 누구인지를 설명해 주는 것이 좋겠다고 생각하여, 한 사람씩 차례로 설명을 하게 되었다. 그런데 나의 설명을 조용히 듣고 있던 그의 얼굴이 차츰 붉어지기 시작하더니, 마침내 두 손으로 내 손을 꼭잡으면서, 우리 일본 사람들이 한국 사람들에게 그렇게 큰 잘못을 저질렀느냐고 하면서, 정말로 죄송하다고 사과를 하는 것이었다. 그날 나는 전혀 의도하지 않게, 그에게 한국과 일본의 역사 중에 일부를 이야기하게 되었고, 그는 나에게 진심으로 사과하는 해프닝이 벌어지게 되었다. 이를 통하여 나는 일본인들 중에는 야스나가 교수처럼 양심적인 사람들이 많이 있지만, 그들이 의외로 한·일간의 역사에 대하여 제대로 알지 못하고 있다는 것을 알게 되었다.

그리고 내가 1986년 7월에 독일에서 귀국할 때에는 일본을 거쳐서 한국으로 들어오게 되었다. 일본에서 1주일간 체류하면서 오사카에 살고 계셨던 숙부님도 만나고, 교토(京都)대학과 규슈(九州)대학 등에 있는 일본 교수들을 찾아가서 여러 가지로 궁금한 점들에 대하여 물어볼 수 있는 기회도 가졌다. 그리고 야스나가 교수가 근무하고 있던 고베(神戸)대학에 가서 여러 교수들과 대화도 하고 그날 저녁에는 그의 집에 초대받아 저녁식사를 함께 한 뒤에 그 집에서 하루를 묵으면서 따뜻한 대접을 받았다. 나중에 안 일이지만, 일본에서는 그것은 매우 이례적인 특별한 대접이라고 했다. 일본사람들은 손님을 집으로 초대하는 경우가 흔하지 않으며, 더욱이 외국인을 집에서 하루를 묵게 하는 경우는 거의 없다고 하였다. 그러니까 나는 야스나가 교수로부터 아주 특별한 대접을 받았던 것이다.

그 후에도 우리는 개인적으로 그리고 가족 단위로 자주 만나서 친밀한 교제를 나누고 있다. 내가 일본을 방문하는 경우도 있고, 그가 한국을 방문하는 경우도 있으며, 때로는 독일에 가서 같이 만나기도 하였다. 우리의 만남은 때로는 학문적인 교류를 위한 공적인 모임으로, 그리고 때로는 개인적인 목적의 가족 단위의 만남으로 다양한 장소에서 다양한 방법으로 이루어져 왔다. 개인적으로 만날 때에는 대체로 부부동반으로 일본에서는 오키나와나 교토, 나라 등을 방문하기도 하고, 한국에서는 제주도를 방문하거나 전주나 부여 등에 가서 관광을 하면서 즐거운 시간을 보내기도 하였다.

그리고 10여 년 전에는 연말에 부부동반으로 오키나와에서 3박 4일을 함께 보낸 적이 있었다. 우리는 그 곳에서 하루 종일 명승지를 돌아다니면서 구경을 하고 저녁식사를 함께 한 뒤에 호텔로 돌아와서 각자의 방으로 들어가서 샤워를 하고 취침할 준비를 하고 있었다. 그런데 그가 전화로 지금 NHK에서 인기드라마 "겨울소나타"(겨울연가)를 재방송으로 보내주고 있는데, 마침 한국말로 방송을 하고 일본어 자막이 나오고 있으니까 자기 방으로 와서 그 드라마를 같이 시청하자고 제안하였다. 우리는 그의 방으로 가서 그들과 함께 그 드라마를 시청하게 되었는데, 그는 그 드라마를 이미 여러 번 보았다고 하면서 우리에게 그 내용을 자세히 설명해 주기도 하였다.

그의 부인은 한국을 특별히 좋아해서 자주 방문하고 있는데, 한국말도 어느 정도 구사할 수 있고, 한국음식도 아주 좋아한다고 하였다. 그녀가 한국을 방문할 때에는 대체로 남편과 함께 오지만 가끔은 혼자 오기도 하는데, 혼자 올 때에는 관광도 하지만 쇼핑을 더 많이 한다고 하였다. 그리고 서울에는 우리뿐만 아니라, 고베대학에서 유학한 한국인 제자가 있기 때문에, 그녀가 서울에 혼자 올 경우에도 불편한 점이 거의 없다고 하였다. 하루는 아내가 그녀와 함께 남대문 시장에 가서 어느 인삼가게 앞을 지나가고 있었는데, 그 가게의 주인이 그녀를 보고 반색을 하면서 뛰어 나와서 그녀를 데리고 가게 안으로 들어갈 정도로 그녀는 그 가게에서 단골손님으로서 특별한 대접을 받고 있었다고 했다.

8. 연방카르텔청 연수

독일에서 기업결합의 규제에 관한 연구를 진행해 가면서, 나는 기업결합규제에 관한 법제와 이론뿐만 아니라 그 규제의 실제에 대하여도 경험해 보고 싶은 소망이 있었다. 그래서 나는 리트너 교수의 추천으로 연방카르텔청에 가서 2개월 동안 기업결합의 규제가 실제로 어떻게 진행되고 있는지에 대하여 직접 경험해 볼 수 있는 기회를 갖게 되었다. 당시에 독일 경쟁제한방지법을 집행하는 연방카르텔청은 서베를린에 소재하고 있었기 때문에 나는 서베를린에 가서 2개월 동안 거기에 체재하면서 연방카르텔청에서 기업결합의 규제를 비롯한 경쟁법 집행의 실제를 자세히 관찰하고 경험할 수 있는 시간을 가졌다. 연방카르텔청에서는 구체적인 사건을 어떻게 조사하여 분석·심리하는지에 대하여 자세히 관찰할 수 있었을 뿐만 아니라, 연방카르텔청의 조직과 운영 및 현안문제에 대한 경쟁당국의 입장 등에 대하여 직접 경험할 수 있는 기회를 가졌다.

당시에 연방카르텔청은 산업분야별로 편성된 7개의 심결부 중심으로 운영되고 있었다.[15] 각 심결부는 1명의 부장과 4명의 심판관으로 구성되어 있었는데, 그들 중에 절반은 법률가의 자격을 갖추고 있는 고급공무원이고 나머지 절반은 경제학이나 경영학을 전공한 고급공무원들이었다. 그리고 개별 사건에 대한 심결은 각 심결부가 독립적으로 조사해서 결정하게 되는데, 각 심결부는 1명의 심결부장과 2명의 심판관들로 구성되어 있으며 마치 법원의 합의부처럼 운영되고 있다는 것을 알 수 있었다.

한편, 연방카르텔청에서는 매주 목요일 오전 10시에 정기적인 간부회의가 열리고 있었는데, 이 회의에서는 각 심결부에서 다루어지고 있는 사건들의 개요와 쟁점 및 그 전망에 대한 보고가 이루어진 뒤에 간단한 질의와 토론이 이어지고 있었다. 당시에는 거의 모든 심결부가 기업결합에 관한 사건을 몇 건씩 가지고 있을 정도로 기업결합에 대한 규제가 가장 중요한 이슈로 다루어지고 있었다.

그리고 당시에 연방카르텔청에서 결정한 기업결합에 관한 사건들 중에서 세간의 관심을 끌었던 대표적인 사건은 다임러 벤츠(Daimler Benz)회사가 아에게(AEG)라고 하는 전자회사를 결합한 사건이었다. 다임러 벤츠는 우리에게 잘 알려져 있는 세계 최고의 자

---

15) 2021년 현재 11개 심결부로 확대되어 있다.

동차제조판매회사이고 아에게는 독일의 3대 전자회사 중의 하나이었다. 당시에 이 사건은 제7심결부에서 심리하고 있었는데, 주요 언론매체들은 이 기업결합을 이른바 "코끼리들의 결혼(Elefanten-hochzeit)"이라고 하면서, 그것이 허용될 것인지 여부에 대하여 갑론을박을 하면서 촉각을 곤두세우고 있었다. 그런데 그 사건에 대한 심결이 1주일 앞으로 다가왔을 때에 독일의 유명한 시사주간지인 스피겔(Spiegel)에 연방카르텔청장인 카르테(Kartte) 교수의 인터뷰 기사가 실려서 많은 사람들의 주목을 받았다. 그런데 그 기사에서 카르테 교수는 그 기업결합은 거대기업들 간의 결합으로서 마땅히 금지되어야 한다고 하면서, 만약 연방카르텔청이 그 기업결합을 금지하지 않고 허용하게 되면, 그것은 "자본주의는 자본의 집적과 집중을 통하여 멸망할 수밖에 없다"고 한 칼 맑스(Karl Marx)의 예언이 옳다는 것을 공식적으로 증명해 주는 것이 될 것이라고 말하였다고 하였다. 나는 그 기사를 읽고 나서 그 기업결합이 결국 금지될 수밖에 없겠구나 라고 생각하고 있었다.

그런데 며칠 후에 그 사건을 담당하고 있던 제7심결부에서는 그 기업결합을 금지하지 않고 허용한다는 결정을 내리게 되었는데, 그 이유를 다음과 같았다. 만약 연방카르텔청이 그 기업결합을 허용하지 않고 금지하게 되면 아에게(AEG)가 도산할 수밖에 없는데, 그렇게 되면 독일의 전자제품시장이 일본 전자회사들에 의하여 장악될 우려가 있기 때문에, 독일 전자산업의 국제경쟁력을 제고하기 위해서는 그 기업결합을 허용할 수밖에 없다는 것이었다. 나는 그러한 결정이 내려지는 과정을 지켜보면서, 경쟁법의 집행에 있어서 자국기업의 국제경쟁력의 제고라는 개념이 얼마나 중요한 역할을 담당하는지를 피부로 느낄 수 있었다. 그리고 연방카르텔청의 각 심결부가 구체적인 사건에 대한 판단을 함에 있어서 연방카르텔청장의 영향을 전혀 받지 않고 독립적인 결정을 내릴 수 있다는 것이 매우 놀랍게 생각되었다.

그리고 당시에 연방카르텔청은 서베를린에 소재하고 있었는데, 서베를린은 지리상 구 동독지역에 위치하고 있는 섬과 같은 곳이었다. 따라서 주로 서독에서 활동하고 있는 기업인들은 물론이고 관련업무에 종사하고 있는 전문가들도 연방카르텔청에 접근하기가 매우 불편할 것으로 생각되었다. 그래서 나는 연방카르텔청에 근무하는 어느 직원에게 대부분의 기업들이 서독에 주소를 두고 활동하고 있는데, 그러한 기업들을 상대로 업무를 수행하는 연방카르텔청이 서독에 있지 않고 서베를린에 있는 이유가 무엇인지에 대하여 물어 보았다. 그랬더니, 그가 대답하기를 연방카르텔청은 독립규제기관으로서 그 독립성의 유지가 매우 중요한데, 이를 위해서는 연방정부, 특히 연방경제부가 있는 본(Bonn)으로부터 멀리 떨어져 있어야 한다고 판단하여 그렇게 하였다고 설명해 주었다. 그의 설명이 상당한 설득력을 가지고 있었지만, 한편으로는 그것이 전후 침체된 상태에 놓여있던 서베를린의 활성화라고 하는 정치적 목적을 실현하기 위한 조치를 사후적으로 합리화하는 것이 아닌가 하는 의심도 들었다. 그런데 1990년에 동서독이 통일된 후에 그때까지 서독 본(Bonn)에 있던 연방정부가 베를린으로 이전할 때에, 베를린에 있던 연방카르텔청을 다시 본으로 보내는 것을 보고, 나는 독일인들이 연방카르텔청의 독립성을 얼마나 중요하게 생각하고 있는지에 대하여 절실히 느낄 수 있게 되었다.

내가 연방카르텔청에 2개월간 체재하고 있는 동안, 연방카르텔청장인 카르테 교수가 어느 주말 저녁에 카르텔청의 몇몇 간부들을 자택으로 초청하여 만찬을 함께 한 적이 있었다. 나도 그 자리에 초청을 받았는데, 초대장에는 "권오승 교수와 그의 동반자"(Herrn Professor Kwon und Ihre Begleitung)라고 쓰여져 있었다. 나는 초대장에 동반자를 "부인"이라고 표시하지 않고 "동반자"라고 표시한 초대장을 처음 받아 보았기 때문에, 그 의미가 무엇인지가 궁금해서 주위 사람들에게 물어보았다. 그런데 그들은 글자 그대로 동반자, 즉 부인이나 애인 또는 직장동료 등 아무라도 좋으니, 편한 사람과 함께 오라는 뜻이라고 설명해 주었다. 당시에 나는 가족을 프라이부르크에 남겨 두고 혼자 서베를린에 가서 지내고 있었기 때문에, 만찬에 누구를 동반해서 가는 것이 좋을지에 대하여 한참 동안 고민을 하다가, 결국 동반자 없이 혼자 파티에 참석하게 되었다. 그런데 다른 사람들은 모두 동반자와 함께 참석했는데, 나만 혼자 참석하게 되어서 분위기가 약간 어색했던 기억이 있다. 나는 그때에야 비로소 동반자의 의미에 대하여 너무 깊이 생각하지 말고, 나도 주위에 있는 사람들 중에 한 사람을 동반하고 왔으면 더 좋았을 것이라는 생각을 하게 되었다.

9. 독일의 의료시스템과 의료보험

내가 독일에서 2년 동안 가족과 함께 생활하면서 경험했던 여러 가지로 다양한 일들 중에서 사회제도와 관련하여 특별히 기억에 남는 것은 독일의 의료시스템과 의료보험에 관한 것이다. 독일에서는 의료보험이 공보험(öffentliche Versicherung)과 사보험(private Ver-sicherung)으로 나누어져 있는데, 보통 일반 시민들은 공보험에 가입하게 되어 있으며 대학생들도 여기에 해당된다. 그러나 일정한 수준 이상의 수입을 가진 사람들은 사보험에 가입하게 되어 있는데, 나와 같이 훔볼트재단의 지원을 받고 있는 외국인 학자들도 사보험에 가입하게 되어 있었다. 그리고 사보험의 경우에는 매달 지불하는 보험료가 공보험보다 훨씬 더 비쌌기 때문에, 나는 대학생들보다 3배 이상 비싼 의료보험료를 지불하게 되었다. 나는 1년 반 동안 매달 상당한 금액의 의료보험료를 지불하고 있었지만, 감사하게도 우리 가족은 모두 건강해서 병원에 가서 치료받을 일이 거의 없었다. 내가 대학병원에 가서 건강검진을 받은 것이 전부였던 것 같다.

　나는 독일에서 생활한 지 1년 정도가 지났을 때에, 컨디션이 좋지 않아서 건강검진을 받기 위해 프라이부르크 대학병원 내과에 사전에 연락해서 예약을 하고 그 다음 주 화요일 아침 9시 반에 대학병원에 가서 체크를 받은 적이 있다. 약속된 시간에 약속된 장소로 찾아갔더니, 30대 중반쯤 되어 보이는 여의사가 나를 아주 반갑게 맞이하면서, 어디서 왔느냐고 묻기에 한국에서 왔다고 대답했더니, 2년 전에 한국에서 온 이 모 교수가 그곳에 와서 진료를 받은 적이 있는데, 혹시 그를 아느냐고 물었다. 내가 잘 모르겠다고 했더니, 그녀는 다시 독일에 온 지 얼마나 되었느냐고 묻기에 1년 정도 되었다고 했더니, 그런데 독일어를 그렇게 잘 하느냐고 칭찬하면서 나를 심리적으로 안정시켜 준 다음, 오늘 내가 어떤 검사를 받아야 하는지에 대하여 자세히 설명해 주었다. 그리고 옆에서 기다리고 있던 간호사에게 나를 데리고 가서 필요한 검사를 받을 수 있도록 안내해 주라고 지시했다. 내가 그 간호사의 안내를 받아서 1시간 반 정도 소요되는 검사들을 다 받고 나서 내과 과장실로 돌아 왔더니, 내과 과장인 교수가 그 검사결과들을 살펴보면서 나와 면담을 하기 시작하였다. 그 교수는 검사결과들을 자세히 살펴 본 뒤에 나에게 추가로 몇 가지 질문을 한 다음에 1주일 후에 작은 박스에 대변을 받아가지고 다시 오라고 하였다.

나는 그날 대학병원에서 건강검진을 받으면서 마치 특사 대접을 받은 것처럼 기분이 좋았다. 그리고 병원에서 이렇게 좋은 대접을 받으면서 진료를 받을 수 있다면, 매일 병원에 오라고 해도 기꺼이 올 것 같다는 생각이 들었다. 그래서 나는 처음 나를 친절하게 맞이해 주었던 여의사에게 그 교수가 하루에 진료하는 환자가 몇 명이냐고 물었더니, 그는 4명이라고 대답하였다. 그러니까 대학병원 내과 과장인 교수가 1주일에 이틀(화요일과 목요일), 그것도 오전에만 외래진료를 하는데, 하루에 진료하는 환자가 4명이라고 하니까, 1주일에 8명을 진료한다는 것이다. 나는 물론 사보험에 가입하고 있었기 때문에, 대학병원에서 그렇게 좋은 대접을 받으면서 이른바 특진을 받을 수 있었던 것이다. 나는 평소에 매달 지불하는 의료보험료가 다소 부담스럽게 생각되었던 것이 사실이지만, 병원에서 그러한 대접을 받고 보니 어느새 보험료가 아깝다는 생각은 사라져 버렸다.

그럼에도 불구하고 그해 연말에 독일에 체재할 기간이 6개월 정도밖에 남지 않았을 때에, 의료보험계약의 기간이 만료되어 그 계약을 연장할지 여부를 놓고 잠시 고민한 적이 있었다. 귀국을 앞두고 여러 가지로 준비해야 할 것이 많아서 매달 지불하는 의료보험 료가 더욱 부담스럽게 느껴졌기 때문이다. 그런데 그때까지는 다행 히 모든 가족이 건강해서 병원 신세를 진 일이 없었지만, 그래도 외국에서 가족들과 함께 생활하고 있는 처지에, 언제 무슨 일이 일 어날지 모르니까 만약의 경우를 대비해서 의료보험계약을 연장하는 것이 좋겠다고 판단하여 그 계약을 6개월간 연장하게 되었다.

그런데 공교롭게도 그 계약을 연장하고 나서 1주일 정도 지났을 때에, 아내가 갑자기 배가 아프다고 하여 대학병원 응급실에 가서 진찰을 받았으나 별다른 이상을 발견하지 못하여 집에 돌아와서 며 칠 동안 쉬고 있었다. 그런데 아내의 복통이 더욱 심해져서 다시 대학병원에 가서 진찰을 받았더니, 의사가 맹장염이라고 하면서 빨 리 입원해서 수술을 받으라고 했다. 아내는 그날 바로 병원에 입원 해서 맹장수술을 받게 되었는데, 맹장에 생긴 염증이 너무 심한 나 머지 터져버린 상태, 이른바 복막염이 되어 버렸기 때문에 수술도 오래 걸렸고 수술 후에도 2주일 정도 입원치료를 받아야 했다. 그 리고 퇴원한 뒤에도 시내에 있는 마사지 전문점을 찾아가서 두달 정도 물리치료를 받았다. 그런데 그러한 일련의 치료에 소요된 비 용이 상당히 많았지만, 그 모든 비용을 의료보험에서 커버해 주었 기 때문에, 아내는 그 비용에 대하여 아무런 부담을 느끼지 않고 완치될 때까지 필요한 치료를 모두 받을 수 있었다. 그때에 나는 만약 얼마 전에 의료보험계약을 연장하지 않으면 어떻게 되었을 까 하는 생각을 하면서, 우리의 생활에 있어서 보험이라는 제도가 얼마나 필요하고 유용한 제도인지를 절감하게 되었다.

10. 박사학위논문 작성

나는 프라이부르크대학에서 독일과 유럽의 경제법과 경쟁법 등에 대한 연구를 계속하면서, 1985년 초부터는 본격적으로 박사학위 논문을 작성하기 시작하였다. 학위논문의 주제를 "기업결합의 규제에 관한 연구 —독일법과 한국법의 비교—"로 정하고, 당시 세계에서 기업결합에 대한 규제가 가장 활발하게 이루어지고 있던 독일의 경쟁제한방지법상 기업결합 규제의 내용과 절차에 대하여 체계적으로 연구한 뒤에, 이를 우리나라 독점규제법상 기업결합의 규제와 비교해서, 우리나라 법이 안고 있는 문제점을 진단하여 이를 개선하는 방안을 제시하는 내용의 논문을 작성하기로 하였다.

내가 이 주제를 학위논문의 주제로 선택한 이유는 다음과 같다. 독점규제법에서 자유롭고 공정한 경쟁질서를 유지하기 위하여 이를 제한하는 경쟁제한행위를 규제하는 제도들이 시장지배적 지위남용의 금지, 부당한 공동행위의 금지, 기업결합의 규제 등 여러 가지가 있는데, 그 중에서 가장 난해하고 연구가 미진한 부분이 바로 기업결합의 규제이었기 때문이다. 따라서 내가 만약 이 주제에 대하여 제대로 연구해 두지 않으면, 장차 경쟁법 전문가로 활동하기가 어려울 것 같다는 생각에서 독일에 있을 때에 이 주제에 대하여 도전해 보기로 했던 것이다. 그런데 주위에서 가끔씩 연구의 주제가 무엇이냐고 묻는 사람들에게, 내가 기업결합의 규제에 대하여 연구하고 있다고 하면, 그들은 그 주제는 새로운 주제로서 유럽에서도 아직 독일을 제외한 다른 나라, 예컨대 프랑스에서도 기업결합의 규제를 실시하지 못하고 있는데, 한국에 기업결합을 규제하는 제도가 있는지 그리고 그 제도가 실제로 기능하고 있는지에 대하여 묻는 사람들이 많았을 정도이었다.

11. 다시 경희대학교 교수로

나는 1986년 7월 말에 독일에서 귀국하여 다시 경희대 법대에 복직하여 교수로 근무하게 되었다. 당시에 국내의 정치상황은 빠르게 변화하고 있었기 때문에, 2년 만에 대학에 돌아와 보니, 대학의 분위기가 그 전과는 많이 다르다는 것을 느낄 수 있었다. 그 중에서 가장 눈에 띄는 큰 변화는 교수와 학생들의 관계이었다. 그동안 국내의 정치상황이 더욱 악화된 탓이었겠지만, 교수와 학생의 관계가 아주 나빠져서 서로 신뢰하지 않고 있다는 것을 감지할 수 있었다. 그런데 나는 2년 전 독일로 떠나기 전에 학생들과 매우 좋은 관계를 유지하고 있었던 기억이 있었기 때문에, 교수들이 열린 마음으로 학생들에게 다가가서 적극적으로 소통하려고 노력하면 학생들과 신뢰관계를 회복할 수 있을 것이라는 믿음과 기대를 가지고, 학생들과 적극적으로 소통하려고 노력하기 시작하였다. 당시에는 교수들과 학생들의 신뢰관계가 무너져 있어서, 교수들은 학생들의 모임에 직접 참석하지 않는 경향이 있었다. 그러나 나는 그러한 경향을 무시하고 기회가 있을 때마다 학생들의 모임에 직접 참석하여 학생들과 적극적으로 소통하면서 신뢰관계를 회복하려고 노력하였다.

그해 9월 중순, 2학기가 시작된 지 얼마 되지 않았을 때에 법대에서 학생총회가 열린다고 하여 나는 그 장소에 참석해서 그 회의의 진행과정을 처음부터 끝까지 지켜보았다. 그런데 그 자리에서 논의되는 사항들이 주로 학내문제에 관한 것들이었는데, 그들 중에 상당수는 학생들의 오해나 소통부족에 기인한 것이라는 점을 확인하고, 그 모임이 끝나갈 무렵에 내가 손을 들고 사회자로부터 발언권을 얻어서 연단에 올라가 마이크를 잡고서, 학생들이 제기한 문제들에 대하여 교수들은 어떻게 생각하고 있는지를 차근차근 설명해 주었다. 그랬더니, 대부분의 학생들이 충분히 납득이 되었다는 표정으로 자리를 떠나 버렸기 때문에 학생총회는 별다른 성과를 거두지 못하고 조용히 끝나게 되었다. 나는 마음속으로 학내문제의 대부분은 오해나 소통부족에 기인한 것이라고 본 내 판단이 옳았다고 생각하면서 매우 흡족한 마음으로 연구실로 돌아오게 되었다.

그러나 나중에 안 일이지만, 그날 학생회 대표들의 반응은 전혀 달랐다고 한다. 그들의 의도는 학생총회에서 먼저, 학내문제를 제기하여 학생들의 관심을 집중시킨 뒤에, 서서히 그들의 관심을 대외적인 문제로 돌려서 반정부 시위를 주도하려는 계획을 가지고 있었는데, 중간에 내가 개입해서 학내문제에 대하여 자세히 설명하여 학생들을 해산시키는 바람에, 모처럼 소집한 학생총회가 아무런 성과도 거두지 못하고 끝나버렸기 때문에 그들의 실망이 매우 컸다고 하였다. 그런데 당시에 나는 그동안 학생회 대표들의 분위기가 그렇게 변했다는 것을 알지 못하였다.

그리고 9월 말경에 경희대 중앙도서관 건물에 있는 대강당에서 전체교수회의가 개최되었는데, 그 교수회의의 의제는 대학의 리더십에 관한 것이었다. 회의가 시작되자 몇몇 교수들이 수년 전에 학원소요사태로 인하여 대학 총장직에서 물러나서 학교재단의 이사장

으로 있는 조영식 박사를 다시 총장으로 복귀시키도록 하자는 제안
을 하였다. 그런데 대부분의 교수들은 마치 꿀 먹은 벙어리처럼 아
무런 말도 하지 않고 조용히 지켜보고만 있었다. 나는 그런 분위기
가 너무 답답하다고 생각되어 손을 들고 앞으로 나가서 다음과 같
은 발언을 하였다.

"저는 경희대학교의 발전을 위하여 조영식 박사님을 총장으로
복귀시키자는 제안이 옳은지, 그른지에 대하여 종합적으로 판단할
능력이 없습니다. 그러나 저는 다음과 같은 점에 대하여 의문을 가
지고 있는데, 누가 그 의문점에 대하여 납득할 수 있게 설명해 주
시면, 저도 그 제안에 흔쾌히 동의할 수 있을 것 같습니다. 조 박
사님은 경희대의 설립자로서 오랫동안 대학을 직접 운영해 오셨기
때문에, 우리 학교를 누구보다 사랑하시고, 또 학교의 사정에 대하
여 누구보다 잘 아시는 분이라고 생각합니다. 그런 분이 총장으로
복귀하시면 학교를 잘 운영하실 수도 있겠지만, 아마 학교를 민주
적으로 운영하기는 매우 어려울 것으로 생각됩니다. 왜냐하면 당신
이 학교를 가장 사랑하실 뿐만 아니라 학교의 사정에 대하여 누구
보다 잘 알고 있다고 생각하시기 때문에, 다른 사람들의 의견이나
비판을 귀담아 들으려고 하지 않을 가능성이 매우 높고, 또 들으려
해도 듣기가 매우 어려울 것이기 때문입니다. 따라서 이러한 우려
를 해소하려면 대학의 민주적 운영을 보장할 수 있는 제도나 방안
을 별도로 마련할 필요가 있다고 생각하는데, 그러한 제도나 방안
이 마련되어 있는지, 아니면 그럴 준비가 되어 있는지가 매우 궁금
합니다. 누가 이러한 의문점에 대하여 시원하게 대답해 주시면 저
도 그 제안에 기꺼이 찬성할 수 있을 것 같습니다."

그런데 전혀 예상외로 많은 교수들이 내 의견에 박수를 치면서 동의하는 반응을 보였다. 그러자 전체교수회의의 분위기가 싸늘하게 가라앉게 되었고, 그 의제에 대한 논의는 더 이상 진행되지 않은 채 회의가 끝나고 말았다. 아마 조영식 박사의 총장 복귀를 추진하고 있던 사람들의 입장에서는 나의 발언이 전혀 예상하지 못한 난관이 되었기 때문에, 매우 못마땅하게 생각되었을 것이다.

그리고 며칠 후에 법과대학 학생회 대표들이 나를 찾아와서 하는 말이, 내가 전체교수회의에서 학원소요사태로 인하여 퇴임한 조영식 박사를 다시 총장으로 모셔 와야 한다고 적극적으로 주장했다고 말하면서, 그런 주장을 하신 권 교수님은 법학과장을 맡을 자격이 없기 때문에, 즉시 법학과장의 자리에서 물러나야 한다는 주장을 하였다. 나는 법학과장에서 물러나는 것은 내가 내심 바라고 있었던 바이니까 지금 당장이라도 물러날 수 있지만, 그 이유가 도저히 납득이 되지 않는다고 하면서, 그들에게 그날 전체교수회의의 내용은 모두 녹음되어 있을 터이니, 우선 그 내용부터 확인해 보고 나서 다시 이야기해 보자고 말했다. 그러나 그들은 그 내용을 확인해 보려는 노력은 전혀 하지 않고 막무가내로 자기들의 주장만 계속 반복하는 것이었다. 그 당시는 내가 그들이 왜 그렇게 터무니없는 주장을 하는지, 그 이유를 전혀 알지 못하였다.

그런데 몇 주가 지난 뒤에 나는 비로소 그들의 주장이 지난번에 내가 학생총회에서 그들이 제기한 학내문제들에 대하여 자세히 설명해서 학생들을 해산시킨 것과 관련이 있다는 것을 알게 되었다. 그때에 그들은 학생들의 분위기를 자기들이 원하는 방향으로 몰아가기 위해서는 학생들에 대한 나의 영향력을 차단할 필요가 있다고 판단하고, 그를 위한 방안을 모색하고 있던 중에 전체교수회의에서 내가 학내에서 매우 예민한 사안에 대하여 중요한 발언을 했다는 소문을 듣고서 그것을 역이용하려는 생각을 했던 것으로 보였다. 나는 이 사건을 통하여, 이제 대학의 학생회도 더 이상 순수하지 않다는 것을 절실히 깨닫게 되었다. 그것은 이제 학생회 대표들도 목적을 위하여 수단과 방법을 가리지 않는, 현실 정치인들의 잘못된 행태를 그대로 모방하고 있다는 것을 의미하게 되는데, 대학에서 그러한 현상이 발생하고 있는 것은 매우 안타까운 일이라고 하지 않을 수 없었다. 나는 이러한 현실 속에서 교수들이 장차 학생들을 어떻게 지도해야 할 것인지에 대하여 깊이 고민하지 않을 수 없었다.

법학박사학위 취득

나는 1986년 7월에 귀국하자마자, 독일에서 준비해 온 기업결합의 규제에 관한 연구에 국내법에 관한 내용을 추가하고 또 양자를 비교 검토한 학위논문을 마무리하여, 서울대 대학원에 법학박사학위 청구논문으로 제출하였다. 그리고 10월부터 대학원에서 논문심사 절차가 시작되었는데 학위논문의 심사위원은 다섯 분의 교수님들로 구성되었다. 그런데 당시에 국내에는 경제법 그 중에서도 특히 경쟁법 분야를 깊이 연구한 교수가 거의 없었기 때문에, 심사위원들은 주로 상법교수님들로 구성되었다. 그리하여 다섯 분의 심사위원들 중에서 경제법을 연구하여 기업결합의 경쟁법적 쟁점에 대하여 제대로 이해하고 있는 분은 연세대에서 오신 박길준 교수님밖에 없었다. 따라서 심사과정에서는 심사위원들이 가끔씩 엉뚱한 질문을 하기도 하고 기업법적인 문제를 제기하는 경우도 있었지만, 논문심사는 대체로 순조롭게 진행되어서 정해진 기한 내에 심사가 완료되었고, 그 결과 나는 1987년 2월 26일에 서울대 대학원에서 법학박사학위를 취득하게 되었다. 그런데 당시에는 국내에 기업결합의 경쟁법적 쟁점에 관한 선행연구가 거의 없는 상태이었기 때문에, 그 논문을 단행본으로 출판하는 것이 좋겠다고 하는 분들의 권유에 따라 논문심사가 끝난 후에 바로 법문사에 의뢰하여 "기업결합규제법론"이라는 이름의 단행본을 출간하게 되었다.[16)

경제법학회와 경쟁법학회

나는 1978년 9월부터 한국경제법학회에 회원으로 가입하여 간사와 이사 등으로 학회활동을 열심히 도왔으며, 1986년 7월 독일에서 귀국한 후에는 총무이사로서 학회활동에 적극적으로 참여하게 되었다. 그리고 1988년에는 한국경제법학회에서 독일에서 나를 학문적으로 지도해 주신 프리츠 리트너 교수님을 초청하여 특별강연을 할 수 있는 기회도 가졌다.

한편, 1987년부터 나는 독점규제법이나 공정거래법(이하 '경쟁법'이라 한다)분야에 관심을 가지고 있는 젊은 학자들과 함께, '경쟁법연구회'라는 연구모임을 조직하여 활동을 시작하게 되었다. 이 모임은 그 후 1988년 4월에 한국경쟁법학회로 출범하게 되었다. 이 학회는 김찬진 변호사를 초대 회장으로 모시고 열심히 활동을 전개해 오다가 한동안 정체기를 맞이하여 휴면상태에 놓여 있었는데, 2000

---

16) 권오승, 기업결합규제법론, 법문사, 1987.

년 5월에는 한국경쟁법학회를 재건하기 위한 이른바 중흥총회를 개최하여 내가 회장으로 취임하여 다시 활동을 시작하게 되었다. 그 후 이 학회는 계속 성장과 발전하여, 지금은 명실공히 우리나라의 경쟁법 분야를 대표하는 학회로 자리매김하고 있다. 이 학회는 매 분기마다 학술대회를 개최하고 있고, 봄과 여름, 가을에 개최하는 정기학술대회에는 전국에서 100명 이상의 회원(학자와 실무가)들이 참가하여 경쟁법의 현안문제를 중심으로 발표와 토론을 전개하고 있다. 그리고 이러한 학술대회의 결과와 회원들의 기고를 중심으로 매년 2회 "경쟁법연구"라는 학술지를 발간하면서 한국경쟁법의 발전에 크게 이바지하고 있다.

서울대학교 시간강사

나는 1987년 2월에 서울대 대학원에서 법학박사학위를 취득한 후에 바로 서울대에서 강의할 수 있는 기회를 갖게 되었다. 먼저 그해 3월부터 가정대학에서 소비자아동학 연습과목으로 "소비자정책론"을 강의하게 되었고, 1989년 3월부터는 법과대학에서 학부의 경제법과 대학원의 경제법 특수연구와 독점규제법연구 등을 강의하게 되었다.

가정대학에서 시작한 소비자정책론 강의는 이기춘 교수님이 개설한 것으로서, 소비자법과 정책에 관한 국내 최초의 대학 강의였던 것으로 기억된다. 당시에 가정대학에서 이 강의를 수강한 학생들 중에는 윤정혜, 여정성, 서정희, 김민전 등과 같은 우수한 학생들이 많이 있었다. 그들은 계속 이 분야의 연구에 매진하여 여러 대학에서 소비자학 담당교수로 활동하고 있을 뿐만 아니라 현재 우리나라 소비자학계를 이끌어가고 있다. 이 강의는 그 후에 여정성 교수가 맡아서 계속 발전시켜 나가고 있다고 한다.

경제법 관련강의는 1989년 1학기에 일반대학원 법학과에서 처음 시작하게 되었다. 처음에는 "경제법특수연구"라는 과목으로 강의를 하게 되었는데, 수강생들의 수가 그리 많지 않았을 뿐만 아니라, 학생들이 수업에 임하는 자세나 태도도 그다지 진지하지 않았다. 당시에는 법대의 대학원 강의가 주로 문화관 2층 세미나실에서 이루어졌는데, 내가 강의를 하기 위하여 세미나실에 도착해 보면, 학생들 중에 일부는 세미나실에 들어와서 앉아 있고, 일부는 복도에 서서 기다리고 있었다. 그러나 그들은 서로 인사를 하거나 대화를 나누지 않았다. 내가 학기말에 종강을 하면서 간단한 회식 자리를 마련했더니, 학생들이 그때에야 비로소 자기가 몇 학번 누구라고 소개하면서 인사를 하는 것이었다. 그러한 모습이 너무나 딱하고 안타까워서, 그 다음 학기부터는 학기초에 간단한 회식 자리를 마련하여 학생들이 서로 인사할 수 있는 기회를 갖기도 하고, 또 학기 중에 교외에 적당한 장소를 잡아서 1박 2일간 블록세미나 (Blockseminar)를 하면서 학생들이 서로 인간적으로 친해질 수 있는 기회를 마련해 주기도 하였다. 그랬더니 비로소 세미나실에 활기가 넘치고 토론도 활발하게 전개되기 시작하였다. 블록세미나라는 제도는 독일의 대학에서 널리 행해지고 있는 학습방식인데, 우리나라에서는 그 당시 서울대 대학원 법학과에서 독일에서 유학한 교수들에 의하여 최초로 도입되었다.

법과대학에서 경제법 강의를 시작하게 된 것은 1989년 1학기이다. 1988년 12월에 당시 법과대학 교무부학장을 담당하고 있던 최송화 교수님이 전화로 서울법대의 경제법 강의가 폐강 위기에 놓여 있는데, 혹시 권 교수가 그 강의를 맡아줄 수 있겠느냐고 물었다. 나는 서울대 법대에서 경제법 강의가 폐강된다는 것은 있을 수 없는 일이라고 생각하였을 뿐만 아니라 개인적으로 그 제안은 "불감청(不敢請)이나 고소원(固所願)"이라고 생각되어서 기꺼이 그 강의를 담당하기로 하였다. 나는 드디어 모교에서 경제법 강의를 할 수 있게 된 것을 매우 기쁘게 생각하면서, 강의 준비를 열심히 해 가지고 3월 첫째 주에 정해진 강의실에 들어갔다. 그러나 강의실에는 학생이 한 명도 없었다. 나는 그것이 너무나 당혹스럽기도 하고 실망스럽기도 하여 어찌할 바를 몰랐다. 그러나 선배 교수들은 신학기 첫 번째 주에는 그런 경우가 자주 있으니, 너무 신경 쓰지 말라고 하면서 위로해 주었다. 그 다음 주에는 강의실에 30명 정도의 학생들이 들어와 있었으나, 강의실에서 신문을 펴서 읽고 있는 학생들도 있고, 의자에 비스듬히 기대어 앉아서 팔짱을 낀 채로 강의를 듣는 학생들도 있을 정도로 학생들의 수강태도가 그다지 진지해 보이지 않았다. 나는 그러한 학생들의 태도가 마음에 들지 않았지만, 그것이 시간강사를 대하는 철없는 학생들의 태도이려니 생각하고, 한 학기 동안 경제법 전반에 대하여 열심히 강의했다.

  그런데 학기가 끝나고 중간고사와 기말고사의 성적을 모두 평가해 보니까, 그 결과가 그리 좋지 않았다. 나는 그 성적 처리를 어떻게 하는 것이 좋을지에 대하여 잠시 고민을 하다가, 성적을 있는 그대로 객관적으로 평가해서 공정하게 처리하는 것이 좋겠다고 판단하여, 시험성적이 좋지 않은 4분의 1에 해당하는 학생들에게 과감하게 F학점을 주게 되었다. 그러나 그것에 대하여 항의하는 학생들이 전혀 없었을 뿐만 아니라, 그 다음 해에는 수강생들의 수가 두 배로 늘어나게 되었다. 나는 그것이 너무나 이상하게 생각되어서 교무과에 그 이유를 확인해 보았더니, 그 이유는 두 가지로 밝혀졌다. 하나는 작년에 내가 했던 강의에 대한 학생들의 평가가 좋게 나와서 수강생들의 수가 늘어난 것이고, 다른 하나는 작년에 학점을 취득하지 못한 학생들이 재수강을 하게 되어서 수강생들이 증가했던 것이다. 그런데 매우 다행스러운 것은 그 다음 해부터는 학생들이 경제법 강의를 수강하는 자세나 태도가 매우 진지하게 바뀌었다는 점이다.

제 4 장

경제법 교수

제4장
경제법 교수

　나는 1992년 2월 26일 자로 서울대학교 법과대학 공법학과에 경제법 담당교수로 임용되었다. 그리고 그 후 2015년 2월 말에 정년으로 퇴직할 때까지 23년간 경제법 교수로서 경제법을 연구하며 학생들을 가르치는 일을 담당해 왔다. 서울대 법대에서 근무하는 동안, 나는 전공분야인 경제법을 열심히 연구해서 이를 학생들에게 가르치면서 학회활동을 비롯한 대외활동에도 적극적으로 참여하였다. 2006년 3월에는 이른바 경제검찰이라고 불리는 공정거래위원회의 위원장으로 임명되어, 2년간 자유롭고 공정한 경쟁질서의 확립을 위하여 헌신할 수 있는 기회도 가졌다. 그리고 일본과 중국, 베트남 등 이웃나라의 경제법학자들과 학문적인 교류와 협력을 위하여 열심히 노력하여 상당한 성과를 거두었고, 2004년에는 사단법인 아시아법연구소를 설립하여 아시아 여러 나라의 법과 제도를 연구하면서, 특히 사회주의 계획경제체제에서 시장경제체제로 전환한 체제전환국들의 법제 정비와 법률가 양성을 위한 교류와 협력을 증진하기 위하여 노력해 왔으며, 그 활동은 지금도 계속되고 있다.

1. 경제법 전임교수

1991년 5월경에 서울대 법대에서 경제법 담당교수를 채용한다는 공고가 나왔다. 나는 그 공고를 보고서, 거기에 지원할 것인지 여부를 놓고 한동안 고민을 하게 되었다. 왜냐하면 내가 대학원 석사과정에서 경제법을 전공으로 선택하여 공부를 시작한 뒤에, 1978년부터는 대학원 박사과정에서 경제법을 집중적으로 연구하면서, 같은 해에 고 황적인 교수님과 함께 국내 최초의 경제법교과서를 출간한 바 있다. 그리고 1986년에는 독일 프라이부르크대학에 가서 경제법분야의 세계적인 권위자인 프리츠 리트너 교수의 지도하에 2년간 독일과 EU의 경제법과 경쟁법을 집중적으로 연구한 후, 귀국하여 1987년에 서울대 대학원에서 "기업결합규제법에 관한 연구"라는 논문으로 박사학위를 취득하였다. 따라서 내가 경제법의 연구자로서 장차 이를 계속 발전시켜 나가기 위해서는 서울대 법대로 자리를 옮기는 것이 좋을 것으로 생각되었다.

그러나 내가 1979년 3월에 대학교수가 된 이후에 10여 년간 민법 담당교수로서 민법을 가르치면서 민법을 연구해 온 결과, 민법분야에도 깊은 관심과 애정을 가지게 되었고, 그 연구의 성과도 어느 정도 쌓여 가고 있는 중이었다. 그런데, 이제 서울대로 자리를 옮기게 되면 앞으로는 오로지 경제법만 연구하고 가르쳐야 할 터인데, 그렇게 되면 그동안 쌓아 온 민법에 대한 연구성과가 사장될 우려가 있을 것이라고 생각되었기 때문이다. 그러한 이유로 한동안 고민을 거듭한 끝에, 서울대 법대에 가서 오로지 경제법에만 전념하기로 결심하고 서울대에 경제법 담당교수로 지원하게 되었다.

서울대 법대에 지원서를 제출해 놓고 나서 인사절차가 진행되고 있는 동안 나는 매우 초조하고 불안한 나날을 보냈다. 그런데 주변에서는 내가 서울대에 경제법 교수로 가는 것이 옳은지에 대하여 의문을 제기하는 분들이 많이 있었고, 심지어 형수씨는 용한 점쟁이를 찾아가서 물어봤더니, 내가 서울대에 채용될 가능성이 전혀 없다고 하면서, 만약 내가 서울대에 채용되면 자기 손에 장을 지지라고 하면서 적극적으로 말리더라고 했을 정도이었다.

그러나 나는 이 문제를 가지고 하나님께 나아가 간절히 기도하면서 조용히 절차의 진행과 결과를 기다려 보기로 하였다. 그런데 문제는 기도가 잘 되지 않는다는 점이었다. 내가 평소에 기도를 열심히 하지 않고 있다가 갑자기 기도를 하기 시작해서 그런지 모르지만, 기도를 열심히 해야 함에도 불구하고 기도가 잘 되지 않아서 애를 태우고 있었다. 그러한 과정에서 그해 1월부터 출석하고 있던 주님의교회의 담임목사인 이재철 목사님을 찾아가서 전후 사정을 이야기한 뒤에 나를 위한 중보기도를 해달라는 부탁을 하게 되었다.

그런데 마침 주님의 교회에서는 그해 여름에 개최할 3박 4일간의 전교인 여름수련회를 위한 준비가 진행되고 있었다. 그러나 나는 그 수련회에 대하여는 관심이 없었을 뿐만 아니라 거기에 참가할 생각은 전혀 없었다. 그런데 내가 하나님께 기도하고 있는 중에 기도의 응답을 받기 위해서는 먼저 그 수련회에 참가하는 것이 좋을 것 같다는 생각이 들어서, 아내와 함께 그 수련회에 참가하기로 하고 참가신청을 하게 되었다. 그랬더니 담임목사님이 새벽에 전화

로 수련회에 참가하기로 한 것을 진심으로 환영한다고 하면서, 수
련회의 기간 중에 소그룹으로 진행되는 성경공부 프로그램이 있는
데, 그 중에 한 그룹을 맡아서 성경공부를 인도하는 팀장을 맡아달
라는 부탁을 하셨다. 나는 그 말씀을 듣는 순간 그것은 전혀 의외
의 제안이라서 말도 안 된다고 하면서 그 요청을 거절하였다. 그러
나 목사님의 강권을 이기지 못하여 그 요청을 수락하여 수련회에서
팀장으로서 성경공부를 리드하는 역할을 맡기로 하고, 먼저 1주일
간 팀장들을 위한 교육을 받고나서 전교인수련회에 참가하게 되었
다. 전교인수련회에서 소그룹으로 진행되는 성경공부는 5번으로 나
누어서 진행되었는데, 그 마지막 순서는 각 팀의 구성원들이 돌아
가면서 "여태까지 살아오면서 하나님으로부터 받은 은혜를 간증하
는"것으로 짜여져 있었다. 그런데 목사님은 그 간증순서를 원만하
게 진행하기 위해서는 팀장이 먼저 간증을 하고 나서 팀원들이 한
사람씩 돌아가면서 간증을 하도록 하는 것이 좋을 것이라고 말씀하
셨다. 그 이야기를 듣는 순간, 나는 머릿속이 하얗게 변할 정도로
아찔한 느낌을 받았다. 왜냐하면 나는 그때까지 하나님으로부터 받
은 은혜가 전혀 없다고 생각하고 있었기 때문이다.

그럼에도 불구하고 그 간증 순서를 원만하게 진행하기 위해서는
내가 먼저 간증을 해야 할 터인데, 그동안 받은 은혜가 전혀 없으
니, 간증을 거짓말로 할 수는 없어서 고민을 하고 있다가, 그날부
터 시간이 날 때마다 하나님께 "나에게도 은혜를 좀 베풀어 달라"
고 기도하기 시작하였다. 그러나 며칠간 계속 기도를 해도 아무런
응답이 없었다. 나는 조급한 마음에 "큰 은혜는 아예 바라지도 않
고 작은 은혜라도 좋으니, 제가 수련회에서 간증할 수 있을 정도의

은혜를 베풀어 달라"고 간절히 기도하게 되었다. 그러나 수련회가 시작될 때까지 나는 아무런 은혜도 받지 못하였기 때문에, 불안하고 초조한 마음으로 수련회에 참가하게 되었다. 따라서 수련회가 진행되는 동안에도 나는 시간이 날 때마다 같은 기도를 계속 반복할 수밖에 없었다. 그런데 수련회 3일째 되는 날 새벽기도 시간에, 나는 난생 처음으로 하나님의 음성을 듣는 놀라운 체험을 하게 되었다. 그날도 나는 하나님께 작은 은혜라도 좀 베풀어 달라고 간절히 기도하고 있었다. 그런데 하나님께서 "뭐, 은혜 받은 것이 없다고~?"라고 하시면서, 내가 지난 40여 년간 살아오면서 하나님으로부터 얼마나 많은 은혜를 받았는지, 그 장면들을 주마등처럼 비추어 주셨다. 나는 그 장면들을 바라보면서, 내가 그동안 살아오면서 수많은 고비와 난간을 넘어 왔는데, 그러한 고비와 난간을 넘을 때마다 하나님이 개입하셔서 나를 인도해 주시고 은혜를 베풀어 주셨다는 것을 비로소 깨닫게 되었다. 그럼에도 불구하고 나는 그것을 모르고 너무나 교만하게도 하나님으로부터 받은 은혜가 전혀 없다고 생각하고 있었던 것이다. 그러한 깨달음은 나에게 주신 아주 놀라운 은혜로서 내 인생을 근본적으로 변화시키는 결정적인 계기가 되었다.

그때부터 내 인생에는 극적인 변화가 나타나기 시작하였다. 첫번째 변화는 내가 서울대의 인사문제를 더 이상 걱정하지 않고, 모든 것을 하나님께 맡기고 그 결과에 순종할 수 있는 믿음과 여유를 갖게 되었다는 점이다. 그 이유는 하나님께서 지금까지 내 인생을 선하게 인도해 오셨을 뿐만 아니라, 앞으로도 그렇게 인도해 주실 것이라는 믿음이 생겼기 때문이다. 내가 서울대로 옮기는 것이 하나님의 뜻에 부합한다면 순조로이 옮기게 해 주실 것이고, 만약 그렇지 않다면 지금 있는 대학에 그대로 있으면서 하나님께서 맡기신 임무를 성실히 수행하면서 살아가면 될 것이라는 믿음을 갖게 되었다. 그때부터 나는 전혀 불안하거나 초조해 하지 않으면서 조용히 기도하면서 그 결과를 기다릴 수 있는 여유를 갖게 되었다.

두 번째 변화는 내가 그 일이 있기 전까지는 하루 종일 전공분야인 법학서적을 읽고 있거나 논문을 쓰는 등 연구에 몰두하는 일상을 보내고 있었다. 그런데 그때부터는 그러한 일에는 더 이상 관심이 가지 않고, 온종일 성경이나 신앙관련 서적을 탐독하거나 두 손 모아 하나님께 기도하면서 훌쩍훌쩍 울고 있는 모습을 자주 보이게 되었다. 그런데 이러한 변화는 주위 사람들을 많이 놀라게 했으며, 특히 아내는 그러한 모습을 보고 아주 큰 충격을 받았던 것으로 보인다. 나중에 아내가 고백하기를, 사람이 죽으려면 3년 전부터 일정한 변화가 발생하게 된다고 하던데, "이 사람에게 갑자기 이러한 변화가 생기는 것을 보니, 이제 곧 죽으려는가 보다"라고 생각되어 내심 아주 불안해 하고 있었다고 했다. 돌이켜 보면, 그때부터 나에게 큰 영적인 변화가 발생하게 되었던 것 같다. 그전에는 내가 모든 것을 내 중심으로 생각하고 살아왔는데, 그 이후에는 내 삶의 중심이 나에게서 하나님께로 이전하기 시작했던 것으로 보인다.

2. 경제법 교수의 소명

내가 이상과 같은 영적인 변화를 경험하고 있는 가운데, 서울대 법대의 신임교수 채용을 위한 인사절차가 순조로이 진행되어, 1992년 2월 26일에 나는 서울대 법대에서 경제법 담당 전임교수로 임명한다는 임명장을 받았다. 그런데 문제는 내 속에서 일어나고 있던 영적인 변화는 끊임없이 진행되고 있었다는 점이다.

나는 누구인지, 내 삶의 의미나 목적은 무엇인지, 그리고 나의 소명은 무엇인지, 내 직업과 전공이 가지는 의미는 무엇인지 등과 같은 근본적인 질문들이 꼬리를 물고 끊임없이 제기되었다. 그러한 고민과 갈등을 하는 과정에서 나는 그때까지 내가 철저히 자기중심적인 삶을 살아왔다는 것을 깨달았기 때문에, 그것을 철저히 회개하고 앞으로는 내 중심의 삶이 아니라 하나님 중심의 삶을 살아가겠다는 결심을 하게 되었다. 그러나 문제는 내가 어떻게 해야 그러한 삶을 살 수 있을 것인지, 그리고 그러한 삶을 살기 위해서는 내 삶의 어느 부분을 어떻게 고쳐 나가야 할 것인지를 제대로 알 수가 없었다는 점이다. 우선, 하나님 중심의 삶이란 구체적으로 어떠한 삶을 의미하는지를 제대로 파악하기가 어려웠고, 또 나는 법학교수인데, 법학교수가 그러한 삶을 살기 위해서는 무엇을 어떻게 해야 하는지를 정확하게 이해하기가 매우 어려웠다는 점이다.

일반적으로 우리는 예수를 믿는 사람을 크리스천이라고 부르고 있다. 그런데 크리스천이란 단순히 주일날 교회에 나가서 예배드리는 사람들을 가리키는 것이 아니라, 하나님이 천지를 창조하시고 우주의 역사를 주관하실 뿐만 아니라 우리 인간을 죄에서 구속하기 위하여 독생자 예수를 이 땅에 보내서 십자가에 못 박혀 죽게 하신 후에 삼일 만에 부활하게 하셨다는 사실을 진리로 믿고서, 하나님의 뜻에 따라 순종하는 삶을 살아감으로써 하나님 나라의 확장에 이바지하기 위하여 노력하는 사람들을 가리킨다. 그런데 문제는 여기서 나를 향한 하나님의 뜻이 무엇인지를 알기가 매우 어렵다는 점이다. 이와 관련하여 성경에서 우리에게 인생의 목표를 제시해 주고 있는 말씀을 찾아보면, 누가복음에서 다음과 같은 말씀을 찾을 수 있다.

> "어떤 율법교사가 일어나 예수를 시험하여 이르되 선생님 내가 무엇을 하여야 영생을 얻으리이까. 예수께서 이르시되 율법에 무엇이라 기록되었으며 네가 어떻게 읽느냐. 대답하여 이르되 네 마음을 다하며 목숨을 다하며 힘을 다하며 뜻을 다하여 주 너의 하나님을 사랑하고 또한 네 이웃을 네 자신같이 사랑하라 하셨나이다."(누가복음 10:25-27)

여기서 우리 인간들을 향한 하나님의 지상명령은 '하나님을 사랑하라'는 것과 '네 이웃을 네 자신같이 사랑하라'는 것으로 요약된다는 것을 알 수 있다. 따라서 하나님의 말씀을 진리로 믿고 있는 크리스천들은 하나님 사랑과 이웃사랑을 실천하는 삶을 살아야 한다. 우리는 공적인 삶에서는 물론이고 사적인 삶에서도 이 지상명령에 순종하는 삶을 살기 위해 부단히 노력해야 한다. 그런데 우리가 구체적인 삶의 현장에서 그러한 삶을 살아가기는 결코 쉬운 일이 아니다. 아니 그것은 사람의 힘만으로는 도저히 할 수 없는 일이라고 할 수 있다. 그럼에도 불구하고 그것이 하나님의 지상명령이기 때문에 우리는 거기에 순종하는 삶을 살기 위하여, 성령님의 도움을 간구하면서 열심히 노력하지 않으면 안된다. 그런데 우리가 구체적인 삶의 현장에서 하나님의 지상명령에 순종하는 삶을 살기 위해서는, 무엇보다 먼저 우리가 실현해야 할 우리를 향한 하나님의 뜻이 무엇인지를 정확히 파악한 후에, 성령의 도움으로 그 뜻에 순종하는 삶을 살 수 있는 지혜와 능력을 부여받아 이를 실현하기 위하여 열심히 노력해야 한다.

그렇다면 법학교수인 내가 하나님의 뜻에 순종하는 삶을 살기 위해서는 무엇을 어떻게 해야 할 것인가? 나는 경제법을 전공으로 하고 있으니까, 먼저 경제법 교수로서 실현해야 할 하나님의 뜻이 무엇인지를 정확히 파악해서, 그 뜻에 순종하는 삶을 살기 위해 열심히 노력해야 한다. 무릇 경제법은 바람직한 경제질서를 형성하기 위하여 국가가 경제활동을 규제하는 법과 제도의 총체를 가리킨다. 그런데 우리나라는 시장경제를 경제질서의 기본으로 삼고 있으며, 시장경제가 정상적으로 작동하기 위해서는 시장에 자유롭고 공정한 경쟁이 유지되고 있어야 한다. 그러나 실제로는 자유롭고 공정한 경쟁을 제한하는 요소들이 많이 있기 때문에, 국가는 이를 규제하기 위하여 독점규제 및 공정거래에 관한 법률(이하 '독점규제법'이라 한다)을 제정하여 시행하고 있다. 따라서 경제법 교수는 독점규제법을 열심히 연구해서 그 내용이나 절차 중에 비합리적이거나 부당한 것이 있으면 이를 개선하기 위하여 노력할 필요가 있다.

그리고 시장경제를 경제질서의 기본으로 삼고 있는 나라에서도 산업분야에 따라서는 시장의 기능에만 맡겨 놓을 수 없는 분야가 있다. 예컨대 금융산업, 방송·통신산업, 에너지산업, 운송산업, 보건산업 등이 여기에 해당된다. 이러한 산업분야에 대하여는 국가가 시장의 진입이나 가격 또는 거래조건 등에 대한 규제를 할 수 있는 법과 제도를 마련하여 시행하고 있다. 그런데 이러한 산업규제법의 경우에도 그 내용과 절차에 비합리적이거나 부당한 것들이 있을 수 있다. 따라서 경제법 교수는 이러한 산업규제법의 내용이나 절차에 포함되어 있는 문제점들을 찾아내어 이를 개선하기 위하여 노력해야 한다.

한편 경제활동의 주체들 중에는 중소기업이나 소비자들처럼 특별한 보호와 지원이 필요한 경우도 있다. 따라서 국가는 이러한 경제적 약자들을 지원·육성하고 보호하기 위한 법과 제도, 즉 중소기업법이나 소비자보호법들을 제정하여 시행하고 있다. 그런데 이러한 법과 제도에도 합리적이지 않거나 부당한 부분이 있을 수 있다. 따라서 경제법 교수는 이러한 법과 제도가 안고 있는 제반 문제점을 파악하여 이를 개선할 수 있는 방안을 제시함으로써 바람직한 경제질서의 형성에 이바지하기 위하여 열심히 노력해야 한다. 그리고 이러한 연구 활동을 통하여 얻은 성과를 학생들에게 가르쳐서 그들을 장차 훌륭한 법률가로서 바람직한 경제질서를 형성하는 데 적극적으로 이바지할 수 있는 인재로 양성하기 위하여 노력할 필요가 있다.

이러한 연구와 교육은 주로 국내에서 이루어지고 있지만, 오늘날처럼 국제간의 거래가 활발하게 전개되고 있는 상황에서는 그 활동이 국내에서만 이루어져서는 안되고 국경을 넘어 이웃나라에까지 확대될 필요가 있다. 우리의 이웃에는 중국이나 베트남, 몽골 등과 같은 체제전환국들이 많이 있고, 또 동남아시아나 아프리카 등에는 경제개발을 위하여 노력하는 개발도상국들이 많이 있다. 그리고 그들은 우리나라가 단기간에 경제성장과 민주화를 이룩한 나라라는 점에서, 우리나라를 선망의 대상으로 삼고 있으며, 우리나라의 법과 제도에 대하여 많은 관심을 가지고 있다. 따라서 우리가 지난 60년 동안 경제성장과 민주화를 이룩하기 위하여 노력하는 과정에서 얻은 지식과 경험 및 노하우 등을 체제전환국이나 개발도상국들에게 전수할 수 있게 되면, 그것이 그들에게 매우 큰 도움이 될 수 있을 것이다. 따라서 경제법 교수는 이웃나라의 경제법 교수들과 긴밀히 교류하면서, 그들의 법과 제도의 발전과 법률가의 양성에도 이바지하기 위하여 노력할 필요가 있다.

3. 법과대학 강의

서울대 법대에 부임한 후에, 나는 경제법과 아울러 독일법 및 독어원강과 같은 강의를 맡게 되었다. 그 이유는 당시에 법대에서 경제법은 선택과목으로서 3학년 1학기에 한 강좌만 개설되어 있었기 때문에, 내가 한 학기에 9시간의 책임시간을 채우기 위해서는 독일법이나 독어원강 등과 같은 강의를 할 수밖에 없었다. 그리고 몇 년이 지난 후에 3학년 2학기에 경제법연습이라는 과목을 개설하여 그 강의를 담당하게 되었고, 2004년부터는 핵심교양과목으로 시장경제와 법이라는 과목을 개설하여 그 강의도 담당하게 되었다.

그런데 아주 다행스럽게도 내가 서울대로 자리를 옮겨서 경제법에 대한 연구와 강의를 본격적으로 수행하기 시작하면서부터, 우리나라에서도 경제법의 중요성에 대한 인식이 점차 제고되었기 때문에, 경제법에 대한 학생들의 관심도 점차 늘어나게 되었다. 그러나 전국적인 차원에서 경제법에 대한 학생들의 관심이 크게 늘어나게 된 것은 김영삼 정부가 1996년에 사법시험령의 개정을 통하여 경제법을 사법시험 제1차시험의 선택과목에 포함시킨 이후이다.

경제법은 국가가 바람직한 경제질서를 형성하기 위하여 개인이나 기업의 경제활동을 규제하는 규범과 제도의 총체이다. 따라서 경제법은 그 내용이 매우 방대하고 복잡하다. 그러나 대학에서는 학생들에게 그 내용을 모두 다 가르칠 수 없기 때문에, 그 중에서 가장 기본적이고 중요한 내용을 경제법총론과 독점규제법, 중소기업법 및 소비자보호법 등으로 나누어서 강의하고 있다. 그런데 정부가 사법시험령의 개정으로 경제법을 사법시험 제1차 시험의 선택과목에 포함시키기 위하여 그 범위를 어떻게 설정해야 할 것인지에 대하여 논의할 때에, 그 범위를 너무 넓게 설정하면 수험생들이 부담스럽게 생각하여 선택하지 않을 우려가 있다는 지적이 있어서, 그 범위를 경제법총론과 독점규제법 및 소비자보호법으로 결정하게 되었다. 그 부작용으로 각 대학에서 경제법을 가르치는 교수들이 경제법의 범위를 경제법총론과 독점규제법 및 소비자보호법으로 제한하는 경향이 나타나서, 거기에 포함되지 않는 분야, 즉 중소기업법이나 개별산업규제법 등에 대한 연구나 관심이 줄어든 측면이 있는데, 이는 매우 아쉬운 점으로서 장차 극복해야 할 과제라고 생각된다.

4. 대학원 수업

1992년에 내가 서울대에 부임했을 때에는 우리나라에서 아직 경제법에 대한 관심이나 인식이 그리 높지 않았고, 대학원에서도 경제법에 깊은 관심을 가지고 연구하는 학생들이 그다지 많지 않았다. 그러나 우리나라의 경제규모가 커지고 시장경제가 더욱 발전함에 따라 경제법의 중요성에 대한 인식도 점차 강화되었고, 경제법에 대한 학생들의 관심도 크게 증가하게 되었다.

학부에 비하여 대학원에서는 새로운 강좌의 개설이 비교적 용이했기 때문에, 나는 매 학기 대학원에서 경제법 일반이론, 독점규제법, 개별 산업규제법, 소비자보호법 등과 같은 강좌를 개설하여 세미나식 강의를 해 왔다. 대학원 강의는 1주일에 한 번 3시간씩 세미나식으로 진행되었는데, 각 주제별로 이론적인 쟁점과 실무에서 제기되고 있는 문제점들을 중심으로 학생들이 연구발표를 하고 그 내용을 중심으로 토론을 전개하는 방식으로 이루어졌다. 그리고 한 학기에 한 번씩 1박 2일간 교외에 나가서 블록세미나를 할 수 있는 기회도 가졌다. 블록세미나는 주요한 주제나 쟁점들에 대하여 집중적으로 토론할 수 있는 기회가 될 뿐만 아니라, 토론이 끝난 다음에는 자유로운 분위기에서 소주나 맥주를 한 잔씩 마시면서 서로 마음속에 있는 비전이나 진로에 대한 고민들을 털어놓고 이야기함으로써, 개인적으로 깊이 교제할 수 있는 기회가 된다는 점에서 큰 장점이 있는 제도라고 생각되는데, 학생들의 반응도 매우 좋았던 것으로 기억된다.

여기서 독점규제법에 관한 세미나를 진행하는 과정에서 있었던 에피소드를 하나 소개하면 다음과 같다. 독점규제법은 시장경제의 기본원리인 자유롭고 공정한 경쟁을 촉진하는 것을 목적으로 하며, 이를 위하여 자유롭고 공정한 경쟁을 제한하는 독과점이나 기업결합, 부당한 공동행위 등과 같은 경쟁제한행위나 각종 불공정거래행위를 규제하는 법률이다. 따라서 이 주제를 연구하는 세미나 시간에는 자연히 경쟁에 관한 이야기를 많이 할 수밖에 없다. 그런데 우리나라에서는 일반적으로 경쟁, 그 중에서도 특히 경제적 경쟁에 대한 이해나 인식이 매우 부족하여, 경쟁의 긍정적인 측면보다는 부정적인 측면이 더 크게 부각되고 있는 경향이 있다. 시장에서 활동하는 사업자들은 보다 많은 소비자의 선택을 받기 위하여 경쟁을 하게 되는데, 그들의 경쟁은 기술개발이나 원가절감을 통하여 품질이 좋고 값이 싼 상품이나 서비스를 제공하는 방식으로 이루어지게 되며, 이러한 과정에서 얻어지는 효율성 증대는 소비자후생의 증대를 초래하는 장점을 가진다. 그런데 그 과정에서 사업자들이 부당한 공동행위와 같은 경쟁제한행위를 하거나 불공정한 거래행위를 감행하게 되면 시장경제가 정상적으로 작동하지 않게 된다.

그리고 어느 나라든지 아직 산업화가 이루어지지 않은 농경사회에서는 사업자들 간의 경쟁보다는 협력이 강조되는 경향이 있다. 그런데 우리나라에서는 산업화가 단기간에 급속하게 이루어졌기 때문에, 국민들의 의식 속에는 아직 산업사회에 필요한 경쟁문화가 제대로 형성되지 않은 경우가 많이 있고, 학생들 중에도 경쟁보다는 협력을 선호하는 경향이 있었던 것으로 보인다.

그러한 학생들 중에는 세미나 시간에 내가 시장경제가 정상적으로 작동하려면 자유롭고 공정한 경쟁질서가 유지되고 있어야 하고, 이를 위해서는 경쟁제한행위를 강력하게 규제할 필요가 있다고 주장하게 되면, 그 주장이 머리로는 이해되지만 가슴으로는 받아들이기가 어려운 경우도 있었던 것으로 보인다. 그럼에도 불구하고 세미나 시간에는 그러한 느낌을 솔직하게 표현하지 못하고 있다가, 세미나가 끝나고 학생들과 함께 회식하는 자리에서 박사과정에 재학 중이던 한 학생이 "선생님, 우리가 꼭 그렇게 경쟁을 하면서 살아야 합니까?"라고 하면서 오랫동안 가슴 깊숙이 묻어 두었던 의문을 드러내게 되었다. 의외의 질문에 모두들 폭소를 터뜨리게 되었지만, 나는 그 학생이 평소에 경쟁에 대하여 가지고 있던 심리적인 부담감을 그렇게 표현한 것이라고 생각하고, 경쟁의 긍정적인 의미나 기능에 대하여 다시 한번 자세히 설명해 주었다. 경쟁은 그것을 하는 사람이나 기업들에게는 매우 부담스러운 제도이지만, 그 상대방인 소비자에게는 매우 유익한 제도라는 점과, 장기적인 관점에서 보면 그러한 경쟁을 하고 있는 사람이나 기업들도 자기개발이나 기술혁신 또는 원가절감 등을 통하여 효율성을 제고할 수 있는 유익한 제도라는 점을 설명해 주고 나서, 비근한 예로서 여러 기업들이 경쟁을 해야 소비자 후생이 증대되고, 여러 선생들이 경쟁을 해야 학생들이 좋은 강의를 들을 수 있다고 설명해 준 적이 있다.

나는 대학원 강의를 통하여 우수한 학생들을 많이 만날 수 있었다. 그들 중에서 상당수는 계속 연구에 정진하여 국내외에서 우수한 학위논문을 작성하여 석사 또는 박사학위를 취득한 후에 학계에 진출하여 훌륭한 연구업적을 쌓기도 하고, 실무계로 진출하여 활발한 활동을 전개하면서 경쟁질서의 확립에 이바지하고 있다. 항간에서는 이러한 제자들의 모임을 '권오승사단'이라고 부르는 경우도 있는데, 이는 단순히 그들의 수가 많다는 것을 가리키는 것으로 보이지만, 실제로 중요한 것은 그들의 역량이 매우 출중하여 우리나라 경제법의 이론과 실무의 발전에 중심적인 역할을 수행하고 있을 뿐만 아니라, 장차 경제법분야의 학계와 실무계의 발전에 크게 기여할 수 있을 것으로 기대 된다는 점이다. 나는 그동안 훌륭한 제자들을 많이 배출할 수 있었고 또 그들과 함께 우리나라 경제법의 이론과 실무의 발전에 이바지할 수 있는 기회를 갖게 된 것을 매우 기쁘게 생각하며, 이를 진심으로 감사하게 생각하고 있다.

5. 사법개혁의 추진

1993년 2월에 문민정부로 출범한 김영삼 정부는 그 트레이드마크처럼 되어 있던 '개혁'을 효과적으로 추진하기 위하여 1995년 1월 21일에 이른바 세계화추진위원회(이하 '세추위'라 한다)를 발족하게 되었다. 그리고 2월 21일에는 세추위가 사법개혁을 세계화를 위한 중점과제 중의 하나로 채택한 뒤에 이를 위한 소위원회를 구성하게 되었다. 나는 당시 청와대 비서실에서 정책수석으로서 정부의 개혁과제를 총괄하고 있던 고 박세일 교수의 권유로 소위원회의 연구간사로서 사법개혁의 추진을 위한 실무작업에 참여하게 되었다.

사법개혁은 당초 세추위가 단독으로 추진하려고 하였으나, 법조계의 강한 반대에 부딪치자 그들의 의견을 적극적으로 반영하기 위하여 3월 18일부터 대법원과 공동으로 추진하기로 하였다. 세추위와 대법원의 논의는 주로 법조인의 수를 증가시키는 것과 법조인 양성제도를 개편하는 것에 집중되었다. 양자는 여러 차례의 회의를 거친 끝에 법조인 수의 증가에 대해서는 합의를 이루었지만, 법조인 양성제도의 개편에 관해서는 그 필요성과 개편방향에 대하여는 공감대를 형성하였으나 구체적인 내용과 방안에 대하여는 합의를 이루지 못하였다.[17] 그 결과, 1996년부터 1999년까지는 사법시험제

---

17) 법조인 양성제도에 관해서 세추위와 대법원은 기본적으로 다른 생각을 가지

도의 골격을 그대로 유지하면서, 선발 인원을 1996년에는 500명으로 하고, 1999년까지는 해마다 100명씩 늘려 나가기로 하고, 2000년 이후에는 새로 마련될 제도에 따라 1,000 내지 2,000명의 범위 안에서 확대해 나가기로 하되, 구체적인 수는 민간합동으로 설치될 '법조인양성위원회'(가칭)에서 결정하기로 하였다.

이러한 개혁작업을 추진하는 과정에서 나는 기존의 제도를 개혁하는 일이 얼마나 어려운 일인지를 뼈저리게 느낄 수 있었다. 당시에 나는 사법개혁을 추진해 나가면서 법조계로부터 매우 강한 비난과 저항을 받게 되었다. 그 중에서 가장 기억에 남는 것은 '법조오적(法曹五賊)'이라는 비난이었다. 어느 일간신문에 사법개혁을 추진하는 핵심인사들을 법조오적이라고 비난하는 기사가 실렸다. 이를 통하여 나는 법조계에서 사법개혁에 대하여 얼마나 못마땅하게 생각하고 또 저항이 컸는지를 짐작할 수 있었다.

그 기사는 법조오적이라는 제목으로 당시에 사법개혁을 추진하고 있던 핵심인사인 P씨, C씨, K교수 등을 법조오적이라고 비난하는 내용의 글을 싣고 있었다. 나는 그 기사를 읽으면서, P씨와 C씨는 누구를 가리키는지 쉽게 알 수 있겠는데, K교수는 누구를 가리키는지 알 수가 없어서 궁금하게 생각하고 있었다. 그런데 그 당시에 사법개혁에 관하여 어느 정도 관심을 가지고 있었던 사람들은 누구나 K교수가 나를 가리킨다는 것을 잘 알고 있었기 때문에, 그것을 알지 못한 사람은 나 혼자밖에 없었던 것으로 보인다. 내가 K

고 있었다. 세추위는 미국식 로스쿨을 도입하여 다양한 배경을 가진 학생들을 교육을 통하여 전문적인 법률가로 양성하는 것이 바람직하다고 주장한 반면, 대법원은 사법시험제도를 유지하면서 사법시험 합격자를 대상으로 법률서비스의 전문화를 위한 교육을 실시하는 것이 바람직하다고 주장하였다.

교수가 누구를 가리키는지에 대하여 쉽게 알 수 없었던 이유는 내가 그 작업에 참여하면서 박세일 수석에게 내 이름을 외부에 공개하지 말아 달라고 요청하였기 때문에, 다른 사람들이 내가 그 작업에 깊이 참여하고 있다는 사실을 알지 못할 것이라고 생각하고 있었기 때문이다.

한편, 법조인 양성제도의 개혁은 그 후에 김대중 정부에서도 계속 추진하였으나 성과를 거두지 못하고 있다가, 노무현 정부에 와서야 비로소 법학전문대학원을 도입하는 방향으로 결실을 보게 되었다. 즉, '법학전문대학원 설치 · 운영에 관한 법률'이 2007년 7월 27일에 비로소 국회를 통과하여 그해 9월 28일부터 시행되었고, 2008년 8월 29일에 교육과학기술부장관이 그 법률에 따라 전국 25개 대학에 법학전문대학원의 설치를 인가해 줌으로써, 2009년 1학기부터 로스쿨(Law School)이 본격적으로 출범하게 되었고, 나도 서울대 법학전문대학원에서 법률가 양성을 위한 교육을 직접 담당할 수 있게 되었다.

6. 전문분야 연구과정

앞에서 설명한 사법개혁을 추진하는 과정에서, 나는 우리나라 법조계가 장차 법률시장의 개방과 법률서비스의 수요변화에 대응하기 위해서는 법률가의 수를 대폭 늘리고, 법률가 양성제도를 개혁할 필요가 있다는 점에 대하여는 어느 정도 공감하고 있으면서도, 이를 위한 사법개혁에 대하여는 강하게 반대하고 있는 이유가 무엇인지가 매우 궁금하게 생각되었다. 그런데 그 이유가 그들이 그러한 개혁이 몰고 올 환경의 변화에 적극적으로 대처할 준비가 되어 있지 않은 데에 따른 두려움과 불안함 때문이라는 것을 깨닫게 되었다. 따라서 우리나라 법조계가 장차 다가올 법률시장의 개방과 법률서비스에 대한 수요의 증대에 적극적으로 대처할 수 있게 하기 위해서는 법률가의 경쟁력을 제고할 필요가 있으며, 이를 위해서는 법률가의 전문화가 절실히 필요하다는 점을 알게 되었다.

나는 법률가의 전문성을 제고하기 위한 구체적인 방안의 하나로 서울대 법대에 '전문분야 연구과정'이라는 특별과정을 개설하여 운영하자는 제안을 하였다. 그러나 그러한 과정의 개설은 새로운 시도이었기 때문에, 그 성공 여부가 불확실하여 이를 시도하려는 교수가 아무도 없었다. 그리하여 내가 1996년 3월에 우선 공정거래법 연구과정을 개설하여 운영해 본 뒤에, 그 성과가 좋으면 이를 지적재산권법과 금융법, 국제거래법 등과 같은 분야로 확대해 나가기로 하였다. 다행히 공정거래법 연구과정이 대성공을 거두었기 때문에, 그 다음 학기에는 지적재산권법연구과정과 금융법연구과정 등 여러 분야의 연구과정을 개설하여 운영하게 되었다. 그런데 그러한 과정들 중에서 가장 활발하게 운영되었던 과정은 공정거래법 연구과정이었으며, 지적재산권법연구과정과 금융법연구과정도 상당히 좋은 성과를 거둔 것으로 평가된다.

공정거래법 연구과정은 격년으로 개설하게 되었는데, 1996년에 처음으로 개설된 연구과정에는 수강생을 40명으로 제한하였다. 그들의 구성은 공정위 간부들을 비롯한 공무원이 13명, 판사와 검사 및 변호사 등 법률가가 13명, 대기업의 임직원이 13명, 그리고 대학교수가 1명으로 되어 있었다. 그리고 공정거래법 연구과정은 6개월 단위의 단기과정으로 운영되었는데, 그 교과과정은 정규강의와 블록세미나 및 해외연수로 편성되어 있었다. 정규강의는 매주 월요일(나중에는 금요일) 오후 6시 반부터 10시까지 법대 대회의실이나 강의실 등에서 진행하고, 블록세미나는 제주도나 강원도 등 지방에서 2박3일간 그리고 해외 연수는 영국, 프랑스와 독일 등 유럽에 가서 1주일간 대학이나 경쟁법 집행기관 등을 방문하여 각국의 경쟁법상 주요 쟁점에 대한 강연을 듣고서 질의와 토론을 하는 방식으로 진행되었다.

이 과정의 정규강의에서 강의를 담당하는 강사들은 공정거래법 분야를 연구하는 교수와 실무에 종사하는 공무원과 변호사들이었는데, 그들은 모두 국내 최고의 전문가들이었다. 그 결과, 이 과정에 참여하는 수강생들은 수업에 아주 열심히 참여했을 뿐만 아니라, 강의에 대한 만족도가 아주 높았다. 그런데 2013년에 공정거래위원회가 세종시로 이전한 뒤에는 공정위 직원들의 참여가 점차 어려워지게 되어서, 그 참여가 줄어들었기 때문에 수강생의 구성에도 많은 변화가 생기게 되었다. 이 과정에 대한 수요는 여전한 것 같은데, 2015년 이후에는 여러 가지 사정으로 더 이상 개설되지 않고 있다가, 감사하게도 금년 9월부터 다시 개설된다고 한다.

7. 바이블 스터디

나는 대학 캠퍼스에서 학생들과 함께 성경(Bible)을 중심으로 인격적 교제를 하기 위하여 1992년 서울대에 부임한 후 2015년 정년으로 퇴직할 때까지, 매주 수요일 아침(8시부터 9시 반까지)에 바이블 스터디를 하는 시간을 가졌다. 바이블 스터디의 교재는 처음에 독일어 성경을 사용했으나 나중에 영어성경으로 바꾸었다. 성경말씀을 하루에 한 장씩 읽고 나서 그것을 우리말로 번역한 후에, 참가자들이 돌아가면서 그 말씀에서 받은 은혜를 나누는 방식으로 진행되었다. 교재를 바꾼 이유는 세월이 지나가면서 독일어 성경을 읽을 수 있는 학생들의 수가 점차 줄어들었기 때문인데, 1997년부터는 어쩔 수 없이 영어성경으로 바꾸어서 진행하게 되었다.

이 모임에는 통상 5명 내지 10명 정도의 학생들이 참석했는데, 우리는 매번 말씀과 나눔을 통하여 잔잔한 하나님의 은혜를 경험할 수 있었다. 모임을 시작할 때에는 분위기가 냉랭한 경우가 많았지만, 모임이 끝날 때에는 모두들 촉촉한 눈과 따뜻한 마음으로 돌아가곤 하였다. 이 모임은 내가 먼저 성령님의 도움을 간구하는 기도를 드리고 나서, 학생들이 돌아가면서 성경말씀을 읽고 번역한 뒤에, 참석자들 중에서 읽은 말씀의 내용 중에 잘 이해가 되지 않는 부분이 있으면 이를 질의와 응답으로 해결하고 나서, 한 사람씩 돌아가면서 그 시간에 받은 은혜를 나누는 방식으로 진행되었다. 그 시간에 읽은 성경말씀에 은혜로운 내용이 포함되어 있는 경우에는 물론이지만, 그렇지 않은 경우에도 참석한 학생들이 지난 주간에 받은 은혜를 나누는 과정에서 우리는 모두 큰 은혜를 받게 되었다. 이 모임을 통하여 우리는 "두세 사람이 내 이름으로 모인 곳에는 나도 그들 중에 있느니라."(마태복음 18:20)고 약속하신 하나님의 말씀을 실제로 경험할 수 있었다.

내가 바이블 스터디를 인도하는 과정에서 받은 은혜가 너무나 많지만, 그 중에서 특별히 기억에 남는 에피소드를 몇 가지 소개하면 다음과 같다. 바이블 스터디는 내가 매 학기마다 학교 게시판에 언제, 어디서, 성경 중에서 어떤 말씀을 내용으로 모임을 진행하는 지에 대하여 간단한 공고문을 붙여 놓으면, 학생들이 그것을 보고 그 모임에 참여할 의사가 있는 학생들이 자발적으로 참여하는 구조로 되어 있었다. 따라서 그 모임이 시작되기 전에는 누가 참여할 지, 그리고 몇 명이 참여할지에 대하여 알 수가 없었다. 2004년 1 학기에도 나는 같은 방식으로 바이블 스터디를 진행하기로 하고 게 시판에 공고를 붙여 놓고 나서 기도로 준비하고 있었다. 그런데 학 기초에 그 모임을 시작하기로 되어 있던 날은 전날 밤에 서울·경 기 지역에 함박눈이 엄청 많이 내려서 정상 출근이 어려울 지경이 되었다. 나는 그날은 바이블 스터디를 시작하기가 어려울 것으로 생각되었지만, 그럼에도 불구하고 내가 학교에 나가지 않을 수는 없고 또 우리 집이 학교에서 그리 멀지 않은 곳에 있었기 때문에 시간에 늦지 않게 예정된 강의실에 나가 보았다. 그런데 강의실에 는 이미 학생이 몇 명 나와 있었는데, 그들 중에 한명은 처음 보는 여학생으로서 그해에 대학원에 입학한 신입생이었다. 나는 그 여학 생이 너무나 기특하게 생각되어서 그날부터 그 학생을 연구실 조교 로 받아들이게 되었다. 그 학생은 그때부터 열심히 공부해서 석사 과정을 마치고 박사과정에 진학하여 경제법을 열심히 연구하였을 뿐만 아니라, 박사과정을 수료한 후에는 캄보디아 라이프대학에 가 서 한 학기 동안 영어로 법학강의를 하기도 하였으며, 법학박사학 위를 취득한 뒤에는 한국법제연구원에서 연구위원으로 근무하다가, 2014년부터는 한동대학교 법학부에 경제법 담당교수로 임용되어 학생들을 가르치고 있다.

한편, 서울대에 외국인 유학생들이 들어오기 시작하면서 우리 법대에도 외국인 유학생들이 늘어나게 되었고, 내가 운영하는 바이블 스터디에도 외국인 학생들이 참여하게 되었다. 그런데 2005년 11월경에는 중국에서 온 유학생 한 명이 바이블 스터디에 참가하게 되었는데, 그는 그 모임에서 생전 처음으로 기도하는 모습을 보았을 뿐만 아니라 성경책도 처음 보았다고 하면서 매우 신기해 하고 있었다. 그런데 그가 1주일 후에 내 연구실에 찾아와서 하는 말이 자기가 지난 1주일 동안 고민하느라 잠도 제대로 자지 못하였다고 하는 것이었다. 그 이유는 그는 공산당원인데, 공산당원이 바이블 스터디에 참석하면 그것은 당을 배신하는 행위가 되는데 그것을 계속 해도 좋을지? 그리고 만약 그 사실을 숨기고 계속 참석하게 되면 그것은 교수님을 속이는 행위가 되는데 그렇게 해도 되는지? 등등 여러 가지로 걱정되는 일이 많아서 어찌해야 할지를 모르겠다고 하면서 눈물을 보였다. 나는 자네 선배들 중에는 공산당 간부도 있었는데 아무런 문제가 없었으니까 걱정하지 말라고 따뜻하게 위로해 주면서, 우리가 신앙을 갖는 것은 사람의 힘만으로 되는 것이 아니라 하나님의 터치를 받아야 되는 것이니까, 아무 걱정하지 말고 우리 함께 기도하면서 한 걸음씩 나아가 보자고 말해 주었다. 그런데 아주 감사하게도 그는 그 후에도 그 모임에 계속 열심히 나와서 많은 은혜를 받았을 뿐만아니라, 내가 섬기는 주님의교회에 출석하여 세례도 받고 지금까지 주님의 은혜 가운데 신앙생활을 계속 잘하고 있다.

8. 공정거래위원회 특강

1996년 4월 1일은 독점규제법이 시행된 지 만 15년이 되는 날이었다. 나는 그날 공정거래위원장의 초청으로 법 시행 15주년을 기념하는 식장에 가서 공정위 전 직원들을 대상으로 특강을 하게 되었다. 당시에 공정위 위원장으로 있던 김인호 위원장은 나에게 독점규제법 시행 15년의 성과를 정확히 평가하고, 그 문제점을 진단하여 이를 개선할 수 있는 방안을 제시해 달라고 주문하였다. 그런데 내가 막상 강연의 원고를 준비해 놓고 보니까, 그 내용이 너무 비판적이어서 공정위 직원들이 부담스러워 할 수도 있을 것 같아서 그 표현이라도 부드럽게 다듬어 보려고 노력했으나, 생각처럼 부드럽게 고쳐지지 않았다. 그래서 나는 강연을 시작하기 전에 먼저 공정위 직원들에게 양해를 구한 뒤에 그 내용을 그대로 전달하기로 하였다.

그 강연은 과천 정부청사 대강당에서 이루어졌는데, 내가 김인호 위원장님과 함께 강당에 들어서니까, 전 직원이 질서정연하게 앉아서 기다리고 있었다. 나는 우선 법 시행 15주년을 진심으로 축하한다고 말한 뒤에, 원래 이런 생일날에는 덕담을 해야 하는 법인데, 막상 강연의 원고를 준비해 놓고 보니까, 덕담이 아니라 고언이 될 것 같아서 걱정이 된다고 하면서, 그럼에도 불구하고 내가 여러분들에게 이러한 고언을 하고자 하는 이유는 다음과 같다고 말하였다.

"자연인의 경우에는 나이가 15살이 되면 통상 고등학교 1학년이 되기 때문에, 그 인생에 있어서 매우 중요한 의미를 가지는 시기가 됩니다. 왜냐하면 그때부터 3년을 열심히 노력하게 되면 일류대학에 진학할 수 있지만, 그렇지 않으면 좋은 대학에 진학하기가 어렵기 때문입니다. 이는 공정위와 같은 기관의 경우에도 마찬가지라고 생각됩니다. 여러분들이 앞으로 3년을 어떻게 보내느냐에 따라 공정위가 일류기관으로 발전할 수도 있고, 이류나 삼류기관으로 떨어질 수도 있을 것입니다. 따라서 나는 공정위가 앞으로 3년 뒤에는 일류기관으로 성장·발전할 수 있도록 하기 위하여 오늘 여러분들에게 이러한 고언을 드리는 것이니까 이러한 저의 충정을 감안하셔서 오해 없이 잘 들어 주시기 바랍니다."

그렇게 말하고 나서, 독점규제법시행 15주년의 성과를 냉정하게 평가한 후에 그 문제점을 지적하고 이를 개선할 수 있는 방안을 제시하는 내용으로 강연을 하기 시작하였다. 그랬더니 위원장님을 비롯한 전 직원들이 강연에 집중하였을 뿐만 아니라, 위원장님이 제일 앞자리에 앉아서 강연의 내용을 메모하기 시작하니까, 다른 간부들도 강연의 내용을 적어가면서 열심히 경청하게 되었다.

그런데 강연이 끝나고 집에 돌아와서 생각해보니, 그 강연에 대한 언론의 반응이 어떨지가 매우 궁금했다. 왜냐하면 그 강연장에는 신문기자들도 많이 와 있었기 때문이다. 나는 그 다음날 아침에 여러 조간신문을 찾아보았지만, 그에 관한 기사는 전혀 보이지 않았다. 그런데 한겨레신문에서는 "서울대 권오승 교수, 공정위 발가벗기다"라는 제목의 박스기사로 권 교수가 공정위의 요청으로 독점규제법시행 15주년 기념식에 참석하여, 지난 15년간 법집행의 성과를 평가한 후에 그 문제점을 지적하고 개선방안을 제시하는 내용의 강연을 하였는데, 그 강연회의 분위기가 아주 후끈했다고 전하고 있었다.

그리고 아주 놀랍게도 그때 내가 강연에서 주장했던 내용 중에서 상당한 부분이 1998년에 공정위가 마련한 독점규제법 개정안에 그대로 반영되어 있었다. 당시에 나는 안식년을 맞이하여 미국 보스턴(Boston)에 있는 하버드(Harvard)대학에 방문교수로 가서 미국 독점금지법을 연구하고 있었는데, 거기서 그 법개정안을 받아보고서 깜짝 놀라지 않을 수 없었다. 왜냐하면 내가 오랫동안 독점규제법을 연구하면서 여러 차례 동법의 문제점과 개정방안을 제시한 바있지만, 그러한 제안들은 마치 메아리 없는 외침처럼 아무런 반응도 얻지 못하였기 때문이다. 그런데 이번에는 2년 전에 내가 강연에서 제시했던 내용들 중에 상당한 부분이 법개정안에 그대로 반영되어 있었던 것이다. 나는 거기서 법제도의 개선을 위한 학자들의 제안이 실제로 법개정에 반영되기 위해서는 상당한 시간이 소요되어야 할 뿐만 아니라 여러 가지 여건이 충족되어야 한다는 점을 깨닫게 되었다. 따라서 우리 법학자들은 연구의 성과나 주장이 바로 입법이나 법집행의 실무에 반영되지 않는다고 하더라도, 실망하거나 조급하게 생각하지 말고, 인내심을 가지고 꾸준히 연구해서 기회 있을 때마다 적절한 방법으로 발표를 하는 것이 바람직할 것이다. 왜냐하면 그 주장이 옳다면, 그것이 언젠가는 빛을 볼 수 있을 것이기 때문이다.

9. 미국 연수

1997년에는 서울대에서 안식년을 맞이하여 가족들과 함께 미국에 가서 1년간 연구할 수 있는 기회를 갖게 되었다. 그런데 미국에 가려고 할 때에 어디로 갈 것인지에 대하여 아내와 나는 의견이 갈렸다. 아내는 기후가 좋고 살기가 편한 서부로 가는 것이 좋겠다고 하였으나, 나는 서부에는 다음 기회에 가도록 하고 이번에는 미국 대학의 분위기를 제대로 경험할 수 있는 동부로 가는 것이 좋겠다고 판단하여, 보스턴에 있는 하버드대학 동아시아법연구소(East Asian Legal Studies)에 방문교수로 가기로 결정하였다. 그런데 출국을 위한 준비를 하고 있던 중에 IMF사태가 터져서 출국이 1년간 미루어졌기 때문에, 1998년 8월에야 비로소 출국을 할 수 있게 되었다. 그런데 당시에는 IMF사태의 여파로 달러 대비 원화의 환율이 아주 불리해서 우리는 보스턴에서 생활하는 데에 많은 어려움을 겪게 되었다.

미국과 캐나다의 서부 여행

한국 교수들이 미국에 1년간 연수를 가게 되면, 주로 여름방학을 이용하여 가족여행을 하는 경우가 많다고 한다. 그러나 나는 그 1년의 기간 중에서 미국에서 체재하는 기간은 1998년 8월부터 1999년 4월까지 9개월이고, 그 나머지 3개월은 독일에 가서 있을 예정이었다. 따라서 우리가 미국에서 가족여행을 하려면 여름방학이 아니라 다른 기간을 선택하지 않으면 안 되었다. 그리하여 우리는 1998년 8월 초에 미국에 도착하자마자 바로 가족여행을 한 뒤에 미국생활을 시작하기로 하였다. 우리는 8월 초에 서울을 떠나면서 보스턴으로 직행하지 않고, 서부의 중심지인 샌프란시스코(San Francisco)로 가서, 거기서 3주간 미국의 서부지역과 캐나다의 일부지역을 둘러본 후에 보스턴으로 가기로 하였다.

우리는 샌프란시스코에 도착해서 공항에서 승용차 한 대를 렌트해서 인척 집에 가서 하루를 보내고 그 다음 날 새벽에 출발하여 아름다운 서쪽 해안을 따라 포틀랜드와 올림피아를 거쳐서 시애틀(Seattle)에 가서 하루를 지낸 뒤에 캐나다 밴쿠버(Vancouver)로 갔다. 밴쿠버에서는 시내에 있는 퀸 엘리자베스 공원과 컬럼비아대학 등을 둘러본 후에, 고속도로로 자연이 가장 아름답기로 유명한 밴프(Banff)로 갔다. 벤프에서는 며칠 동안 아름다운 호수와 국립공원 및 캐내디언 록키의 웅장한 모습에 감탄하면서 넋을 잃고 있다가, 다시 캘거리(Calgary)를 거쳐서 미국으로 들어오게 되었다. 미국에 들어온 뒤에는 자동차로 계속 달려도 주위에는 옥수수밭과 감자밭 등과 같은 농지와 들판밖에 보이지 않는 몬태나주와 와이오밍주를 거쳐서, 도시 전체가 하얀 성처럼 아주 깨끗하게 정돈되어 있는 솔트레이크 시티를 잠시 둘러본 뒤에, 대망의 그랜드 캐년(Grand Canyon)을 향해서 다시 남쪽으로 계속 달리게 되었다.

그런데 국도에서 전방 30~40km 정도에 그랜드 캐년의 노스림(North Ream)이 있다는 사인을 보고서 흥분하여 속력을 내다가 갑자기 자동차 타이어에 펑크가 나는 바람에 도로 위에서 한동안 지체하게 되었다. 날은 저물어 주변은 점점 어두워지고 있는데, '곰을 주의하라'는 표지가 붙어 있는 도로상에서 타이어를 교체하느라고 반 시간 정도 지체하는 바람에 그랜드 캐년의 노스림에는 밤 9시경에야 비로소 도착하게 되었다.

그런데 우리는 그랜드 캐년의 노스림에 대하여는 사전 정보가 전혀 없었을 뿐만 아니라, 당초 거기서 숙박할 계획이 없었기 때문에, 사전에 숙소를 예약해 두지 않은 상태이었다.

나는 노스림의 숙소 관리사무실에 가서 혹시 비어 있는 숙소가 있으면 하루저녁 묵을 수 있게 해달라고 요청했더니, 비어 있는 숙소가 하나도 없다고 하였다. 그런데 이미 시간이 많이 늦었기 때문에, 우리가 만약 거기서 숙소를 구하지 못하면 다른 숙소를 찾기 위하여 다시 어두운 밤길을 몇 시간을 달려 나가야 할 형편이었다. 나는 다시 숙소 관리사무실에 가서 이 많은 숙소 중에서 예약을 했다가 취소하거나 도착하지 못한 손님이 있을 수도 있지 않느냐고 하면서, 혹시 그러한 숙소가 하나라도 있으면 우리가 거기서 하루저녁 묵을 수 있게 해달라고 간청하였다. 그랬더니 그렇다면 밤 12시까지 기다릴 수 있겠느냐고 하기에 그렇게 하겠다고 했더니, 그 직원이 자정이 다 되어서야 비로소 숙소 하나를 배정해 주었다. 우리는 거기서 하룻밤을 지내고 그 다음 날 새벽에 노스림의 장엄한 일출광경을 관람할 수 있었다. 그리고 다시 자동차로 그랜드 캐년 사우스림으로 가서 거기서 며칠을 지내면서 그랜드 캐년의 웅장한 자연 경관을 즐기게 되었다.

그 후에는 다시 아름다운 대자연을 뒤로 하고 화려한 카지노와 쇼핑으로 유명한 휴양도시인 라스베이거스(Las Vegas)로 가서 하루를 보낸 뒤에 샌디에고를 거쳐서 로스앤젤레스(Los Angeles)에 가서 거기서 며칠동안 지내면서 디즈니랜드 공원과 유니버셜 스튜디오, 할리우드 등을 둘러보는 일정으로 가족여행을 마무리하고, 비행기로 보스턴으로 가서 여장을 푼 뒤에 하버드대학 로스쿨 동아시아연구소에서 연구생활을 시작하게 되었다.

이 여행은 우리 가족에게 있어서 아주 특별한 의미가 있는 것으로서 오랫동안 좋은 추억으로 남아 있을 뿐만 아니라, 내 개인적으로도 미국이라는 사회와 문화의 일부를 피부로 느낄 수 있는 아주 소중한 기회가 되었다. 우선, 우리 가족 구성원이 모두 성인이 된 후에 3주간 함께 자유여행을 하면서 서로에 대하여 좀더 깊이 이해할 수 있는 좋은 기회가 되었다. 우리는 1984년부터 2년간 독일에 살면서 유럽 여행을 할 기회가 여러 번 있었지만, 이번 여행의 의미는 그때와는 전혀 달랐던 것으로 기억된다. 그 주된 이유는 독일에서는 10세 미만의 어린아이들이었던 두 아들이 이제 성년이 되어서 여행에 적극적으로 참여할 수 있었기 때문이다. 달리는 자동차에서 아내는 조수석에서 지도를 보면서 길을 안내하는 역할을 큰아들에게 맡기고, 자기는 뒷자리에 앉아서 노래를 부르거나 음악을 들으면서 여행을 즐기게 되었다. 그 모습을 지켜보고 있던 두 아들이 엄마가 집에서 보던 모습과는 전혀 다르다고 하면서 놀라운 표정을 짓기도 하였다. 그리고 3주 동안 여행을 하는 과정에서 여러 가지로 다양한 경험을 하면서 우리는 서로에게 평소에 발견하지 못했던 모습도 발견하고 또 평소에 나누지 못했던 이야기도 충분히 나눌 수 있었다. 우리 가족은 지금도 그때의 가족여행을 가장 아름다운 추억으로 간직하고 있다.

나는 평소에 책이나 논문을 통하여 미국의 경제질서나 경제정책 등에 대하여 공부하면서 이해하기가 어려운 부분이 많이 있었다. 그 중에 대표적인 것이 미국은 정부가 개인의 경제활동을 시장의 기능에 맡겨놓고 가능한 한 거기에 간섭하지 않는 것을 원칙으로 삼고 있으면서, 조세나 재정정책 등을 통하여 개인의 경제활동을 간접적으로 통제하는 시스템을 채택하고 있다. 그런데 미국이 그러한 시스템을 채택하고 있는 이유가 무엇이며, 또 그러한 시스템이 실제로 효율적으로 작동할 수 있을까 하는 의문이 있었다. 그런데 나는 캐나다 캘거리에서 국경을 넘어 미국 영토로 들어와서 자동차로 하루 종일 달려도 주위에 옥수수밭이나 감자밭 등과 같은 농지와 넓은 들판밖에 보이지 않는 몬테나주와 와오밍주를 지나면서, 미국은 영토가 이렇게 넓은 데다가 각 개인들의 삶의 모습이 매우 다양하니까 국가가 개인의 경제활동에 대하여 간섭하는 것이 불가능하겠구나 하는 생각이 들었다. 그러니까 각 개인의 경제생활은 그들의 자유로운 판단에 맡겨 놓고 국가는 시장의 기능을 유지하면서, 조세나 금융정책을 통하여 간접으로 통제하는 방법을 선택할 수밖에 없었겠구나 하는 생각을 하게 되었다.

하버드대학 방문교수

하버드대학에 있는 동안 나는 경제법, 특히 독점금지법에 관한 강의도 듣고 세미나에도 참여하면서 미국 독점금지법을 깊이있게 이해하기 위하여 노력하였다. 독점금지법 강의는 두 분이 담당하고 있었는데, 그들은 아주 유명한 교수들이었다. 그런데 나는 그들의 강의를 들으면서 그 중 한분의 강의방식이 아주 특이하다고 생각하게 되었다. 그 교수는 매 시간 4~5명의 학생들을 지명하여 그들에게 몇 가지 질문을 던지고, 그 학생들이 대답을 하면, 거기에 대하여 코멘트를 하는 방식으로 강의를 진행하였다. 나는 그것이 이른바 소크라테스 방식이라고 하는 것이구나 라는 생각을 하면서도, 그 교수가 제기한 질문에 대하여 학생들이 정확한 대답을 하지 못하였을 경우에도 거기에 대한 명확한 해답을 주지 않고 강의를 끝내 버리고, 그 다음 시간에도 같은 방식으로 강의를 진행하는 강의 진행방식이 잘 납득이 되지 않았다. 그런데 그러한 생각을 가지고 강의의 진행과정을 지켜보고 있던 중에, 나는 "아, 여기는 법학교육의 목표가 우리의 그것과 다르구나. 그러니까, 그 강의의 진행방식도 우리의 방식과 다를 수밖에 없구나!"라는 깨달음을 얻게 되었다. 다시 말하자면, 그들은 법학교육의 목표를 변호사의 양성에 두고 있기 때문에, 학생들이 훌륭한 질문을 할 수 있도록 가르치고 있는 반면에, 우리는 법학교육의 목표를 판사나 학자의 양성에 두고 있기 때문에, 학생들이 올바른 결론을 내릴 수 있도록 가르치고 있는 것이다. 왜냐하면 변호사는 좋은 질문을 제기할 수 있는 능력을 가지고 있으면 성공할 수 있지만, 판사나 학자는 좋은 결론을 내릴 수 있는 능력을 가지고 있어야 성공할 수 있기 때문이다. 나는 그러한 차이를 깨닫고 나서야 비로소 그 교수의 강의를 훨씬 더 재미있게 들을 수 있었다.

10. 국제적인 교류

일본과 학술교류

나는 1997년에 와세다(早稻田)대학 교수들이 한국을 방문했을 때부터 그들과 교류를 하기 시작하였다. 그리고 2000년 여름방학에는 미야사카(宮坂富之助) 교수의 초청으로 와세다대학에 방문학자로 가서 두 달간 그 대학 게스트하우스에 머물면서 전후 일본 재벌해체 과정에 대하여 연구한 바 있다. 그 이후에도 나는 와세다대학에 방문할 기회가 자주 있었는데, 그때마다 미야사카 교수가 따뜻하게 맞이해 주었으며, 그가 70회 생신을 맞이하였을 때에는 그 기념모임에서 내가 축하강연도 하였다. 그리고 그가 정년퇴임을 한 뒤에는 그의 제자인 츠치다(土田和博) 교수가 호스트 역할을 담당해서 여러 가지의 편의를 봐주고 있다.

그리고 나는 내 전공분야인 경제법 분야에서 활동하고 있는 일본교수들과 활발한 학문적 교류와 협력을 하고 있다. 그 대표적인 분들이 이미 고인이 된 쇼다(正田 彬) 교수와 미야사카 교수를 비롯하여, 히토츠바시(一橋)대학의 무라카미(村上政博) 교수, 홋카이도(北海道)대학의 히에누키(稗貫俊文) 교수, 고베(神戸)대학의 네기시(根岸哲) 교수와 와세다 대학의 츠치다(土田) 교수 등이다.

그런데 여기서는 내가 2005년 일본 국제경제법학회에서 경험한 에피소드를 하나 소개하고자 한다. 2005년 여름에 나는 일본 국제경제법학회의 초청으로 고베에서 개최된 국제학술대회에 참가하여 "동아시아공동체의 형성과 경쟁법의 과제"라는 제목으로 주제발표를 하였다. 그런데 일본 국제경제법학회의 회장인 네기시 교수가 개회사에서 이러한 국제학술대회를 개최하는 이유를 설명하면서, 일반적으로 경쟁법에는 두 가지 기준이 있는데, 하나는 세계적 기준(global standard)이고 다른 하나는 국내적 기준(domestic standard)이라고 하면서, 우리는 이러한 국제학술회의를 통하여 일본의 국내적 기준을 가능한 한 세계적 기준으로 업그레이드하기 위하여 노력하고 있다고 말하였다.

그 개회사가 끝난 뒤에 내가 바로 첫번째 주제발표를 하게 되어 있었는데, 나는 발표를 시작하기 전에 이상과 같은 네기시 교수의 설명이 타당하다고 생각하지만, 거기에 한 가지를 더 보태는 것이 좋을 것 같다는 말을 하였다. 즉 경쟁법에는 이상의 두 가지 기준만 존재하는 것이 아니라 그 사이에 지역적 기준(regional standard)이 있을 수 있는데, 그 대표적인 예가 유럽공동체의 기준(European Common Standard)이나 아시아공동체의 기준(Asian Common Standard)과 같은 것이라고 말하였다. 그런데 아주 흥미롭게도 네기시 교수가 그 다음 날 오후 폐회식에서 폐회사를 하면서, 어제 아침에 권오승 교수로부터 아시아공동체의 기준이라고 하는 말을 들었을 때에는 깜짝 놀랐던 것이 사실이다. 그러나 이틀 동안 곰곰이 생각해 보니까 권 교수님의 말이 옳은 것 같다고 하면서, 나에게 우리가 그러한 기준을 마련하려면 몇 년 정도 걸릴 것 같으냐고 물었다. 내가 30~40년 정도는 걸리지 않겠느냐고 대답했더니, 그 교수가 웃으면서 자기는 그렇게 오래 살 수 없을 것 같다고 말하였다. 그래서 나도 그렇게 오래 살 수 있을지는 모르지만, 그럼에도 불구하고 그것이 우리가 나아가야 할 방향이라면 지금부터 그것을 위하여 함께 노력해야 하지 않겠느냐고 하면서, 만약 우리가 하다가 다 이루지 못하면 우리 후손들이 그것을 이어 나가도록 해야하지 않겠느냐고 하면서 함께 웃었던 기억이 있다.

한편, 민법 교수 중에는 앞에서 말한 야스나가(安永正昭) 교수 이외에 요코하마(橫浜)국립대학의 츠부라야(円谷峻) 교수와 긴밀한 교제를 하였다. 그는 독일 프라이부르크에서 만났는데, 주로 계약법과 소비자보호법분야를 중심으로 연구를 하고 있는 교수이기 때문에, 그 분야를 중심으로 교류와 협력을 하게 되었다.

중국과 교류 · 협력

중국 교수들과의 교류는 2000년부터 시작되었다. 나는 2000년 여름방학을 이용하여 대학원 박사과정에서 민법을 연구하고 있던 중국인 제자와 함께 중국 장춘(長春) 동북사범대학, 연길 연변대학, 베이징 사회과학원과 정법대학 등을 방문하여 계약자유와 소비자보호 등에 관한 특강도 하고, 세미나도 하면서 중국 교수들과 학문적인 교류를 하기 시작하였다. 그때에 베이징에서 만난 대표적인 학자는 중국 사회과학원의 양혜성(梁慧星) 교수와 중국정법대학의 왕이밍(王利明) 교수이다.

그리고 2002년에는 중국 사회과학원 왕사우에(王曉曄) 교수의 초청으로 베이징에서 개최된 국제학술대회에 참가하여 화동정법대학의 슈시잉(徐士英) 교수를 비롯한 여러 교수들을 만나게 되었으며, 그 이후에도 왕 교수와 슈 교수와는 활발한 교제를 하고 있다. 왕 교수는 한국에도 여러 번 방문하여 중국 경쟁법에 대한 특강이나 발표를 하였고, 슈 교수는 나의 초청으로 2006년에 서울대학교에 방문교수로 와서 1년간 강의와 발표 등 활발한 활동을 전개한 바 있다. 그리고 2009년 이후에는 한국과 중국 및 일본의 경쟁법 교수와 실무가들이 ACA(Asian Competition Association)를 조직하여 일본과 중국은 물론이고 베트남과 싱가포르, 인도 등 아시아 여러 나라의 경쟁법 전문가들과 활발한 교류와 협력을 하고 있다.

아시아법연구소 설립

나는 2003년 11월 1일부터 12월 말까지 두 달 동안 미국 세인트 루이스(Saint Louis)에 있는 워싱턴대학(Washington University)에 방문교수로 가서 미국 독점금지법을 연구할 수 있는 기회를 가졌다. 그리고 그곳에 체재하는 동안 나는 한국유학생들이 많이 출석하는 한인교회를 섬기게 되었는데, 그 교회의 목사님으로부터 주일예배시간에 간증 겸 특강을 해달라는 부탁을 받고서, 기도하면서 그것을 준비하다가 구약성경 이사야 58장의 말씀에서 큰 은혜를 받았다.

"네게서 날 자들이 오래 황폐된 곳들을 다시 세울 것이며 너는 역대의 파괴된 기초를 쌓으리니 너를 일컬어 무너진 데를 보수하는 자라 할 것이며 길을 수축하여 거할 곳이 되게 하는 자라 하리라."(이사야 58:12)

나는 이 말씀이 나 자신을 향한 말씀인 동시에 우리나라와 민족을 향한 말씀이기도 하다는 것을 깨닫게 되었다. 그 당시에 나는 크리스천 법학교수로서 무엇을 어떻게 하는 것이 이웃사랑을 실천하는 길인지에 대하여 고민하면서 그 길을 찾고 있었다. 그런데 이 말씀을 통하여 나는 내가 사랑해야 할 이웃이 바로 체제전환국들, 그 중에서도 특히 아시아에 있는 체제전환국들과 그 곳에서 살고 있는 젊은 학생들이라는 사실을 깨닫게 되었다. 왜냐하면 아시아에는 오랫동안 사회주의 계획경제를 채택하고 있다가 그 체제가 한계에 부딪치게 되자 시장경제 체제를 도입하기 위하여 노력하는 나라들이 많았기 때문이다. 그런데 어떤 나라가 체제전환을 하기 위해서는 종래의 체제를 지탱하고 있던 법과 제도를 새로운 체제에 맞게 바꾸지 않으면 안 된다. 그러나 그들은 시장경제와 이를 지탱하는 법과 제도에 대한 지식이나 경험이 부족하기 때문에, 체제의 전환과 이를 위한 법제의 정비 및 법률가 양성에 많은 어려움을 겪고 있다. 따라서 시장경제와 법치주의를 먼저 경험한 우리 법학자나 법률가들이 그들의 체제전환과 거기에 필요한 법제정비 등에 필요한 지식과 경험 및 노하우를 제공하는 방식으로 그들을 지원하고 협력하는 것이 바로 이웃사랑을 실천하는 길이 될 수 있다는 점을 깨닫게 되었다.

나는 경제법을 전공으로 하여 이를 연구하고 가르치는 경제법학자이다. 그런데 경제법은 국가가 바람직한 경제질서를 형성하기 위하여 경제활동을 규제하는 법이다. 나는 그동안 우리나라에서 바람직한 경제질서의 형성에 이바지하기 위하여 열심히 노력하는 과정에서 많은 지식과 경험을 쌓아 왔는데, 이러한 지식과 경험을 토대로 하여, 앞으로 이웃나라의 경제질서나 법제정비 등에 대해서도 관심을 가지고 그들을 돕는 일을 하게 된다면, 그들이 바람직한 경제질서를 형성하기 위하여 법제를 정비하고 법률가를 양성하는 데에 상당한 기여를 할 수 있을 것이라는 믿음을 갖게 되었다.

그런데 이러한 일들은 그 규모가 크고 대상도 많을 뿐만 아니라 시간이 오래 걸리는 장기적인 과제라고 할 수 있다. 따라서 한두 사람의 힘으로는 이를 추진하기가 매우 어렵기 때문에 뜻을 같이하는 사람들이 힘을 합쳐서 함께 추진해 나가는 것이 바람직할 것이라고 판단하여, 2004년에 이를 목적으로 하는 아시아법연구소를 사단법인의 형태로 설립하게 되었다. 아시아법연구소는 그동안 중국과 베트남, 캄보디아, 몽골 등 여러 나라를 대상으로 하여, 각 나라의 법과 제도에 대한 비교연구와 법제 정비를 지원하기 위한 국제컨퍼런스도 개최하고, 법률가의 교류와 협력을 위한 단기연수 등과 같은 활동을 전개해 오고 있다.

2005년 한국 · 베트남 국제법률심포지엄

아시아법연구소는 베트남 국가·법률연구소와 함께 2005년 11월 22~23일 양일간 베트남 하노이 쉐라톤호텔에서 베트남의 사법개혁을 지원하기 위하여 "베트남 시장경제 발전을 위한 사법개혁 —한국의 경험과 베트남의 구상을 중심으로—"라는 주제로 국제법률심포지엄을 개최하였다. 이 심포지엄에는 한국과 베트남에서 약 200여명(한국에서 온 법률가와 법학교수, 사법연수원생과 대학원생 등 70여명과 현지 기업인과 문화인 10여명 등 총 80여명과 베트남 측 법률가와 법학교수 등 총 120여명)이 참석하여 법원, 검찰, 변호사, 헌법재판, 재판외 분쟁해결과 법학교육의 개혁 등과 같은 주제들에 대하여 진지한 발표와 열띤 토론을 전개하였으며, 이를 통하여 베트남 사법개혁의 방향을 제시하기 위하여 노력하는 동시에, 앞으로 양국 법률가 상호간의 교류와 협력을 촉진할 수 있는 계기를 마련하였다.

심포지엄의 내용은 다음과 같이 구성되었다. 첫째 날 개회식에서는 정연호 변호사와 Võ Khánh Vinh 교수의 사회로 내가 아시아법연구소의 소장으로서 개회사를 하고 나서, 베트남 국가·법률연구소 소장 Đào Trí Úc 교수가 환영사를 한 뒤에, 베트남법률가협회의 Phạm Quốc Anh 회장이 축사를 하고, 베트남 외교부의 Nguyễn Phú Bình 차관과 주베트남 한국대사인 김의기 대사의 격려사가 있었다. 그리고 베트남의 Đào Trí Úc 원장과 한국 법무부 법무연수원 기획부장 권태호 검사장이 기조강연을 한 후에 본격적인 주제발표와 토론이 이어졌다. 제1부에서는 조용환 변호사의 사회로 법원의 개혁과 검찰의 개혁에 관하여 양국의 대표들이 주제발표와 토론을 하였고, 제2부에서 경수근 변호사의 사회로 헌법재판의 실제에 대하여 독일과 한국 측 대표가 주제발표를 하고 양국의 대표들이 토론을 하였다.

　그리고 둘째 날은 서울지방변호사회 부회장 이우승 변호사가 기조강연을 한 후에, 세션을 3개로 나누어서 제1세션에서는 변호사의 기능과 역할에 대하여 심동섭 부장검사의 사회로 양국 대표의 주제발표와 토론이 있었고, 제2세션에서는 재판외의 분쟁해결제도에 대하여 구대환 교수의 사회로 양국 대표의 주제발표와 토론이 있었으며, 제3세션에서는 법학교육의 개혁에 대하여 정종섭 교수의 사회로 양국의 주제발표와 토론을 한 후에, 정연호 변호사와 베트남 국가·법률연구소 부소장 Võ Khánh Vinh 교수의 사회로 종합토론을 실시하고 나서, Đào Trí Úc 원장과 나의 폐회사로 이틀간의 심포지엄을 마무리하게 되었다. 심포지엄이 끝난 뒤에는 점심식사를 함께 하고 나서 한국 측 참가자들은 하롱베이 등 명승지를 돌아보면서 휴식과 관광을 한 후 그 다음 날 밤에 하노이 공항에서 서울행 비행기를 타고 귀국하였다.

　이 국제심포지엄은 한국과 베트남 양측으로부터 매우 성공적이었다는 평가를 받았다. 먼저 베트남 측에서는 정부가 장차 추진하고자 하는 사법개혁의 주최, 내용 및 방법 등에 관하여 보다 명확한 구상을 할 수 있게 되었다는 평가와 아울러 한국 측의 노력과 지원에 대하여 진심으로 감사한다는 인사가 있었고, 한국 측에서는 각 분야를 대표하여 참가한 참석자들이 체제전환국에 대한 법제정비의 지원과 법률가 상호간의 교류와 협력이 얼마나 중요한지에 대하여 절실히 느낄 수 있는 기회가 되었다는 평가가 있었다. 그러나 이러한 성과를 어떻게 유지, 발전시켜 나갈 수 있을 것인지, 그리고 새로운 도전에 어떻게 대응해 나갈 것인지가 장차 해결해야 할 과제로 남아 있었다.

나는 개인적으로 이 심포지엄을 통하여 양국 간에 법과 제도에 관한 비교연구와 법률가 상호간의 교류와 협력이 절실히 필요하다는 점을 느낄 수 있었지만, 이러한 일을 추진하는 과정에서 직면하게 되는 어려움이 얼마나 크고 많은지도 알게 되었다. 우선, 지원을 받는 나라의 문화나 실정 또는 필요를 정확히 파악하지 못하여 무엇을 어떻게 도와야 할지를 알기가 매우 어려웠다.

그리고 소요경비가 예상보다 훨씬 많이 들어서 이를 조달하기가 매우 어려웠다. 내가 그 심포지엄을 기획할 때에는 소요경비를 약 3천만원 정도로 예상하고 있었다. 그러나 베트남측 파트너인 국가·법률연구소 소장이 요구한 비용은 그 3배가 넘는 거액이었다. 나는 그것이 도저히 이해되지 않아서 그 세부내역을 제시해 달라고 요청하여, 그 내역을 자세히 검토한 후에 그 중에서 도저히 납득이 되지 않는 비용을 삭감하는 방향으로 이를 조정해 보려고 노력하였다. 그러나 그것이 제대로 되지 않아서 그 심포지엄을 포기할 수밖에 없다고 판단하고, 베트남 측에 그 뜻을 전하게 되었다. 그런데 한 달쯤 지나서 베트남 측 파트너가 다시 얼마 정도이면 할 수 있겠느냐고 묻기에, 내가 지원할 수 있는 총예산이 5천만원 정도밖에 안된다고 했더니, 베트남 측에서 그렇다면 그 범위 내에서 행사를 치르기로 하자고 제안하여 그렇게 하기로 하고 다시 심포지엄을 추진하게 되었다. 그리고 언어문제도 큰 장애가 되었다. 국제심포지엄에서 양국의 발표자와 토론자들 간에 직접적인 언어소통이 어려워서 통역을 사용할 수밖에 없었는데, 통역들이 법률분야에 대한 전문용어를 제대로 이해하지 못하여 우리는 의사소통에 상당한 어려움을 겪게 되었다.

11. 서울대학교 교수생활의 마무리

2008년 2월 25일에 출범한 이명박 정부는 노무현 정부와 그 성격이 너무나 달랐기 때문에, 나는 공정위 위원장으로서 계속 직무를 수행하기가 어렵다고 판단하여, 임기를 1년 정도 남겨둔 채 공정위 위원장직을 사임하고 서울대로 돌아왔다. 그런데 내가 평생동안 대학교수로 살아왔음에도 불구하고, 2년간 공직을 맡아서 바쁘게 지내다가 다시 대학에 돌아와 보니 여러 가지로 새롭게 느껴지는 점이 많을 정도로 대학의 분위기가 낯설게 느껴졌다. 예를 들면, 대학에 돌아오던 날 학생들 몇 명이 연구실로 찾아왔는데, 그들이 대학원 학생들이었음에도 불구하고, 나에게는 그들이 너무 어리게 보여서, 마음 속으로 "장차, 이 어린 학생들을 데리고 무엇을 할 수 있을까?"라고 생각했을 정도였다. 그러나 다행히 그 학기에는 강의가 없어서 한 학기를 조용히 보내고 나서 새 학기에 강의실에 들어가서 학생들과 호흡하면서 강의를 시작하니까, 내가 지난 2년간 공정위에서 실제로 경험한 것들이 연구와 강의에 아주 소중한 자료로 활용될 수 있다는 것을 체험할 수 있었으며, 학생들도 내 강의를 아주 흥미롭게 듣고 있다는 것을 확인할 수 있었다.

2008년 11월부터는 다시 법학연구소 경쟁법센터장을 맡아서 연구활동과 전문분야연구과정을 다시 시작할 수 있었으며, 2009년 3월부터는 법학전문대학원(Law School)에서 시장경제와 법적규제 및 독점규제법 등에 대한 강의를 시작하게 되었다. 그리고 2010년 8월에는 독일 마인츠대학에 가서 그동안 유럽과 독일의 경쟁법의 발전과정에 대한 연구를 할 수 있는 기회를 가졌고, 2011년 11월과 12월에는 중국 연변대학과 연변과학기술대학 및 상해 화동정법대학에 방문교수로 가서 시장경제와 경쟁법에 대한 강의를 하였으며, 2012년 7월과 8월에는 독일 마인츠대학과 프라이부르크대학에서 EU 경쟁법과 지식재산권법의 관계에 대한 연구를 할 수 있었다.

한편 2012년 8월부터는 새로 설립된 아시아·태평양법 연구소의 소장직을 맡아서 2년간 봉사하게 되었다. 나는 이 연구소에서 아시아 여러 나라와 법적인 교류와 협력을 활발하게 전개할 수 있는 터전을 마련해 보기 위하여 다양한 구상과 계획을 세워 보았지만, 거기에 필요한 재원을 마련하지 못하여 이를 실행에 옮기지 못하였는데 그것이 아쉬움으로 남는다.

고별강연

나는 2015년 2월 28일 자로 서울대학교 법학전문대학원 교수직을 정년퇴임하게 되어 있었다. 그런데 그 전날인 2월 27일에 법학전문대학원 신입생들을 위한 입학식에서 다음과 같은 내용의 강연을 하게 되었다.

[조국과 인류의 미래를 책임지게 될 법률가 지망생들에게]

여러분들의 서울대 로스쿨 입학을 진심으로 축하드리며, 여러분들이 오늘부터 우리 서울대 법대의 새 식구가 된 것을 진심으로 환영합니다.

저는 1969년 3월에 서울법대에 입학하여 1973년에 동 대학을 졸업하고, 대학원을 거쳐서 1979년 3월부터 지금까지 만 36년(서울대에서는 1992년부터 만 23년)간 법학교수로 일해 오다가 내일 정년퇴임을 하게 되는 권오승 교수입니다. 제가 지난 23년간 근무해 온 서울대 법과대학/법학전문대학을 떠나는 시점에, 서울대 법학전문대학원(이하 '로스쿨'이라 함)에 입학하는 신입생 여러분들과 만나서 함께 대화할 수 있는 기회를 갖게 된 것을 매우 기쁘게 생각하며, 오늘은 특히 우리나라 법학교육의 현실과 법률가의 비전 내지 사명에 대하여 몇 가지 이야기를 해 보고자 합니다.

저는 일찍이 우리나라에 로스쿨 제도를 도입하기 위하여 열심히 노력해 온 사람들 중의 한 사람으로서, 이 제도가 성공적으로 정착하여 우리나라 법률문화의 발전에 크게 이바지할 수 있게 되기를 간절히 바라고 있습니다. 저는 1995년 김영삼 정부시절 대통령 직속의 세계화추진위원회에서 사법개혁을 추진하기 위한 작업단에 실무책임자로 참여하여, 당시 법조계로부터 '법조5적'이라는 욕까지 먹어가면서, 법률가 수의 대폭 증대와 법학교육의 개혁, 즉 로스쿨제도의 도입을 통하여 법률서비스의 질적 향상을 도모하기 위한 '사법개혁'을 추진하기 위하여 노력한 바 있습니다. 그런데 로스쿨제도가 우여곡절 끝에 2007년에 비로소 도입되어 2008년부터 출범하게 되었으며, 2011년에 제1기 변호사를 배출하기 시작하여 2014년까지 약 6,000여 명의 변호사를 배출하였고, 금년(2015)에도 약 1,500여 명의 변호사를 배출할 예정으로 있습니다. 따라서 금년 4월이 되면 로스쿨은 총 7,500여 명의 변호사를 배출하게 되어, 우리나라 전체 변호사 수(22,000명)의 3분의 1을 배출하게 되는 셈입니다.

이와 같이 로스쿨제도는 그동안 많은 성과를 거두었다고 할 수 있습니다. 우선, 변호사의 수가 급격히 증가했을 뿐만 아니라 그들이 사회의 각 분야로 진출해서 활동하기 시작함에 따라, 종래 법률서비스를 받기 어려웠던 분야나 지역 또는 계층에서도 법률서비스를 받을 수 있게 된 경우가 늘어나고 있습니다. 이것이 가장 큰 성과가 아닌가 생각됩니다. 그리고 로스쿨 제도는 변호사의 직역을 다양한 분야로 확대해 나감으로써 법치주의의 실현과 국민들의 삶의 질을 제고하는 데에 상당한 기여를 하고 있다고 할 수 있습니다. 로스쿨은 학부에서 다양한 분야의 전공을 이수하고 사회경험을 쌓은 학생들을 대상으로 하여 그들이 사회의 각 분야에서 제기되는 법률문제를 효율적으로 해결할 수 있는 능력과 자질을 갖춘 법률가로 발전해 나갈 수 있도록 하기 위하여, 거기에 필요한 법률지식과 실무능력 및 서비스 정신을 갖출 수 있도록 교육하고 훈련하는 전문적인 교육과정입니다. 따라서 로스쿨 제도의 도입은 이러한 교육목표를 효과적으로 달성하기 위하여 도서관이나 모의법정 등과 같은 시설을 확충하는 등 교육환경이나 여건의 개선을 수반했을 뿐만 아니라, 다양한 분야에 대한 전문적인 법률지식과 실무경험을 갖춘 유능한 교수들을 대폭 충원하여 교육의 내용이나 방법도 전문화, 다양화, 고도화하는 등 많은 발전이 있었다고 할 수 있습니다. 그 결과, 로스쿨의 교육환경이나 학습 분위기는 종래 법과대학의 그것과는 비교할 수 없을 정도로 많이 향상되었다고 할 수 있습니다.

그러나 이러한 성과에도 불구하고 로스쿨 제도에 대한 비판이나 저항도 만만치 않은 것 같습니다. 우선, 법조계나 정치권 일각에서 사법시험제도를 계속 존치시켜야 한다는 주장이 흘러나오고 있는 것이 그 대표적인 예라고 할 수 있습니다. 사법시험제도는 2007년 로스쿨제도를 도입하면서 이를 2017년까지만 실시하고 폐지하기로 되어 있는데, 법조계나 정치권 일각에서 이를 계속 존치시키기 위하여 변호사시험법을 개정해야 한다고 주장하고 있다는 것을 알 수 있습니다. 특히 최근 대한변호사협회와 서울지방변호사회의 회장선거에서 그것이 선거공약으로 제시되고 있을 뿐만 아니라, 국회에서는 사법시험제도를 존치시키는 것을 내용으로 하는 변호사시험법 개정안이 제출되어 있는 상태입니다. 그들의 주장은 로스쿨 제도가 기간이 너무 오래 걸릴 뿐만 아니라 비용이 과다하게 드는 제도라서, 이 제도 하에서는 저소득층의 자녀들이 변호사가 되기가 매우 어렵다는 것입니다. 쉽게 말하자면, 사법시험에만 합격하면 신분상승이 가능했던 이른바 '개천에서 용 나는 일'을 기대하기가 어렵게 되었다는 것입니다. 이러한 주장은 그 당부를 떠나서 일반대중들로부터 상당한 호응과 지지를 받고 있는 것이기 때문에, 우리는 로스쿨제도 하에서 장학제도의 보완과 충실한 운영을 통하여 여기에 적절히 대처해 나감으로써 사법시험제도의 존치를 막을 필요가 있습니다.

둘째로, 로스쿨 제도가 당초에 기대했던 것처럼 다양한 분야의 법률가를 양성하여 종래 법률서비스를 제대로 제공받지 못하고 있던 분야에 양질의 법률서비스를 제공하는데 성공하지 못하고 있다는 점이다. IT를 비롯한 과학기술이 고도로 발달하고 있을 뿐만 아니라 여러 가지로 다양한 신종 서비스가 제공되기 시작함에 따라 기본법 중심의 법 이론이나 실무경험만으로는 해결하기 어려운 법률문제가 속출하고 있는데, 종래의 법률가들은 이러한 문제를 효율적으로 해결할 수 있는 능력이 부족하기 때문에, 로스쿨에서 학부에서 다양한 전공을 이수한 학생들을 대상으로 하여 법학을 가르치게 되면, 그러한 문제를 효율적으로 해결할 수 있는 능력을 갖춘 유능한 변호사를 배출할 수 있을 것이라는 기대를 가지고 있었습니다. 그러나 로스쿨에 입학하는 학생들을 보면 학부의 전공이 그렇게 다양하지도 않고, 또 그들이 로스쿨을 졸업한 뒤에 진출하는 직장도 그리 다양하지 않은 것으로 보입니다. 그렇다면 로스쿨에서 배출하는 법률가들은 다양한 분야의 법률전문가가 될 수 있는 준비나 훈련도 제대로 받지 못하고, 또 종래의 사법연수원 출신에 비하여 법 이론이나 소송실무에 대한 교육이나 훈련도 제대로 받지 못하고 있는 것이 아닌가 하는 비판이 제기되고 있는 것 같습니다.

그런데 저는 오늘 여기서 이러한 외부적인 비판이나 저항은 잠시 접어두고, 여러분들이 다음 주부터 당장 직면하게 될 로스쿨의 교육현장에서 발생하고 있는 제반 문제점들에 대하여 살펴보고자 합니다. 여러분들은 아마 서울대 로스쿨에 합격되었다는 것을 확인했을 때에 매우 기뻤을 것입니다. 그리고 그 기쁨은 지금 이 순간까지 지속되고 있을 것입니다. 그러나 그 기쁨은 그리 오래 지속되지 않을 것입니다. 왜냐하면 여러분들이 앞으로 로스쿨에서 이수해야 할 교과과정의 내용과 졸업 후 치르게 될 변호사시험 및 그 후에 당면하게 될 취업의 과정이 그리 녹녹하지 않기 때문입니다. 우선, 여러분들이 1년차에 수강해야 할 법학과목과 읽어야 할 책이나 자료, 그리고 풀어야 할 과제들이 결코 만만치 않을 것입니다. 특히 학부에서 법학을 전공하지 않은 학생들의 경우, 3년 동안 법률가로 활동하는 데에 필요한 전문적인 지식과 소양은 물론이고 실무능력까지 갖추기는 결코 쉽지 않을 것입니다. 필수적으로 이수해야 할 기본과목을 제대로 소화하기도 어려운 상태에서 다양한 분야의 선택과목을 이수하도록 되어 있는 현재의 커리큘럼이 다소 무리하게 짜여져 있는 것이 아닌가 하는 느낌도 들 것입니다. 게다가 방학 동안에는 실무연수까지 해야 하며, 졸업 후 변호사 시험과 취업 준비 등 해야 할 과제를 생각하면, 3년 동안 여러분들이 넘어야 할 산이 한두 개가 아닐 것입니다. 여러분들 중에는 아마 초조한 나머지 벌써 신림동에 가서 기본법 분야에 대한 강의를 듣거나 스터디 모임을 가지는 등 이른바 선행학습을 하고 온 학생들도 있을 것이라고 생각됩니다. 여러분들은 앞으로 3년 동안 아마 눈코 뜰 새 없이 바쁜 일정을 보내게 될 것입니다. 그러나 너무 긴장하거나 겁먹을 필요는 없습니다. '천리 길도 한 걸음부터'라는 속담이 있듯이, 여러분들이 오늘부터 앞만 보고 열심히 달려가다 보면, 어제 로스쿨을 졸업한 선배들처럼 어느덧 졸업식장에 서 있는 자신의 모습을 보고 흐뭇하게 생각하는 날이 오게 될 것입니다. 여러분들 중에는 이러한 과정에서 오는 과중한 부담이나 스트레스를 이기지 못하여 휴학을 시도하거나 진로에 대한 고민 등으로 방황하는 학생들도 적지 않게 나타나게 될 것입니다. 그러나 지나치게 고민하거나 초조해 할 필요는 없습니다. 왜냐하면 여러분들은 우리나라에서 가장 우수한 인재들로서, 모두 로스쿨의 과정을 성공적으로 이수하고 변호사시험에 합격하여 변호사의 자격을 취득할 수 있는 능력과 자질을 갖춘 학생들이기 때문입니다. 여러분들에게 주어진 합격통지는 바로 그것을 확인하는 증표라고 할 수 있습니다. 변호사 시험에서는 해마다 1,500명을 뽑는데, 여러분들은 그 중에서 가장 우수한 상위 10%에 해당하는 학생들입니다. 따라서 여러분들이 자만하거나 게으름을 피우지 않고, 학교에서 제공하는 교육과정을 충실히 이수하기만 하면 변호사시험에 합격하는 것은 너무나 당연한 일이라고 생각됩니다.

따라서 여러분들이 신경을 써야 할 것은, 변호사시험에 합격해서 변호사의 자격을 취득하느냐의 여부가 아니라 장차 어떠한 법률가가 될 것인가 하는 것입니다. 과거에 사법시험 합격자의 수가 적을 때에는 사법시험에 합격해서 변호사의 자격만 취득하면 평생 동안 아무런 염려 없이 영감대접을 받으면서 살 수 있었던 시대도 있었습니다. 그러나 그러한 시대는 이미 지나갔으며 다시는 오지 않을 것입니다. 여러분들은 변호사가 되기는 쉽지만, 훌륭한 변호사가 되기는 어려운 시대에 살고 있습니다. 여기서 훌륭한 변호사라 함은 장차 여러분들이 서비스하게 될 클라이언트들뿐만 아니라 일반 국민들로부터도 칭찬받는 변호사를 말한다고 생각됩니다. 그런데 클라이언트나 일반국민들의 요구나 기대는 시대에 따라 달라지기 때문에, 여러분들이 훌륭한 변호사가 되기 위해서는 장차 여러분들이 왕성하게 활동하게 될 시대가 요구하는 변호사상이 어떠한 것인지를 알고 거기에 부합하는 변호사가 되기 위하여 노력할 필요가 있습니다.

여러분들은 앞으로 3년 후, 그러니까 2018년 초에 로스쿨을 졸업하고 변호사 자격을 취득해서 변호사로서 활동을 시작하게 될 것입니다. 그러나 여러분들이 전문적인 법률가로서 실력과 경험을 갖추고 고객들이 만족하는 법률서비스를 제공하는 훌륭한 변호사가 되기 위해서는 아마 그로부터 다시 10년(2028년) 내지 20년(2038년)이 더 걸릴 것입니다. 그렇다면 여러분들은 앞으로 10년 내지 20년 후에 우리나라가 어떻게 변화할 것인지를 예측하고 거기에 대처하기 위한 준비도 함께해야 할 필요가 있습니다.

그런데 앞으로 10년 내지 20년 후에 우리나라가 어떠한 변화와 도전에 직면하게 될 것인지를 예측하기는 매우 어렵습니다. 그리고 그것은 각 사람의 인생관이나 세계관에 따라 다르게 전망할 수밖에 없을 것입니다. 여기서 잠시 저 개인의 생각을 바탕으로 앞으로 10년 내지 20년 후 우리나라가 직면하게 변화와 도전을 정리해 보면, 대체로 다음과 같은 세 가지 방향으로 정리할 수 있을 것 같습니다.

우선, 우리나라가 선진국의 문턱을 넘어서 일류국가로 발전할 수 있느냐, 아니면 이류 내지 삼류국가로 전락할 것인지를 결정하게 되는 아주 중요한 갈림길에 서 있습니다. 우리나라가 압축성장과 권위주의 등으로 인한 불균형과 불합리 및 부조화 등과 같은 폐해를 조속히 시정하여, 한편으로는 효율성을 제고하면서 다른 한편으로는 사회통합을 실현할 수 있는 방향으로 나아가서, 대외적으로는 우리나라의 국가경쟁력을 제고하면서, 대내적으로는 모든 국민이 인간다운 생활을 영위할 수 있는 복지사회로 발전하게 되면 선진국으로 발돋움할 수 있겠지만, 거기에 실패하면 계속 선진국의 문턱에 머무르거나 아니면 이류 내지 삼류국가로 전락할 수밖에 없을 것입니다. 현재 정치권에서 논의되고 있는 개헌문제나 경제민주화 또는 연금개혁이나 증세문제 등에 관한 논쟁도 바로 이러한 문제를 해결하기 위한 과정이거나 진통이라고 할 수 있습니다.

둘째로 우리나라가 민족의 염원인 남북통일을 이룩하느냐, 아니면 계속 분단국가로 남아 있을 것이냐를 결정해야 하는 문제입니다. 2009년 9월 골드만 삭스는 북한의 성장 잠재성이 실현된다면 통합된 한국의 GDP가 30~40년 내에 프랑스와 독일을 뛰어넘는 한편 일본까지도 능가할 수 있을 것이라고 내다 본 바 있습니다. 그리고 2014년 박대통령은 '통일은 대박'이라고 하여 세간의 관심을 끈 바 있습니다. 통일이 정말 대박이 될 것인지, 대박이 되려면 어떠한 방식의 통일이 이루어져야 하는지 그리고 통일에 들어가는 비용은 어느 정도이며, 우리가 과연 그 비용을 감당할 능력이 있으며, 또 감당할 준비가 되어 있는지 등, 남북통일을 이룩하기 위하여 우리가 준비해야 할 것이 한두 가지가 아니며 넘어야 할 고비도 많은 것이 사실입니다. 그러나 독일통일의 경험에 비추어보면, 남북통일이 이루어진 뒤에는 물론이고 통일을 이루어 나가는 과정에서도 법률가에 대한 수요는 엄청나게 늘어날 수밖에 없을 것입니다.

셋째로 우리나라가 아시아의 중심국가로 우뚝 설 것이냐, 아니면 아시아의 주변국가로 남아 있을 것인가를 결정해야 하는 문제입니다. 세계 역사의 중심은 유럽에서 미국으로, 미국에서 아시아로 넘어오고 있으며, 아시아에서는 한국과 중국 및 일본을 중심으로 한 동아시아가 그 중심적인 지위를 차지하고 있습니다. 그리고 세계의 경제는 글로벌화와 아울러 지역별 블록화의 현상을 강하게 드러내고 있는데, 아시아에서는 아직 지역별 블록화의 조짐은 나타나지 않고 있습니다. 그러나 이러한 세계 경제의 흐름에 비추어 볼 때, 아시아에서도 지역별 블록화를 실현할 필요성이 있다는 것을 부인할 수 없으며, 이를 위해서는 한국과 중국 및 일본이 좀 더 긴밀하게 교류와 협력에 노력하고, 나아가 아시아에서도 EU와 같은 경제공동체를 형성하기 위하여 노력할 필요가 있을 것입니다.

그런데 이상과 같은 세 가지 방향의 과제는 서로 다른 차원의 문제이긴 하지만, 상호 밀접하게 연결되어 있으며, 또 그러한 과제를 해결하기 위해서는 우리 법률가들이 여기에 적극적으로 참여할 필요가 있다고 생각됩니다. 따라서 우리나라의 미래를 짊어지고 나갈 여러분들은 이러한 과제들을 해결하기 위한 준비도 하지 않으면 안 될 것입니다. 이러한 관점에서 보면, 앞으로 3년 동안 여러분들은 너무 근시안적으로 눈앞에 있는 학점관리와 변호사시험 그리고 취직 등과 같은 문제에만 몰두하지 말고, 좀 더 장기적인 안목으로 국가와 사회의 발전에 이바지할 수 있는 훌륭한 법률가가 되기 위하여 다양한 분야에 관심을 가지고 전문성과 통찰력을 갖출 수 있도록 노력할 필요가 있을 것입니다.

끝으로 여러분들의 로스쿨 입학을 다시 한번 진심으로 축하드리며,

여러분들이 모두 앞으로 3년간 여기 계신 훌륭한 교수님들과 함께 열심히 노력하여 변호사의 자격을 취득하는 것은 물론이고, 장차 조국과 인류의 미래를 책임질 수 있는 훌륭한 법률가로 성장, 발전할 수 있게 되기를 기원합니다.

공정거래위원회
위원장

제5장
공정거래위원회 위원장

1. 공정거래위원회 위원장 취임

나는 2006년 3월 16일 노무현 대통령에 의해 공정거래위원회 제13대 위원장으로 임명되었다. 공정거래위원회(이하 '공정위'라 한다)는 우리나라 경제질서의 기본법인 독점규제 및 공정거래에 관한 법률(이하 '독점규제법'이라 한다)을 비롯한 공정거래관련법들을 집행하는 독립규제기관이다. 독점규제법은 내 전공분야인 경제법에서 핵심적인 지위를 차지하는 법률이기 때문에, 나는 그 법률을 집행하는 기관의 수장이 된 것을 매우 기쁘게 생각하면서 아침 일찍 청와대에 들어가서 대통령으로부터 임명장을 받았다.

청와대에서는 대통령이 나에게 임명장을 수여한 뒤에 접견실로 자리를 옮겨서 경제부총리를 비롯한 경제부처장관들과 청와대의 비서실장과 경제수석 등과 함께 다과를 나누면서 환담하는 시간을 가졌다. 그 자리에서 대통령께서 나에게 하고 싶은 말씀이 있으면 해보라고 하시기에, 나는 두 가지만 부탁드리겠다고 하면서, 다음과 같은 말씀을 드렸다. 우선, 공정위가 그 역할을 제대로 수행하려면 장차 온갖 힘센 분들, 예컨대 재벌이나 경제부처들과 싸워야 할 터인데, 공정위는 힘이 약하니까 청와대가 공정위를 전폭적으로 지원해 주셨으면 좋겠다고 말씀드렸다. 그런데 대통령께서는 감사하게도 즉각 전폭적으로 지원해 주시겠다고 약속해 주셨다.

그리고 구체적인 사건에 대하여는 청와대에서 간섭하지 말아주셨으면 좋겠다고 말씀드렸다. 그랬더니, 대통령께서 깜짝 놀라는 표정을 지으시면서, "제가 그동안 구체적인 사건에 대하여 간섭한 적이 있는지 전직 위원장에게 한번 물어보세요."라고 하신 뒤에, "내가 지금까지 구체적인 사건에 대하여 간섭한 적이 전혀 없었을 뿐만 아니라, 앞으로도 절대로 간섭하지 않겠다고 약속합니다. 다만 정책에 대해서는 청와대와 협의해야 합니다."라고 말씀하셨다. 나는 대통령께 그렇게 하겠다고 약속드리고 청와대를 나와서 과천에 있는 공정위로 가서 취임식을 하게 되었다.

내가 취임식이 끝난 뒤에 공정위 간부들에게 그날 아침에 청와대에서 있었던 이야기를 들려 주었더니, 그들이 깜짝 놀라면서 "그 자리가 어떤 자리라고~, 그냥 '신명을 바쳐서 열심히 일하겠습니다'라고 말씀드리고 돌아오셔야지, 거기서 그런 말씀을 드리면 어떻게 합니까?"라고 하였다.

2. 위원회 조직의 활성화

나는 공정위 위원장으로 부임하면서, 공정위가 우리나라 경제질서의 기본인 시장경제의 기본원리인 자유롭고 공정한 경쟁질서를 확립하는 기관으로서 그 소임을 다할 수 있도록 하기 위하여, 내가 가진 모든 지식과 경험 및 자원을 총동원하여 열심히 일할 각오를 하고 있었다.

그런데 위원장으로 부임한 지 1주일 정도 지났을 때에 인사과장이 인사 관련서류를 들고 와서 결재를 해달라고 하기에, 그 내용이 무엇이냐고 물었더니 부이사관 승진에 관한 서류라고 했다. 그러나 당시에 나는 아직 위원회의 인사 현황조차 제대로 파악하지 못하고 있는 상태이었기 때문에, 그 결재는 시간을 두고 자세히 검토한 뒤에 천천히 처리하자고 했다. 그랬더니 인사과장이 이 문제는 사실 전임 위원장이 처리했어야 할 사안인데 그렇게 하지 못한 것으로서 지체할 시간이 없으니까 빨리 처리해주셔야 한다고 재촉하였다. 그러나 나는 그렇게 할 수는 없다고 생각하여, 바로 결재를 하지 않고 그를 돌려보냈다. 그런데 며칠 후 이른바 복도통신을 통하여 "신임 위원장이 앞으로 두 달 동안은 인사를 하지 않겠다"고 말했다는 소문이 돌면서, 직원들이 동요하기 시작하였다. 나는 바로 간부회의를 소집하여 자초지종을 설명하면서, 이러한 분위기는 결코 바람직하지 않기 때문에 하루빨리 고칠 필요가 있다고 말한 뒤에, 기존의 인사관행을 바꾸기 위하여 인사과장을 교체해서 새로운 팀을 출범시키게 되었다. 그랬더니 위원회의 분위기가 다시 평온해지고 점차 활기를 되찾게 되었다.

내가 위원장으로 재직하는 동안 가장 중요하게 생각했던 것은 공정위가 어떻게 하면 자유롭고 공정한 경쟁질서를 확립하는 경쟁당국으로서 제 역할을 다할 수 있게 하느냐 하는 것이었다. 우리나라는 시장경제를 경제질서의 기본으로 삼고 있는데, 시장경제가 정상적으로 작동하기 위해서는 시장에 자유롭고 공정한 경쟁이 유지되고 있어야 한다. 그러나 실제로는 소수 재벌 중심의 독과점적 시장구조, 카르텔이나 기업결합과 같은 경쟁제한행위와 다양한 불공정거래행위 등으로 인하여 자유롭고 공정한 경쟁이 제한되는 경우가 많이 있을 뿐만 아니라, 소수 재벌에 의한 과도한 경제력집중으로 인하여 시장경제의 기반 자체가 위태로운 경우도 있다. 따라서 공정위는 이와 같은 우리나라 경제의 구조적, 행태적인 문제점을 정확히 파악하여 이를 해결하는 본연의 임무를 다하기 위하여 열심히 노력하지 않으면 안 된다.

그러나 공정위 직원들 중에는 이러한 문제의 심각성을 제대로 인식하지 못하거나 그러한 문제가 실제로 어떻게 나타나고 있는지에 대한 지식이나 정보가 부족하여 다양한 경쟁제한 행위나 불공정거래행위를 제대로 적발하지 못하는 경우도 있었고, 또 어려운 조사과정을 통하여 경쟁제한행위를 적발해 놓고도 그 행위가 왜 위법한지 그 요건들을 제대로 입증하지 못하여 이를 적절히 규제하지 못하거나 혹은 법원에 가서 패소하는 경우도 자주 있었다. 따라서 나는 공정위가 그 소임을 다할 수 있도록 하기 위하여 가장 먼저 해야 할 일은 직원들의 전문성을 제고하는 일이라고 보고, 이를 위하여 외부에서 전문가들을 영입해 오기도 하고, 또 내부에서 직원들의 전문성을 제고하기 위한 교육과 훈련을 강화하는 동시에 그들의 사기를 진작하기 위하여 열심히 노력하였다.

직원들의 사기를 높이기 위한 방법 중에서 가장 중요한 것은 능력 중심의 공정한 인사를 하는 것이라고 보고, 나는 이를 위하여 시간이 날 때마다 직원들의 인사카드를 자세히 살펴보면서 어떻게 하면 그들의 특성과 능력을 정확히 파악하여 적재적소에 배치할 수 있을 것인지를 고민하면서, 외부에 행사나 약속이 없을 때에는 각 과별로 돌아가면서 직원들과 점심식사를 같이 하면서, 그들의 의견도 듣고 또 사기를 진작하기 위하여 열심히 노력하였다.

그런데 당시에 공정위 위원장실에서 위원장의 업무를 보좌하는 비서관을 교체해야 할 필요가 있었기 때문에, 인사과장이 이를 위하여 4명의 후보자를 추천해 왔다. 나는 그들에 대한 면접을 직접 실시하기로 하고, 한 사람씩 만나서 면접을 하면서 그들에게 내가 가지고 있는 고민을 털어놓고 그들의 지혜를 구하는 내용의 질문을 하였다. 나는 위원장으로서 위원회의 직원들이 각자 맡은 바 업무를 성실히 수행하도록 하기 위해서는 직원들의 사기를 진작하는 것이 매우 중요하다고 판단하여 이를 위한 효과적인 방안을 모색하기 위하여 노력하고 있는데, 아무리 생각해 봐도 적절한 방안이 떠오르지 않는다고 하면서, 좋은 아이디어가 있으면 말해 보라고 하였다. 왜냐하면 공무원인 직원들이 개인적으로 가장 중요하게 생각하는 것은 승진과 월급인상일 터인데, 위원장이 직원들을 마음대로 승진시킬 수도 없고 또 그들의 월급을 마음대로 올려줄 수도 없었기 때문이다. 그런데 그 후보자 중의 한 사람이 위원장이 직원들의 승진이나 월급을 마음대로 결정할 수는 없지만, 직원들이 어떻게 하면 승진할 수 있는지 그리고 어떻게 하면 인센티브를 받을 수 있는지에 대하여 합리적인 기준을 마련하여 이를 확실히 실행해 나가면, 직원들이 그것을 믿고서 열심히 일하게 될 것이라고 대답하였다. 나는 그것이 매우 현명한 대답이라고 판단하여 그 직원을 비서관으로 선택하여 그와 함께 일하게 되었다.

그리고 위원회의 전문성을 제고하기 위하여 나는 다음과 같은 조치들을 취하였다. 우선, 위원회의 사무처 조직을 기존의 기능별 조직에서 산업별 조직으로 개편하고, 주로 법률적인 업무를 수행하는 송무과장과 심판관리실의 과장을 대형로펌에서 독점규제법과 공정거래관련법 분야의 업무를 10년 이상 수행한 경험이 있는 법률전문가를 계약직으로 채용하도록 하였다. 그런데 그러한 경력을 가진 법률전문가를 영입하기가 쉽지 않았기 때문에, 나는 개인적인 채널을 동원하여 서울대 대학원에서 경제법을 전공한 제자들 중에서 후보자를 물색하면서, 주위에서 관련 업무를 수행하고 있는 전문가들에게 좋은 후보자를 추천해 달라고 부탁하기도 하였다.

그러한 과정에서 수년 전 대학원에서 세미나를 마치고 학생들과 함께 식사하는 자리에서 나누었던 이야기가 생각이 났다. 당시에 나는 공정위가 독립규제위원회로서 독점규제법을 집행하는 준사법기관임에도 불구하고 직원들의 규범적인 전문성이 부족하여 법위반 사건을 조사하여 처리하는 과정에서 법적인 요건이나 절차를 제대로 파악하여 적절한 조치를 취하지 못하여, 법에 위반한 사건을 처리한 후에 법원에서 패소하는 경우가 자주 있는 것이 문제라고 지적하면서, 그러한 문제를 해결하기 위해서는 공정위에 잘 훈련된 법률전문가를 다수 충원하여 직원들의 규범적 전문성을 높일 필요가 있다고 말하였다. 그런데 그 자리에 함께 참석하고 있던 학생들은 그런 법률전문가들 중에서 과연 공정위에 가서 근무하려는 사람이 있을 것 같으냐고 반문하였다.

나는 물론 그것이 쉽지는 않겠지만, 그럼에도 불구하고 우리나라의 경쟁질서를 법질서로 확립하기 위해서는 그렇게 할 필요가 있다는 점을 다시 강조하게 되었다. 그랬더니, 그 자리에 있던 학생들 중에서 대형 로펌에서 공정거래법 관련업무를 담당하고 있던 변호사가 만약 선생님이 공정거래위원장으로 가시면 모를까, 그렇지 않으면 그것은 불가능할 것이라고 말하였다. 나는 농담으로 내가 만약 위원장이 되면 네가 오겠느냐고 물었더니 그가 그렇게 하겠다고 대답하였다. 나는 그때의 일이 생각나서 그 제자에게 전화로 공정위에서 경쟁법에 정통한 변호사를 채용하려고 하는데, 자네가 공정위에 와서 일할 수 있겠느냐고 물었다. 그는 아주 감사하게도 흔쾌히 그렇게 하겠다고 대답하였다.

그런데 그가 공정위로 오게 되면 그의 수입에 상당한 차이가 생길 것이 분명하기 때문에, 부인의 동의가 필요할 것 같아서 부인에게 먼저 물어본 뒤에 대답해 달라고 부탁하였다. 그런데 다행히 그의 부인도 동의를 해 줘서, 그 변호사를 송무과장으로 특채하여 2년간 근무하도록 하였다. 그는 공정위에서 2년간 송무과장으로 근무하면서 공정거래관련 송무는 물론이고, 위원회 내의 제반 법률관련 업무에 대하여 전문성을 가지고 친절하게 자문해 주었기 때문에, 위원회의 직원들로부터 아주 좋은 평가를 받았던 것으로 기억된다. 나중에 그 제자에게 매월 위원회에서 받은 월급이 대형 로펌에서 받았던 수입의 절반은 되더냐고 물어보았더니, 그는 아니라고 대답하였다. 나는 그가 2년간 경제적으로 엄청난 희생을 감수하면서 공정위의 전문성을 제고하기 위한 나의 제안을 수용하여 기꺼이 헌신해 준 점에 대하여 깊이 감사드리고, 그의 용단을 지원해 준 그의 부인에게도 늘 고맙게 생각하고 있다.

그리고 나는 경쟁정책국에 경제분석실을 신설하여 거기에 경제분석에 관한 전문성을 갖춘 직원을 배치하여 경제분석에 관한 전문성을 제고하기 위하여 노력하였다. 한편, 위원회의 규범적인 전문성을 제고하기 위하여 5명의 변호사 자격을 가진 직원들을 신규로 채용하였을 뿐만 아니라, 평소에 개인적인 친분을 가지고 있던 이용훈 대법원장을 찾아가서 공정위의 규범적 전문성을 제고하기 위하여 필요하다는 이유로, 법원에서 부장판사 2명을 공정위로 파견해 달라고 부탁하여 승낙을 받았다. 그러나 법원행정처에서는 법원의 인력사정에 비추어 볼 때, 부장판사 2명을 파견하는 것은 무리라고 하여 우선 1명만 파견 받게 되었다. 그러나 공정위 내부에서는 법률전문가의 부족으로 인한 문제의 심각성과 이를 해결하기 위한 나의 숨은 노력을 제대로 이해하지 못하고, 근시적인 안목으로 그것이 자기들의 승진에 부정적인 영향을 미친다는 이유로 이를 비난하는 직원들도 있었던 것으로 기억된다.

또한, 전직원수련회에서는 직원들에게 그들이 담당하고 있는 업무가 국가적으로 얼마나 중요한 일인지를 설명하여 그들의 사명감을 고취시키는 동시에, 그들과 좀 더 친밀한 소통을 하기 위해서, 식사시간에는 내가 직접 배식도 하면서 직원들을 격려하려고 노력하였다. 여기서 전직원수련회에서 경험한 에피소드를 하나 소개하면 다음과 같다. 나는 전직원수련회를 개회하는 인사말을 하면서 "여러분, 사랑합니다!"라는 인사로 시작해서 직원들을 격려하는 연설을 하였다. 그런데 공무원인 직원들에게는 그러한 인사말이 아주 생소하게 들렸던 모양이다. 부산 지방사무소에서 근무하는 어느 여직원이 그 말을 듣는 순간 깜짝 놀라면서, "아, 저것은 사기다"라는 생각이 들었다고 한다. 그래서 그는 의심의 눈초리로 1박 2일간 수련회가 진행되는 동안 나의 일거수 일투족을 자세히 관찰하면서, 내가 개회사에서 "사랑한다"고 했던 말이 진심으로 한 것인지, 거짓이었는지를 확인해 보려고 노력했다고 한다. 그런데 전직원수련회를 마치는 시간에 내가 다시 연단에 올라가서 마지막 인사말을 한 다음에, 대강당의 입구로 가서 귀가하는 직원들과 일일이 악수를 하면서 그들을 전송하는 모습을 지켜보고, 또 나와 직접 악수를 하면서 나와 눈이 마주치는 순간에, 그것이 진심이었다는 점을 확인할 수 있었다고 한다. 그러고 나니까, 그녀가 위원장의 진심을 이해하지 못하고 이를 의심하고 있었던 것이 너무나 부끄럽기도 하고, 또 죄송하기도 해서 부산에 도착하자마자 이렇게 사과편지를 쓰게 되었다고 하면서 장문의 편지를 보내왔다. 나는 그녀가 늦게라도 내 진심을 이해해 준 것이 고마워서, 그녀에게 고맙다는 내용의 답장을 보내주었으며, 그 후에 부산 지방사무소를 방문하는 기회에 그녀를 따로 불러서 격려해 주기도 하였다.

3. ICN총회

국제경쟁네트워크(International Competition Networks, ICN)는 전 세계 경쟁당국 간의 협력을 촉진하기 위한 비공식 네트워크로서, 2001년 10월에 14개 관할권(jurisdiction)의 경쟁당국 대표들에 의하여 설립되었고, 현재 120개 경쟁관할권에서 132개 회원국이 참가하고 있다. ICN은 해마다 회원국에 돌아가면서 총회를 개최하고 있는데, 나는 공정위 위원장으로 재임하는 동안 ICN총회에 두 번(2006년과 2007년) 참석하였다. 2006년에는 ICN총회가 6월에 아프리카

대륙 최남단에 있는 남아프리카공화국 케이프타운에서 개최되었기 때문에, 그 회의에 참석하기 위하여 생전 처음으로 아프리카 케이프타운을 방문하게 되었다. 나는 첫날 개회식에서 기조연설을 하였으며, 한국에서 온 다른 참가자들도 각 회의에 적극적으로 참여하여 중요한 역할을 담당하였다. 그리고 당시에 ICN의 회장을 맡고 있던 독일 연방카르텔청장 뵈르게(Börge)의 임기가 만료됨에 따라, 차기 회장으로 캐나다 경쟁당국의 대표가 선출되었다.

한편, 2007년에는 ICN총회가 러시아 모스크바에서 열렸다. 나는 그 총회에 우리나라 대표단을 이끌고 참석하면서 아내도 동반하게 되었다. 총회의 일정은 월요일 저녁에 시작해서 금요일 오전에 끝나도록 되어 있었고, 그 다음 주 월요일에는 러시아 경쟁당국과 양자협의를 한 후에 귀국하는 것으로 짜여져 있었다. 우리 일행은 5일간 ICN총회의 일정을 모두 마치고 주말을 이용해서 상트페테르부르크(Saint Peterburg)를 방문하기로 하고, 금요일 오후에 모스크바역에서 기차를 타고 상트페테르부르크로 가게 되었다.

기차가 목적지에 도착한 시간은 밤 9시 반경이었는데, 상트페테르부르크역에는 현지 총영사와 선교사 한 분이 나와서 우리를 영접하였는데, 그 선교사는 서울대 법대의 동문이었다. 나는 그들과 함께 호텔로 가는 길에서 그 총영사가 독실한 크리스천인데, 그 시간에 자기 집에서 기도회가 열리고 있었음에도 불구하고, 우리를 영접하기 위해서 기도회에 참석하지 못하고 기차역으로 나왔다는 사실을 알게 되었다. 나는 그것이 고맙기도 하고 또 미안하기도 해서 호텔에 들려서 짐을 내려놓고 그분들과 함께 그의 집으로 가서 기도회에 참석하여 같이 기도하는 시간을 가졌다.

그런데 그날 기도회에서 함께 기도하는 합심기도의 제목은 이틀 후, 일요일 저녁에 상트페테르부르크에서 개최될 예정인 유학생들을 위한 수련회를 위한 것이었다. 기도회가 끝날 무렵에 그분들이 하는 말이 수련회를 위한 준비가 거의 다 되었는데, 오직 한 가지, 즉 주강사가 결정되지 않아서 이를 위하여 기도하고 있었다고 하면서, 오늘 아침에 내가 모스코바에서 그곳으로 온다는 소식을 듣고서 하나님께서 나를 그 수련회의 주강사로 보내주셨다는 믿음이 생겼다고 하면서, 나에게 주강사로 유학생들을 위한 메시지를 전해 달라고 부탁하였다. 그 말을 듣는 순간, 그것은 내가 전혀 예상하지 못한 것이라 너무 당황스럽기도 하고, 또 전체 일정에 차질이 생기지 않을까 하는 염려도 되어서 즉시 대답하지 못하고 내가 오늘 저녁에 하나님께 기도해 보고나서 내일 아침에 대답해 주겠다고 말하였다. 그리고 호텔로 돌아오는 길에 총영사에게 일요일 저녁 늦게 모스크바로 가는 비행기표를 한 장 구입할 수 있는지 알아봐 달라고 부탁하였다. 그 이유는 만약 일요일 저녁 늦게 모스크바행 비행기표가 구해지고, 또 아내가 반대하지 않고 동의하면, 그것은 하나님께서 내가 그 수련회에서 주강사로 섬기는 것을 기뻐하신다는 사인으로 볼 수 있다는 생각이 들었기 때문이다.

그런데 그 다음 날 아침에 총영사가 나에게 비행기표 1장을 구했다는 연락을 해 왔을 뿐만 아니라, 아내도 자기는 예정대로 일요일 오후에 다른 일행들과 함께 기차를 타고 모스크바로 돌아갈 터이니, 나 혼자 남아서 그 수련회에 참여해서 메시지를 전하고 모스크바로 오라고 했다. 나는 토요일과 일요일 오전까지 일행들과 함께 관광을 하고, 일요일 오후에는 그곳에 남아서 유학생들을 위한 수련회에 참석하여 메시지를 전하고 그들과 함께 찬양하고 기도하면서 풍성한 은혜를 나눈 뒤에, 밤늦게 상트페테르부르크 공항에서 모스크바행 비행기를 타고 모스크바공항으로 가서, 아내가 기다리고 있는 호텔에는 밤 1시경에 도착하게 되었다.

그리고 월요일 오전에는 예정된 러시아 경쟁당국과 양자협의를 성공적으로 마치고 나서 그들의 초대로 러시아 전통식당에서 오찬을 함께 하면서 반주로 보드카도 여러 잔 마시게 되었다. 그런데 그들이 러시아에서는 반가운 손님이 오면 그에게 한 사람이 술을 3잔씩 권하는 관습이 있다고 하면서 그 자리에 동석한 세 사람이 각각 3잔씩 권하기에 나는 그것을 모두 다 받아 마셨다. 그리고 오후에는 일행들과 함께 모스크바강에서 유람선을 타고 관광하는 프로그램에 참석하게 되었는데, 그날 나는 뜨거운 여름날 보드카를 마신 후에 유람선을 타는 것은 결코 권장할 만한 일이 아니라는 것을 절감하게 되었다.

4. 독점규제법의 개정

2007년에는 독점규제법이 4월, 8월, 10월 3차례나 개정되었다. 4월의 개정은 기업의 지배구조와 회계의 투명성이 제고됨에 따라 대규모 기업집단에 대한 규제를 일부 완화한 것이었다. 지주회사의 부채비율을 200%로 상향조정하고, 지주회사의 자회사에 대한 주식보유기준과 자회사의 손자회사에 대한 주식보유기준을 각각 50% 이상에서 40% 이상으로 인하하는 한편, 출자총액의 제한을 받는 기업집단의 범위를 자산총액 기준 6조원에서 10조원 이상으로 상향하고, 출자한도도 순자산의 25%에서 40%로 인상하였다.

그리고 8월의 개정은 사업관련성이 없는 손자회사의 보유를 허용하고, 부당한 공동행위의 추정요건을 현실에 맞게 합리적으로 개선하였으며, 한국공정거래조정원을 설립하고 그 산하에 공정거래조정협의회를 설치하여 공정거래분야에 분쟁조정제도를 도입함으로써, 피해구제의 실효성과 법집행의 효율성을 제고하고자 하였다. 한편 10월에는 지방기업의 육성을 촉진하기 위하여 출자총액의 제한을 받고 있는 대규모기업집단의 계열회사가 수도권을 제외한 지방에 있는 기업에 출자하는 경우에는 출자총액제한의 예외를 인정하도록 하였다.

5. 재벌문제

우리나라는 1960년대 이래 정부가 고도성장정책을 추진해 왔으며, 그 과정에서 소수의 능력 있는 기업이나 기업집단을 집중적으로 지원하는 정책을 채택해 왔다. 그 결과 단기간에 고도성장을 달성하여 중진국을 넘어서 바야흐로 선진국의 문턱에까지 이르게 되었다. 그러나 그 이면에는 경제력이 소수의 기업집단에게 과도하게 집중되는 현상이 발생하여 여러 가지 폐해를 초래하고 있다. 이러한 경제력집중 중에서 특히 문제가 되는 것은 재벌문제, 즉 총수가 있는 대규모기업집단의 문제이다. 이들은 총수가 5% 미만의 소수의 지분을 가지고 계열회사 간에 복잡하게 얽혀 있는 순환출자를 통하여 기업집단 전체를 장악하고 이를 선단식으로 운영하고 있기 때문에, 계열회사의 독립성이 보장되지 않을 뿐만 아니라 계열회사 간 내부거래나 부당한 지원행위 등을 통하여 자유롭고 공정한 경쟁질서를 침해하고, 시장경제의 기반 자체를 위태롭게 하는 경우도 있다.

우리나라는 시장경제를 경제질서의 기본으로 삼고 있기 때문에, 시장경제가 정상적으로 작동하도록 하기 위해서는 국가가 시장에 자유롭고 공정한 경쟁질서를 유지하기 위하여 노력할 필요가 있다. 그런데 소수 재벌에 의한 과도한 경제력집중은 시장경제의 기능을 저해하는 요인이 될 뿐만 아니라 시장경제의 기반 자체를 위태롭게 할 우려가 있기 때문에, 시장경제가 정상적으로 작동하도록 하기 위해서는 소수 재벌에 의한 경제력집중의 문제를 조속히 해결하지 않으면 안된다. 이를 위한 구체적인 방안으로는 순환출자를 통하여 복잡하게 얽혀 있는 재벌의 출자와 지배구조를 해소하여 총수의 전횡을 방지함으로써, 기업집단에 소속된 계열회사들의 독립적인 경영을 보장하고, 나아가 불합리한 내부거래나 부당한 지원행위 등을 방지하기 위한 방안을 강구할 필요가 있다. 그런데 이러한 정책의 수립과 집행에 대하여는 언제나 재벌을 중심으로 한 재계나 그들의 이익을 대변하고 있는 보수 언론과 정치인들의 반대와 저항이 클 수밖에 없다. 그런데 이러한 반대와 저항이 실제로 얼마나 크고 강한지에 대하여는 이를 직접 체험해 보지 않으면 정확히 파악하기가 매우 어렵다는 점을 유의할 필요가 있다.

6. 출자총액제한제도와 순환출자금지

내가 공정위 위원장으로 재임하는 동안 사회적·정치적으로 가장 논란이 많았던 문제가 바로 재벌규제 중에서 특히 출자총액제한제도와 관련된 문제이었다. 내가 2006년 3월 15일 제13대 공정거래위원회 위원장으로 내정되었다는 사실이 알려지자, 기자들이 내 연구실로 몰려와서 제기했던 첫 번째 질문이 바로 "출총제를 어떻게 할 생각이냐?"하는 것이었고, 또 위원장으로 재임할 당시에 나를 가장 괴롭혔던 문제도 출자총액제한제도와 관련된 것이었다.

출자총액제한제도는 1986년에 재벌의 문어발식 확장을 막기 위하여 독점규제법에 도입된 제도로서, 대규모기업집단의 계열회사는 순자산액의 40%를 초과하여 다른 회사의 주식이나 지분을 취득 또는 소유하지 못하게 함으로써, 계열회사의 범위가 지나치게 확대되는 것을 막기 위하여 마련된 제도이다. 그런데 이 제도가 재벌의 문어발식 확장을 억제하는 데에는 상당한 기여를 했지만, 출자총액을 일률적으로 제한하는 데에 따르는 문제점과 예외가 지나치게 광범하게 인정되고 있는 데다가 그 예외의 판단기준이 애매하여 제도의 실효성이 떨어진다는 비판을 받고 있었다. 그리고 실제로 계열회사의 경우에는 출자와 투자를 구별하기가 매우 어렵기 때문에 기업의 투자의욕을 필요 이상으로 위축시키는 사전적 규제라는 지적도 있었다.

이에 재벌의 문어발식 확장을 막으려는 제도의 취지를 살리면서, 거기에 따르는 폐해나 부작용을 최소화할 수 있는 방안을 모색하기 위하여, 2006년 7월부터 공정위에 민관합동의 태스크 포스(task force)를 구성하여 합리적인 대안을 마련하기 위하여 노력하였다. 그 결과, 여러 가지 문제점을 안고 있는 출자총액제한제도를 폐지하고, 그 대신에 계열회사들 간에 거미줄처럼 복잡하게 얽혀있는 순환출자를 금지하는 동시에, 지주회사의 요건을 완화하여 지주회사로의 전환을 장려하는 방안을 마련하여 이를 추진하기로 하였다. 그런데 행정부 안에서 이러한 방안에 대해 관련부처들 간의 의견을 수렴하는 과정에서, 순환출자를 일시에 금지할 경우에는 그것이 대규모기업집단의 계열회사에게 큰 부담이 될 우려가 있다는 지적이 있었기 때문에 이를 받아들여서, 우선 새로 형성되는 신규 순환출자만 금지하고, 이미 형성된 순환출자에 대하여는 3년의 유예기간을 주기로 하고, 그때까지는 의결권을 제한하는 방안을 채택하여, 이를 독점규제법개정을 위한 정부안에 반영하기로 하였다. 그러나 이러한 개정방안에 대하여는 소수 재벌을 비롯한 재계는 물론이고 보수언론들이 강력히 반대하였을 뿐만 아니라, 행정부 안에서도 당초에 협조적이었던 재정경제부와 산업자원부가 소극적인 태도를 보이다가 급기야 이를 반대하는 쪽으로 태도를 바꾸었기 때문에, 이를 법개정안에 반영하지 못한 채 그러한 노력은 수포로 돌아가고 말았다.

나는 이 과정에서 소수 재벌에 의한 경제력집중을 억제하기 위한 재벌개혁이 얼마나 어려운지를 온몸으로 절감하게 되었다. 재벌이나 보수언론들로부터 받게 될 비판은 이미 예상했던 것이지만, 당초에 협조적이었던 경제부처의 장관들이 그 태도를 바꾸는 것에 대하여는 강한 배신감을 느끼지 않을 수 없었다. 법개정을 위한 정부안을 마련하기 위한 노력이 좌절되던 날 저녁에 나는 하루 종일 받은 스트레스로 인하여 밤새 설사를 하면서 한잠도 자지 못하였으며, 그 다음 날에는 국회에서 열린 조찬 모임에 참가했다가 사무실에 출근을 했는데, 탈수현상이 너무 심해서 병원에 입원하여 며칠 동안 치료를 받았다.

그런데 이러한 출자총액제한제도는 아무런 대안도 없이 2009년에 폐지되었고, 순환출자의 금지는 2014년에야 비로소 도입되었다. 2008년 2월에 '비즈니스 프렌드리'(business friendly)라는 캐치프레이즈를 내걸고 집권한 이명박 정부는 출자총액제한제도를 기업활동을 제한하는 대표적인 사전규제로 보아 2009년 법개정 시에 이를 폐지하게 되었고, 박근혜 정부는 2014년에야 비로소 순환출자의 금지를 도입하였는데, 그 내용은 신규로 형성되는 순환출자만 금지하고 이미 형성된 순환출자는 금지하지 않는 불완전한 모습이었다. 여기서 우리는 소수 재벌에 의한 경제력집중의 문제가 매우 심각하여 여러 가지 문제를 야기하고 있음에도 불구하고, 이를 억제하기 위한 제도를 마련하기가 얼마나 어려운지를 짐작할 수 있다.

7. 국회와 언론

내가 공정위 위원장으로 재임하는 동안, 대외적인 활동과 관련하여 가장 신경을 많이 썼던 분야가 국회와 언론이었다. 국회는 입법, 국정감사, 예산심의 등과 관련하여 매우 중요한 권한을 가지고 있는 기관이기 때문에, 나는 기관장으로서 늘 관련 위원회의 활동에 신경을 쓰지 않을 수 없었다. 공정위는 정무위원회의 관할기관으로 되어 있기 때문에, 나는 자주 정무위원회에 참석하여 공정위의 정책에 대한 설명도 하고 여러 가지 질문에 대한 대답도 하였다. 그런데 여기서 문제가 되는 것은 국회의원들이 관련된 내용에 대하여 충분한 정보나 지식을 가지고 의미있는 질문을 하거나 지적을 하면 좋을 터인데, 그렇지 않은 경우가 많았기 때문이다. 부당한 지적을 받았을 경우에, 나는 처음에는 그 지적이 타당하지 않다는 것을 설명하기 위하여 노력하였다. 그러나 시간이 지나면서 국회의원들이 그러한 태도를 아주 싫어하기 때문에 회의장의 분위기가 어색하게 변한다는 사실을 깨닫게 되었다. 그래서 나도 차츰 국회의원들이 비록 잘못된 지적을 하더라도 굳이 그것을 문제 삼지 않고, 겸손하게 우리가 그동안 열심히 노력해 왔지만, 혹시 잘못되었거나 부족한 점이 있다면 앞으로 이를 최선을 다하여 고쳐 나가도록 노력하겠다고 말하는 등 외교적인(?) 방향으로 태도를 바꾸어서 어색한 분위기를 피하려고 노력하였다.

2007년 국정감사장에서는 내가 너무 열심히 일한다는 이유로 국회의원들로부터 여러 가지 지적과 비판을 받았다. 예컨대 언론인 출신의 한 야당 의원이 여러 신문에서 우리 경제가 매우 어려운 형편인데도 불구하고 공정위가 기업들의 활동을 지나치게 엄격하게 규제하고 있다고 보도하고 있는데, 위원장은 이에 대하여 어떻게 생각하느냐고 묻기에, 나는 신문보도가 반드시 객관적인 것은 아니라고 대답하였다. 그는 다시 왜 그렇게 생각하느냐고 물었고, 나는 기업들의 광고 때문에 그렇지 않겠느냐고 대답했다. 그러자, 그는 공정위 위원장이 저렇게 왜곡된 언론관을 가지고 있으니 이를 어쩌면 좋겠느냐고 하면서 큰 소리로 야단을 쳤다. 돌이켜 보면, 내가 너무 직설적으로 대답한 것이 아닌가 하는 생각이 들기는 하지만, 우리나라 언론이 광고주의 영향으로부터 자유롭지 못하다는 것은 부인할 수 없는 사실이 아닌가 생각된다.

그리고 국정감사장에서 내가 한 발언이 YTN의 "돌발영상"에 잡혀서 화제가 된 적도 있었다. 어느 야당 소속 국회의원이 나에게 경제사정이 매우 어려운데 공정위가 기업활동을 그렇게 엄격하게 규제하면 어떻게 하느냐고 공정위의 활동을 비난하면서, "위원장님, '오륙도'가 무엇인지 아십니까?"라고 물었다. 내가 안다고 대답했더니, 그가 다시 그게 무엇인지 말해보라고 했다. 나는 속으로 안다고 했으면, 이제 본론으로 들어갈 것이지, 굳이 그게 무엇인지 말해보라고 할 것까지는 없지 않는가 하는 생각에서, 농담으로 "부산 앞바다에 있는 섬입니다."라고 말해 버렸다. 그랬더니 갑자기 회의장의 분위기가 어수선하게 변하면서 방송사의 카메라가 그 국회의원과 나를 번갈아 가며 찍기 시작하였다. 그리고 그 영상이 그날 저녁뉴스 시간에 돌발영상으로 전국에 방영되어서 많은 사람들의 이목을 끌게 되었다.

공정위는 우리나라 경제질서의 기본인 시장경제가 정상적으로 작동하도록 하기 위하여 독점이나 과점, 카르텔과 같은 부당한 공동행위와 기업결합 및 불공정거래행위를 금지하고, 과도한 경제력집중을 억제할 뿐만 아니라 불합리한 정부규제를 완화함으로써 시장의 기능을 회복하고, 이를 통하여 소비자후생을 증진하기 위하여 노력하는 기관으로서, 온갖 힘 있는 기업이나 정부기관과 싸우는 역할을 담당하고 있기 때문에, 언론의 협조와 지원을 받지 않으면 그 역할을 수행하기가 매우 어렵다. 그런데 노무현 정부는 언론, 특히 보수언론들과 관계가 나빴을 뿐만 아니라 '신문업에 있어서의 불공정거래행위 등에 관한 고시'와 관련하여 공정위와 언론기관들의 관계도 좋지 않았기 때문에 언론의 협조를 받기가 매우 어려웠다.

이와 관련된 에피소드를 하나 소개하면 다음과 같다. 2006년 12월 말에 위원장이 공정위 출입기자들을 격려하기 위하여 그들에게 저녁식사 자리를 마련한 적이 있었다. 그 모임은 과천에 있는 식당에서 오후 6시 반부터 시작하기로 되어 있었으나, 출입기자들이 당일 기사를 마무리하고 오느라 7시 반이 넘어서야 비로소 식사를 시작할 수 있었다. 통상 그런 모임에서는 식사가 시작되기 전에 위원장이 간단한 인사말을 하고 나서 식사를 하게 된다. 그러나 그날은 시간이 많이 늦었기 때문에 기자들이 많이 시장할 것 같아서 먼저 식사를 하면서 반주로 소주도 한 잔씩 하면서 화기애애한 분위기에서 정담을 나누었다. 그리고 그 자리를 마무리할 즈음에 내가 일어나서, "여러분, 그동안 정말 수고 많이 했습니다."라고 그들의 노고를 치하한 뒤에, 그동안 여러분들이 공정위에 대하여 쓴 기사들 중에는 공정위를 사랑하는 마음으로 따끔하게 잘못을 지적해 준 기사들도 있었지만, 악의적으로 비판한 기사들도 있었던 것 같다고 하면서, 앞으로는 우리도 악의적인 기사에 대하여는 적극적으로 대처해 나가겠다고 말하였다.

그런데 그 다음 날 아침, 어느 일간신문에, 공정위 권오승 위원장이 "악의적인 기사에 대하여는 악의적으로 대처하겠다."고 말했다는 기사가 크게 실려 있었다. 나는 너무 당황스럽기도 하고 기가 막혀서 공보관에게 그것이 어떻게 된 것인지 그 연유를 알아보라고 했다. 그런데 그 기자는 자기는 분명히 그렇게 들었다고 하면서, 자기 핸드폰에 녹음까지 해 두었다고 하였다. 그래서 그 핸드폰에 녹음된 내용을 확인해 보자고 했더니, 그 기자는 그 핸드폰을 집에 두고 가져오지 않았다고 하면서 발뺌을 하는 것이었다. 그것을 보고 나는 기자들은 '불가근불가원'(不可近不可遠)이라는 말을 다시 한 번 상기하게 되었다.

8. 중국 반독점법 제정과정에 참여

중국이 1989년부터 개혁과 개방을 추진하면서 1992년에는 경제 체제를 사회주의 계획경제에서 사회주의 시장경제로 전환하기로 하였고, 2007년 8월 30일에는 시장경제가 정상적으로 작동하도록 하기 위하여 반드시 필요한 반독점법[反壟斷法]을 제정하여 그 다음 해인 2008년 8월 1일부터 시행하고 있다.

국제학술대회

중국은 반독점법의 제정을 위하여 노력하는 과정에서 여러 나라의 반독점법과 경쟁법을 참고하게 되었으며, 2002년에는 세계 여러 나라의 경쟁법제와 그 시행경험으로부터 교훈을 얻기 위하여, 미국과 독일, 호주 및 한국의 반독점이나 경쟁법의 전문가들을 베이징에 초청하여 국제학술대회를 개최하였다. 그 자리에서 각국의 대표들은 저마다 자기 나라의 경쟁법제가 가지는 특징과 장점을 소개하면서 중국이 그들의 법제를 참조하기를 바란다는 취지의 발표를 하였다.

그런데 나는 그 자리에서 우리나라 독점규제법의 내용과 시행경험을 간략하게 설명한 뒤에, 경쟁법에 관하여는 미국이 세계에서 가장 역사가 오래된 나라로서 풍부한 경험을 가지고 있으며, 유럽에서는 EU와 독일이 가장 효율적인 법집행을 하고 있다. 그러나 중국은 그러한 나라의 법제나 경험보다는 한국의 법제나 경험을 참고하는 것이 좋을 것이라고 주장하였다. 그랬더니 그 대회에 참가한 사람들이 모두 의아한 표정을 지었다.

그러나 내가 그 이유를 다음과 같이 차분히 설명하자 그들의 반응이 달라졌다. 미국은 자본주의가 정상적으로 발전한 나라로서, 산업자본주의가 독점자본주의로 전환하는 과정에서 그 폐해를 막기 위하여 독점금지법을 제정하여 상당한 성과를 거두고 있으며, EU와 독일은 미국의 경험을 대륙법 체계에 맞게 수용하여 시행함으로써 좋은 성과를 거두고 있다. 그러나 한국은 1960년대부터 정부주도의 고도성장정책으로 상당한 성과를 거두었으나 1980년대부터 그 폐해가 나타나기 시작하였기 때문에, 정부가 그 폐해를 막기 위하여 경제운용의 방식을 정부주도에서 민간주도로 전환하면서 시장경제의 기능을 활성화하기 위하여 독점규제법을 도입하여 시행하고 있다.

그런데 지금 중국은 어떠한 상황에 놓여 있는가? 오랫동안 사회주의 계획경제 체제를 유지해 오다가 그것이 한계에 부딪쳐서 이를 극복하기 위하여 시장경제를 도입하려고 노력하고 있으며, 그 일환으로 반독점법을 도입하려고 하는 것이 아닌가? 그러한 중국에게 미국이나 EU 또는 독일의 경험이 도움이 되겠는가, 아니면 한국의 경험이 도움이 되겠는가? 나는 한국의 경험이 도움이 될 수 있을 것이라고 생각하기 때문에, 중국이 한국의 법제나 경험을 참고하는 것이 좋을 것이라고 주장하고 있는 것이라고 말하였다. 그러자 그 자리에 참석한 청중들의 분위기가 갑자기 바뀌기 시작하면서 나에게 박수갈채를 보내게 되었다.

그 대회가 끝난 뒤에 몇몇 중국교수들이 나를 개별적으로 찾아와서 당신의 말이 옳다고 생각하는데, 문제는 한국의 법제나 경험을 참고하고 싶지만 참고할 만한 자료를 찾기가 매우 어렵다는 점

이라고 말하였다. 미국의 자료는 영어로 쓰여 있으니까 쉽게 읽을
수 있고, 일본의 자료는 한자(漢字)를 많이 사용하고 있기 때문에
일본어를 몰라도 그 내용을 어느 정도 짐작할 수 있지만, 한국의
자료는 온통 한글로 쓰여 있어서 그 내용을 파악하기가 매우 어렵
다고 하였다. 그 말을 들으면서 나는 이제 우리 한국 사람들도 비
록 그동안 우리가 경험한 것이 매우 부족하고 보잘 것 없다고 하더
라도, 거기에 관심을 가지고 공유하고자 하는 외국인들이 있으니
그들이 이를 쉽게 이해할 수 있도록 외국어로 번역하여 소개할 필
요가 있다는 것을 깨닫게 되었다. 그 후에 나는 중국 화동정법대학
에 근무하고 있는 최길자 교수의 도움을 받아 나의 경제법 교과서
를 중국어로 번역하여 '韓国经济法'이라는 이름으로 출간하게 되었
다.[18]

반독점법초안에 대한 자문

그리고 2007년 7월에는 중국 베이징에서 중국인민대표대회가
'반독점법초안'에 대하여 외국 경쟁법과 정책의 전문가들의 의견을
듣기 위한 자리를 마련해 놓고, 당시 OECD 경쟁위원회의 대표와
호주 경쟁·소비자위원회의 전 대표 그리고 나를 초대하였다. 당시
에 나는 한국 공정거래위원회의 위원장의 자격으로 그 자리에 참석
하게 되었다. 주최 측에서는 법초안에 대한 효과적인 자문을 얻기
위하여 초대된 전문가들에게 중국 반독점법초안과 그 초안과 관련
하여 다투어지고 있는 28개 항목의 쟁점들이 적혀 있는 질문서를

---

18) 권오승 저·최길자 역, 한국경제법, 북경대학출판사, 2009.

보내 주면서, 먼저 세 분의 전문가가 각각 중국 반독점법 초안에 대한 코멘트를 하는 시간을 가진 뒤에, 그 질문서에 적혀 있는 쟁점들을 중심으로 질의와 토론을 전개하는 방식으로 회의를 진행할 예정이라고 알려 주었다.

나는 법초안을 자세히 검토한 후에 그 내용에 대한 전반적인 코멘트와 아울러 보내온 질문서에 대한 답변을 준비하면서, 질문서에 적혀 있는 쟁점들이 모두 28개이고 그 회의에 초청된 전문가가 세 분이니까, 나는 그 중에서 대략 10개 정도의 쟁점에 대해서 대답하면 되겠구나 라고 생각하였다. 그런데 당일 현장에서는 세 분의 전문가가 차례로 법초안에 대한 코멘트를 한 후에, 질의와 토론을 하는 시간이 시작되자, 거기에 참석해서 질문하는 사람들이 모두 첫 번째 질문부터 시작하여 마지막 질문까지 나에게 먼저 물어보고 나서 다른 두 분에게 보충질문을 하는 식으로 회의를 진행하게 되었다. 그 이유는 그들이 반독점법에 대하여 궁금하게 생각하고 있는 사항들에 대하여 이웃나라인 한국에서 오랫동안 독점규제법을 연구하고, 또 현재 그 법의 집행을 직접 담당하고 있는 나에게 물어보고 싶은 것이 많았던 것이 아니었나 짐작된다.

내가 그 자리에서 법초안에 대하여 전반적으로 코멘트한 것과 질의·토론과정에서 설명한 내용들 중에서 특히 기억에 남는 것을 두 가지만 들면 다음과 같다. 우선, 법초안에는 반독점법의 집행권한이 국가발전개혁위원회와 상무부 및 국가공상행정총국 등 3개 기관으로 분할되어 있었는데, 그렇게 되면 법집행의 효율성을 담보하기가 어렵기 때문에, 효율적인 법집행을 위해서는 3개의 기관에 분할되어 있는 집행권한을 한 기관으로 통합하는 것이 바람직할 것이

라고 제안하였다. 그런데 중국이 당시에는 국내 사정상 그러한 제
안을 받아들이기가 어려워서 법초안의 내용이 그대로 확정되어 전
국인민대표대회를 통과하였기 때문에 동법은 3개의 기관에 의하여
집행되게 되었다. 그런데 그 법률이 시행된 지 10년이 경과한 2018
년에 비로소 국무원기구개혁방안에 따라 3개의 기관에 분할되어 있
던 반독점법의 집행권한이 하나의 기관으로 통합되어서, 현재 국가
시장감독관리총국이 그 집행을 담당하고 있다.[19]

그리고 법초안에는 재판매가격유지행위를 전면적으로 금지하는
것으로 규정되어 있었다. 그러나 재판매가격유지행위는 유통업자들
간의 경쟁을 제한하여 소비자후생을 저해하는 측면이 있기는 하지
만, 제조업자의 입장에서는 효율성증대의 효과가 큰 경우도 있기
때문에, 이를 전면적으로 금지하는 것은 타당하지 않다. 따라서 각
국에서는 이를 원칙적으로 금지하면서, 일정한 요건을 갖춘 경우에
는 예외적으로 허용하는 태도를 취하고 있다. 따라서 나는 중국에
서도 이러한 점을 고려하여 재판매가격유지행위를 원칙적으로 금지
하되, 일정한 요건을 갖춘 경우에는 예외적으로 허용하는 방향으로
법초안을 고치는 것이 바람직할 것이라고 제안하였다. 그런데 그들
은 나에게 재판매가격유지행위들 중에서 효율성 증대효과가 큰 경
우가 도대체 어떠한 경우인지, 구체적인 예를 들어서 설명해 달라
고 요청하였다. 그래서 나는 예컨대 여성용 향수인 샤넬(CHANEL)
No.5와 같은 유명한 상품의 경우에는 그런 상품이 유통업자의
고객유인의 수단으로 악용될 우려가 있기 때문에, 제조업자가 이를

---

19) 박제현, 중국 경쟁법, 박영사, 2020, 283면 이하 참조.

막기 위해서 재판매가격유지행위를 실시할 필요가 있으며, 이는 제조업자뿐만 아니라 소비자에게도 도움이 되는 것이라고 설명해 주었다. 그 결과, 그들은 나의 제안을 받아들여서 법초안을 수정하여 재판매가격유지행위를 원칙적으로 금지하면서, 일정한 요건을 갖춘 경우에는 이를 예외적으로 허용하는 방향으로 바꾸게 되었다.

9. 김화중 대사와 만남

나는 2007년 7월 27일에 전국인민대표회의가 주최하는 중국 반독점법안에 대한 토론회에 참석하기 위하여 회의가 개최되기 하루 전인 7월 26일 오후에 베이징에 도착했다. 그리고 그날 저녁에는 당시 주중대사로 있던 김화중 대사의 초청으로 만찬을 함께 하게 되었다. 만찬시간에 우리는 여러 가지 문제에 대하여 이야기를 하던 중 우리가 주안에서 한 형제라는 사실을 확인하고, 서로 그동안 경험한 것들을 간증하면서 아주 즐겁고 유익한 시간을 보냈다. 그런데 전국인민대표회의가 주최한 회의 일정이 모두 끝나고 귀국하는 날 수행원들과 함께 베이징 공항에 나갔더니, 주중 대사관에서 나온 직원이 "권오승 위원장 친전"이라고 쓰여진 서류 봉투를 하나 건네주면서, 김 대사님이 그 서류를 나에게 직접 전달해 달라고 부탁하셨다고 했다. 내가 비행기에 탑승한 후에 그 봉투를 열어 봤더니 그 봉투에는 김 대사님이 나를 만났던 날 밤에 숙소에서 하나님께 기도하다가 하나님으로부터 받은 말씀이 다음과 같이 적혀 있었다.

2007. 7. 26.(목) 밤 (권오승 위원장)

감사합니다. 감사합니다.
저를 이렇게 높여 주시니 감사합니다.

(말씀 내용)
사랑하는 자여,
지금 네 마음에 나를 사랑하는 마음이 가득하여,
항상 나에게 감사하니 내가 기쁘도다.
네가 매사에 나를 의지하여 나에게 기도하니,
네가 기특하도다.
그러나 너는 주의할지어다.
지금 너의 적들이 끊임없이 너를 공격할 기회를 찾고 있나니,
너는 항상 겸손할지어다.
네가 나를 믿고 의지하기는 하나,
아직도 마음속에 교만함이 있나니, 너는 겸손할지어다.
그리고 너는 사람을 조심할지어다.
지금 내 주위에서 너를 돕는 자 중에,
너에게 해가 되는 자가 있나니, 너는 그를 주의할지어다.
너는 그를 위하여 기도하라.
그리하면 그가 스스로 물러 갈 것이라.
이제 너에게 좋은 일이 있을 것이라.
네가 앞으로 더 큰 영광을 얻을 것이니,
너는 기도하며 때를 기다릴지어다.
그러나 너의 적들이 너를 방해할 것이니,
너는 계속 기도할지어다.
이제 너에게 일이 있을 것이라.
그러나 네가 기도하면 다 해결될 것이니, 너는 안심할지어다.
너는 기도하라. 더 열심히 기도하라.
그리하면 내가 너를 높일 것이라.

정년 후의 활동

제6장
정년 후의 활동

나는 2015년 2월 28일에 서울대 법학전문대학원의 교수직에서 정년 퇴직을 하였다. 23년간의 서울대 법대와 법전원 근무를 마무리하고, 3월 1일에 서울대 법학전문대학원의 명예교수로 임명되어 오늘에 이르고 있다.

1. 정년기념 국제학술대회와 논문집 봉정식

국제학술대회

나는 정년을 앞두고 제자들과 함께 정년을 기념하는 행사를 어떻게 할 것인지에 대하여 논의하던 중, 세계 각국의 경쟁법 전문가들을 초청하여 "경쟁법의 세계적 기준과 국내적 기준"이라는 주제를 가지고 발표하고 토론하는 자리를 마련하는 것이 좋겠다고 판단하여, 3월 30일 오후 2시부터 서울대 법학전문대학원 교수회의실에서 정년기념 국제학술대회를 개최하게 되었다. 이 국제학술대회에

는 미국과 독일, 일본과 중국 등 여러 나라에서 세계적인 경쟁법전
문가들이 참석하여 국내의 전문가들과 함께 경쟁법의 세계적 기준
과 국내적 기준에 대하여 알찬 발표를 들은 후에 열띤 토론을 전개
하였다.

정년기념논문집 봉정식

그리고 그날 저녁에는 서울대 호암교수회관에서 제자들이 마련
한 정년기념논문집 봉정식이 있었다. 봉정식은 황태희 교수의 사회
로 1부와 2부로 나뉘어 진행되었는데, 1부에서는 서울대 성낙인 총
장과 공정거래위원회 정재찬 위원장을 비롯하여 박병호 서울대 명
예교수님과 박길준 연세대 명예교수님의 축사가 있은 후에, 기념논
문집과 기념패 및 선물 증정과 본인의 답사가 있었다. 논문집은
"시장경제와 사회조화"라는 제목으로 법문사에서 출판되었는데, 그
내용은 2편의 하서와 본인의 연보·논저목록 및 정년기념 대담에
서 시작하여, 27편의 주옥 같은 논문들이 제1부 시장경제와 경쟁법
(16편), 제2부 규제산업과 경쟁법(6편), 제3부 공정거래와 사회조화
(5편)로 나뉘어 실려 있는데, 전체 분량은 720면에 달하였다. 기념
식에서 행한 축사 중에서 문서로 남아 있는 것이 두 편인데, 하나
는 박길준 교수님의 축사로서 논문집 모두에 실려 있기 때문에, 여
기서는 공정위 정재찬 위원장의 축사만 소개하기로 한다.

[축 사]

존경하는 권오승 교수님,
그리고 이 자리에 함께 하신 내외 귀빈 여러분!

오늘 권오승 교수님의 정년기념 논문집 봉정식 개최를 진심으로 축하 드립니다.

그리고 이러한 뜻 깊은 자리에 저를 초대해 주신 것에 대해서도 깊은 감사의 말씀을 드립니다.

잘 아시다시피 권 교수님께서는 학자로서, 또한 공정거래위원장으로서 공정거래분야에 남다른 족적을 남기셨다고 생각합니다.

우리 사회에서 다소 생소했던 '경제법'이라는 분야를 개척하여 평생을 이 분야의 연구에 몸담아 오셨고, 경제법과 공정거래법 분야의 최고 권위자로서 그동안 공정거래제도의 발전을 위해 이론개발과 정책조언을 아끼지 않으셨습니다.

또한 공정거래법의 학문적 교류와 대중화에도 힘을 쏟으셔서 '경쟁법학회'를 만들고, 서울대학교 법대에 '경쟁법센터'를 개설하여 학계, 법조계 등 다양한 분야의 경쟁법 전문가들이 지식과 의견을 교류하는 장을 개설하기도 했습니다.

그리고 '공정거래법 연구과정'이라는 전문교육 과정의 물꼬를 터서 법조인, 공정위 실무자. 기업인 등 현장에서 일하는 많은 사람들이 모여 경쟁법을 공부하고, 토론하는 길을 열어 주셨습니다.

한편, 2006년 3월부터 2년간 공정거래위원장으로 재임하시던 기간에는 「시장경제선진화 T/F」를 구성하고 수 개월여에 걸친 논의를 통해 '시장경제 선진화 방안'을 마련하기도 했습니다. 이 방안에 따라 대규모기업집단 시책과 기업결합 심사제도 정비, 리니언시 제도 보완, 분쟁조정제도 도입 등 공정거래 제도를 한 단계 업그레이드하고, 법집행의 실효성 제고를 위해 많은 힘을 써 주셨습니다. 특히, 한국공정거래조정원을 설립하여 분쟁조정제도가 활성화될 수 있는 기틀을 마련해 주었습니다.

그리고 소비자정책 총괄기능과 한국소비자원을 당시 재정경제부로부터 이관 받음으로써 공정위가 명실상부한 소비자정책의 주무부처로서 역할을 수행할 수 있게 되었습니다.

이러한 열정과 노력이 있었기에 지금까지도 후배와 제자들로부터 존경과 전폭적인 지지를 받고 계신 것으로 생각됩니다.

　존경하는 내외 귀빈 여러분!

　잘 아시다시피 시장경제가 정상적으로 작동하기 위해서는 자유롭고 공정한 경쟁질서가 확립되어야 합니다.

　독과점이나 카르텔, 진입규제 등 경쟁을 제한하는 행위들은 우리나라 경제의 활력을 좀먹고 국가경쟁력을 떨어뜨리는 주된 요인입니다.

　우리 경제가 선진경제로 한 단계 더 도약하기 위해서는 창의, 혁신, 그리고 자유롭고 공정한 경쟁이 뒷받침되어 튼튼한 경제체질을 갖는 것이 무엇보다 중요하다고 생각합니다.

　이를 위해서는 우리 경제·사회 모든 분야에 경쟁원리가 보다 확고히 자리 잡을 수 있도록 해야 됩니다. 독점력 남용이나 담합과 같이 경쟁을 제한하는 불공정행위나 소비자의 합리적인 선택을 방해하는 각종 기만행위들을 적극적으로 시정해 나가야 합니다.

　소비자들이 올바르게 선택할 때 기업들은 가격·품질·서비스에 대한 경쟁을 더욱 치열하게 벌이고, 그 과정에서 기업의 경쟁력이 높아집니다.

　공정위는 소비자들이 시장의 주인 역할을 원활하게 수행하도록 비교 정보제공 등 소비자정책도 적극 추진해 나가겠습니다.

　2007년 공정위 신년사에서 교수님께서는 직원들에게 '초심여일'이라는 말을 꺼내시면서, 첫 마음을 잃지 않고 하루하루를 성실히 보내면 모두가 원하는 목표를 달성할 것이라는 말씀을 하신 바 있습니다. 저는 아직도 이 말씀을 마음에 새기고 기억하고 있습니다.

　오늘 이 자리는 학자로서 한 매듭을 마무리 짓는 자리이지만, 앞으로도 공정거래분야의 큰 선생님으로 계속 남아주시길 부탁드립니다.

　다시 한 번 오늘의 봉정식을 축하드리고, 여기 계신 모든 분들의 가정에 건강과 행복이 가득하시기를 기원하면서 축사에 갈음하고자 합니다.

　　　　　　　　　　　　　　　　　　　　　　　　감사합니다.

그리고 제1부의 마지막 순서로 내가 다음과 같은 내용의 답사를 한 후에, 제2부에서는 주님의교회 담임목사인 박원호 목사님이 축복기도를 하신 후에 만찬과 친교의 시간을 가지게 되었는데, 그 시간에는 맏며느리 이유미의 피아노 연주에 이어 법기독학생회 학생들의 특송도 있었다.

[답 사]

공사다망하신 가운데, 저의 정년을 기념하는 자리에 이렇게 많이 오셔서 축하해 주신 여러분들께 진심으로 감사드립니다. 특히 오늘 축사를 해 주신 성낙인 서울대 총장님과 정재찬 공정위 위원장, 그리고 박병호 교수님과 박길준 교수님께 마음속 깊이 감사드리며, 분에 넘치는 축사 말씀에 대하여 매우 송구스럽게 생각하며, 나머지 인생을 더 잘 살아가라는 격려의 말씀으로 받아들이겠습니다. 감사합니다.

박병호 교수님은 제가 학부 시절 비판적인 안목으로 세상을 바라보게 해 준 농촌법학회의 지도교수로서, 그 후 지금까지 저의 삶의 길잡이가 되어 주셨을 뿐만 아니라 제가 서울대로 부임해 올 수 있도록 도와주신 분이기도 하십니다. 그리고 박길준 교수님은 저의 박사학위 논문을 심사해 주셨을 뿐만 아니라, 그 후 지금까지 저의 학문과 인생의 방향을 이끌어 주신 분이십니다. 이 자리를 빌어서 평소 존경하는 두 분 선생님께 진심으로 감사드립니다.

제가 지난 36년간 법학교수로서 연구와 교육 및 사회봉사에 전념하다가 지난 2월 28일 자로 대과 없이 교수직에서 정년퇴임을 하게 된 것은 오로지 하나님의 은혜라고 생각합니다. 모든 영광을 하나님께 올려드립니다. 그리고 저를 오늘 이 자리까지 인도해 주신 모든 분들, 즉 저와 함께 대학에서 교수로서 동고동락해 오신 선배·동료교수님들, 정부와 기업 및 법조계 등에서 헌신적으로 봉사해 오신 동역자와 제자들, 뒤에서 물심양면으로 지원해 주고 기도해 주신 가족·친지 여러분들에게 진심으로 감사드립니다.

돌이켜 보면, 제가 경제법을 연구하는 학자로서 1986년에 훔볼트 재단의 지원으로 독일 Freiburg대학에 가서 Fritz Rittner교수님의 지도를 받을 수 있게 된 것은 큰 축복이었다고 생각됩니다. 저는 Rittner교수님으로부터 경제법이란 바람직한 경제질서를 형성하기 위하여 국가가 경제활동을 규제하는 법이라는 점과 그것을 연구하는 방법이나 자세를 배울 수 있었으며, 그 이후에도 여러 가지 현안문제를 해결함에 있어서 Rittner교수님으로부터 많은 시사를 받을 수 있었기 때문에, 지금도 Rittner교수님의 은혜를 잊을 수가 없습니다.

그리고 이 자리에 참석한 Mainz대학의 Meinrad Dreher 교수는 제가 1986년에 Freiburg대학에 가서 연구할 때에 Rittner교수의 조교를 하고 있던 사람인데, 지금은 독일과 EU의 경제법학계를 대표하는 학자가 되어서 오늘 국제학술대회에 유럽 대표로 참가해서 훌륭한 논문을 발표해 주셨습니다. Dreher교수는 제가 독일을 방문할 때마다 여러 가지 편의를 제공해 주면서 따뜻하게 배려해 주었을 뿐만 아니라, 오늘 이 자리에는 사랑하는 아내 Susanne여사와 함께 참석해 주었습니다. 그리고 Marburg대학의 Michael Kling교수는 Dreher교수의 제자이며 지금 사회를 보고 있는 황태희 교수의 친구이기도 합니다.

이와 같이 우리는 대를 이어 가면서 깊은 유대관계를 맺고 있습니다. 또 일본의 Hienuki교수와 Takigawa교수, 중국의 Wang Xiaoye교수와 Xu Shiying교수는 각각 일본과 중국의 경제법학계를 대표하는 학자들로서, 저와 함께 아시아 경제법의 발전을 위하여 활발한 교류와 협력을 하는 동시에 장차 아시아경제공동체의 형성을 위한 법적 기초를 마련하기 위해 함께 노력하고 있는 동역자들입니다. 그리고 미국에서 오신 Stuart Ghemtob변호사와 Chin, Lee Hwa변호사는 독점금지법 분야의 대표적인 전문가들입니다. 이와 같이 귀한 분들이 멀리서 오셔서 좋은 발표와 토론을 해 주셨을 뿐만 아니라 이 자리를 빛내 주신 점에 대하여 진심으로 감사드립니다.

제가 전공하고 있는 경제법은 법학분야에서는 마이너 분야입니다. 그럼에도 불구하고 저는 특별히 제자 복이 많아서 그동안 많은 제자들을 배출할 수 있었고, 또 그들이 현재 학계와 실무계에서 주도적인 역할을 담당하고 있습니다. 저는 이들의 모습을 지켜보면서, 늘 흐뭇하게 생각하면서 가슴 깊이 감사하고 있습니다. 그런데 이러한 제자들이 작년에 저를 찾아와서 저의 정년을 기념하는 논문집을 발간하겠다고 제안했을 때, 저는 잠시 망설이지 않을 수 없었습니다. 왜냐하면 그 일은 시간과 노력은 물론이고 비용이 많이 들어가는 작업으로서, 제자들에게 큰 부담을 주거나 폐를 끼칠 우려도 있었기 때문입니다.

그럼에도 불구하고, 제가 이를 굳이 만류하지 않은 것은 그것을 통하여 아직도 마이너 분야인 우리나라 경제법학의 발전에 다소라도 기여할 수 있었으면 하는 기대가 있었기 때문입니다. 평소 연구와 교육 그리고 실무에서 제기되는 여러 가지 문제들을 해결하기 위해 동분서주하고 있는 제자들이 바쁜 시간을 쪼개서 귀한 논문을 쓰고 이를 한권의 책으로 묶어서 이렇게 알차고 훌륭한 기념논문집을 발간해 준 노고에 대하여 진심으로 감사드리며, 이들이 앞으로 더욱 발전하여 우리나라 경제질서의 선진화에 더욱 크게 이바지할 수 있게 되시기를 기원합니다.

그런데 저는 아직도 다 이루지 못한 꿈이 세 가지가 있습니다. 하나는 우리나라가 명실 공히 선진국으로 진입하는 것이고, 둘은 우리나라가 하루속히 남북통일을 이룩하는 것이며, 셋은 장차 아시아에서도 EU와 같은 경제공동체가 형성되기를 바라며 그 과정에서 우리나라가 주도적인 역할을 담당하는 것입니다. 그런데 이들은 모두 제가 전공하고 있는 경제법과 깊은 관련이 있습니다. 따라서 이 자리에 참석하신 분들 중에서 저와 같은 꿈을 가지고 있는 분들이 있다면, 그 꿈을 실현하기 위하여 서로 긴밀히 협력할 수 있게 되기를 간절히 바라며, 제가 앞으로 몇 년을 더 살 수 있을지 모르지만, 저도 남은 생애 동안 그 꿈을 실현하기 위하여 저의 지식과 경험과 자원을 총동원하여 최선의 노력을 경주할 것을 굳게 약속드립니다.

끝으로 바쁘신 가운데 이 자리에 참석해서 끝까지 자리를 빛내 주신 모든 분들과 기념논문집에 옥고를 기고해 준 제자들, 품위 있는 논문집을 만들어 주신 법문사 사장님과 김제원 부장님을 비롯한 직원 여러분들, 그리고 이 자리를 준비하기 위하여 열심히 노력해 준 기념논문집간행준비위원회의 모든 분들에게 다시 한번 진심으로 감사드리며, 모든 분들에게 하나님의 축복이 함께 하시길 기원합니다. 대단히 감사합니다.

(2015. 3. 30)

2. 대학원 강의

서울대에서 정년퇴임을 한 뒤에는 동 대학원에서 경제법 강의를 한 강좌 담당해 왔는데, 그 강의는 2019년 말까지 계속되었다. 나는 이 대학원 강의를 매우 의미있는 기회라고 생각하고 있었기 때문에 정성을 다하여 열심히 가르쳤다. 당시에 그 강의를 수강한 학생들은 모두 변호사 자격을 가지고 법원이나 로펌 또는 기업 등에서 관련업무를 취급하고 있거나 경제법을 전공으로 선택하여 연구하는 학생들이었다. 따라서 나는 그들과 함께 독점규제법을 비롯한 경제법 전반에서 제기되고 있는 현안문제들에 대하여 깊이 있는 토론을 할 수 있는 기회를 가지게 되었다. 대학원 강의가 통상 저녁 7시부터 10시까지 진행되었기 때문에, 강의를 마치고 귀가하면 매우 피곤할 수밖에 없는 시간이었다. 그럼에도 불구하고 전혀 피곤한 기색이 없이 즐거운 표정으로 돌아오는 나의 모습을 지켜보면서 아내는 내가 그 강의를 매우 즐기고 있는 것 같다고 말하곤 하였다.

3. 한국경쟁포럼 회장

서울대에서 정년퇴직을 한 후에 나는 연세대 명예교수이신 박길준 교수님의 권유로 한국경쟁포럼의 회장직을 맡아서 4년간 봉사하였다. 한국경쟁포럼은 2005년에 설립된 연구모임으로서, 그 회원은 독점규제 및 공정거래법 관련분야에 종사하고 있는 전문가들로 구성되어 있으며, 매월 1회 정기적으로 세미나를 개최하여 경쟁관련 법과 정책을 중심으로 주제발표를 한 뒤에 토론을 전개하고 있다.

이 모임의 회원들은 공정위에서 관련법을 집행하고 있는 전·현직 간부들과 대학에서 이를 전공하고 있는 법학교수와 경제학 교수, 그리고 로펌에서 공정거래 관련업무에 종사하고 있는 법률가들로 구성되어 있다는 특징을 가지고 있다. 따라서 나는 이 모임을 활발하게 운영하게 되면 독점규제법과 공정거래관련법의 발전에 상당한 기여를 할 수 있을 것으로 보고, 이 모임의 활성화를 위하여 열심히 노력하였다. 그 구체적인 방안으로 매월 개최되는 정기 세미나의 주제와 발표자를 엄선하여 회원들의 적극적인 참여를 독려하면서, 1년에 한 번씩 공개세미나를 개최하여 주요 현안문제들에 대하여 자유롭게 토론할 수 있는 기회를 마련하는 동시에, 한국개발연구원(KDI)을 방문하여 소속 공정거래팀과 공동으로 세미나를 개최하는 등 여러 가지로 다양한 활동을 전개하려고 노력하였다.

4. 독점규제법 관련 서적

독점규제법

우리나라의 경제규모가 커지고 시장경제와 자유롭고 공정한 경쟁에 대한 인식이 높아짐에 따라 독점규제법에 대한 관심도 점차 증가하게 되었다. 그리고 로스쿨에서는 독점규제법을 별도의 독립된 과목으로 분리하여 가르치고 있기 때문에, 종래 경제법 교과서에서 한 부분으로 다루고 있던 독점규제법을 분리해서 단독교재로 출판할 필요가 있었다. 그리하여 2010년에는 7명의 제자들과 함께 "독점규제법"을 로스쿨 교재로 출간하게 되었다.[20] 그리고 2016년에는 제자인 서정 변호사와 함께 "독점규제법: 이론과 실무"를 출간하였다.[21] 이러한 책들은 그 후에도 계속 수정·보완되어 독점규제법에 관한 교재나 실무지침서 등으로 널리 활용되고 있다.

독점규제법 기본판례

독점규제법은 우리나라 경제질서의 기본법이다. 그런데 이 법률의 시행 초기에는 공정위가 이를 경쟁정책의 수단으로 생각하여 자의적으로 집행하는 경향이 있었다. 그러나 1997년 IMF사태 이후에 공정위가 동법을 적극적으로 집행하기 시작하면서, 공정위의 시정조치를 다투는 기업들이 늘어남에 따라 동법에 관한 소송과 법리논쟁이 급격하게 증가하게 되었다. 그 결과, 오늘날 독점규제법에 관

---

20) 권오승 외 7인, 독점규제법, 법문사, 2010.
21) 권오승·서정, 독점규제법: 이론과 실무, 법문사, 2016.

한 대법원 판결은 무려 1천여 개가 넘을 뿐만 아니라 그 내용도 아주 풍부한 것으로 알고 있다. 따라서 이제 독점규제법의 내용이나 절차를 제대로 이해하려면 동법에 관한 주요 판례를 정확히 파악하지 않으면 안 되게 되었다.

나는 학생들이나 실무가들이 독점규제법에 관한 판례를 보다 쉽게 이해할 수 있도록 하기 위하여, 제자 이민호 변호사와 함께 독점규제법에 관한 기본판례들을 선별하여, 먼저 그 판례들의 개요를 간단히 설명한 후에 주요 판결문을 그대로 실은 뒤, 각 판결에 관한 평석을 중심으로 한 참조문헌을 첨부하는 것을 내용으로 하는 "독점규제법 기본판례"를 출간하게 되었다.[22]

ASEAN 경쟁법

동남아시아국가연합(The Association of Southeast Asian Nations; ASEAN)은 동남아시아 지역의 평화와 안정 및 경제성장을 추구하고 사회·문화의 발전을 도모하기 위하여 1967년에 설립된 동남아시아의 정치, 경제, 문화공동체이다. ASEAN은 브루나이, 캄보디아, 인도네시아, 라오스, 말레이시아, 미얀마, 필리핀, 싱가포르, 태국, 베트남 등 10개 회원국으로 구성되어 있는 공동체로서, 그 인구는 6억 2천5백만 명에 달한다.

ASEAN의 회원국들은 2015년 아세안경제공동체(ASEAN Economic Community)의 출범을 앞두고 ASEAN 경제규범 중의 하나인 경쟁법 체제를 확립해 나가기로 합의했으며, 2007년 11월에 발표된 아세안

---

22) 권오승·이민호, 독점규제법 기본판례, 법문사, 2020.

경제공동체 청사진(ASEAN Blueprint)에서는 경쟁력 있는 경제공동체의 출범을 위하여 ASEAN의 회원국들에게 2015년까지 경쟁정책의 수립과 경쟁법의 도입을 요청하게 되었다. 그 결과, 2015년까지 캄보디아를 제외한 9개국이 경쟁법을 도입하였고, 캄보디아는 2016년에 경쟁법 초안을 마련하여 국회에 제출하였으나, 국회에서의 논의가 오랫동안 지연되어 2021년 9월에야 비로소 경쟁법을 제정하여 10월부터 시행하고 있다. 그런데 AEC 청사진은 ASEAN의 회원국들에게 각국의 실정에 맞는 경쟁정책의 수립과 경쟁법의 도입을 요청하였기 때문에, 회원국들의 경쟁법은 그 목적이나 내용 및 절차에 있어서 상당한 차이를 보이고 있다. 따라서 우리가 ASEAN의 경쟁법과 정책을 제대로 이해하기 위해서는 각 회원국의 경쟁법과 정책을 개별적으로 파악하지 않으면 안 된다.

한편 우리나라의 경제가 고도로 발전하고 대외거래의 규모가 급격히 증대하는 과정에서 우리 기업들이 ASEAN과 인도에 진출하는 등 그들과 교류와 협력이 늘어남에 따라 국내에서도 ASEAN과 인도에 대한 관심이 점차 커지고 있으며, 특히 문재인 정부가 2017년 11월에 신남방정책을 천명한 이후에는 그것이 더욱 고조되고 있다. 그런데 ASEAN의 회원국들은 모두 시장경제를 채택하고 있고, 또 경쟁법과 정책을 도입하여 시행하고 있기는 하지만, 아직 그 역사가 오래 되지 않았기 때문에 그 내용과 절차가 분명하지 않은 나라도 있고 또 그 집행의 시스템이나 역량이 부족하여 실효를 거두지 못하고 있는 나라도 있다.

나는 2021년 2월부터 사단법인 한국아시아경쟁연합(Korea Asia Competition Alliance; KACA)[23]의 회장직을 맡고 있는데, 최근 아시아에서는 한국과 중국 및 일본뿐만 아니라, ASEAN과 인도의 비중이 점차 증대하고 있다. 이에 한편으로는 장차 우리나라와 교류와 협력이 더욱 증가하게 될 ASEAN과 인도의 경쟁법과 정책을 정확히 파악하여 이를 관심 있는 기업들에게 널리 제공해 주기 위하여, 그리고 다른 한편으로는 그들의 경쟁법과 정책의 발전에 다소라도 이바지할 수 있는 방안을 모색하기 위하여, ASEAN과 인도의 경쟁법을 연구할 필요가 있다고 판단하여, 2021년 3월부터 젊은 연구자들과 함께 "ASEAN과 인도의 경쟁법을 연구하는 모임"을 조직하여, ASEAN과 인도의 경쟁법을 연구해 왔으며, 그 결과를 모아서 2022년 3월에 "아세안 경쟁법"이라는 책을 출간하게 되었다.[24]

5. 대한민국학술원 회원

나는 2017년 7월에 대한민국학술원의 회원으로 선임되었다. 학술원은 인문·사회과학부와 자연과학부로 구성되어 있으며, 그 회원은 각 부에 75명씩 총 150명이다. 그리고 인문·사회과학부는 6개 분과로 구성되어 있는데, 법학분야는 제4분과로 편성되어 있기 때문에, 나는 인문·사회 제4분과에 소속되어 있다. 우리 분과의 회원은 총 12명인데, 대부분의 회원들이 80세 이상의 원로학자들이어서 그 중에서는 내가 가장 젊은 층에 해당된다.

나는 처음에는 학술원의 역할이 무엇인지 그리고 어떠한 활동을 하는지를 잘 알지 못하였으나, 해가 지나면서 차츰 그 역할과 활동

---

23) 한국아시아경쟁연합 홈페이지(http://asiacompetition.org/) 참조.
24) 권오승·김원준·최요섭, 아세안 경쟁법, 법문사, 2022.

에 대하여 잘 이해할 수 있게 되었다. 그런데 내가 학술원에서 받은 느낌은 회원들이 각 분야를 대표하는 대학자들로 구성되어 있기 때문에, 그 권위가 대단히 높고 학계의 존경도 받고 있지만, 연세가 높으신 회원들이 많아서 그 분위기는 그다지 활발하지 않은 것 같다.

시대와의 대화

교육방송(EBS)에서는 해마다 특별기획 프로그램으로 "시대와의 대화"라는 다큐멘터리를 제작하여 방영하고 있다. 이 프로그램은 평생 동안 학문에 전념해 온 대한민국학술원 회원들의 업적과 삶을 영상으로 기록한 인터뷰로서, 그동안 역사, 고전문학, 인류학, 법학, 물리학, 생물학, 심리학, 스포츠 등 다양한 분야의 석학들이 출연해 왔다. 2019년에는 학술원 회원 중 네 분을 선정하여 '시대와의 대화'라는 프로그램을 제작하여 방영하게 되었는데, 법학분야에서는 내가 출연자로 선정되어 그동안 경제법의 연구와 교육 및 그를 통한 사회봉사를 위하여 살아온 삶의 여정을 "시대와의 대화-3부-경제법 학자 권오승"이라는 이름의 영상으로 제작하여 방영하게 되었다. 이 프로그램은 2019년 12월 9일 오후 1시부터 50분 동안 방영되었는데, 지금도 유튜브(YouTube) EBS Documentary에서 시청할 수 있게 되어 있다.

6. 박병호 교수님의 은혜

나는 서울대 법대에 입학한 후 농촌법학회라는 동아리에 가입하여 열심히 활동하였다. 그런데 그 학회의 지도교수가 박병호 교수님이셨다. 나는 1969년 겨울방학 농촌봉사활동에 참가해서 박 교수님을 처음 뵙게 되었다. 1970년부터는 내가 농촌법학회의 회장직을 맡게 되면서 학회 활동을 더 열심히 하게 되었고, 1971년에는 우리나라의 정치상황이 더욱 악화되면서 대학생들의 민주화 시위가 가열되었다. 당시에 서울대에서는 법대와 문리대가 학생운동을 가장 열심히 하는 편이었고, 법대에서는 학생회가 중심이 되어 학생운동을 전개하고 있었다. 그런데 학생회의 회장과 총무 그리고 대의원회의 의장 등이 농촌법학회 회원들이었기 때문에, 나도 학생운동에 적극적으로 가담하고 있었다.

그런데 아주 공교롭게도 박 교수님이 법대에서 학생지도를 담당하는 학생과장을 맡게 되셨다. 그리하여 우리들과 박 교수님 사이에는 미묘한 긴장관계가 유지되고 있었다. 사적으로는 매우 가까운 관계이지만, 공적으로는 서로 대립하는 긴장관계, 즉 우리는 학생운동을 주도하는 편에 서 있었고, 박 교수님은 이를 저지하는 입장에 서 계셨다. 그럼에도 불구하고 당시에는 교수와 학생들 사이에 기본적인 신뢰관계가 형성되어 있었기 때문에, 교수와 학생들 간의 불신이나 충돌은 없었다. 교수들은 군사정권의 장기집권에 반대하기 위하여 학생운동을 전개하고 있는 학생들의 충정을 이해해 주셨고, 학생들은 이를 저지할 수밖에 없는 교수님들의 입장을 어느 정도 이해하고 있었다.

그런데 학생들의 시위가 점차 격화하면서 경찰들이 이를 강력히 저지하기 시작하자, 대학의 분위기는 더욱 위태롭게 바뀌게 되었다. 하루는 우리 학생들이 학교 캠퍼스에서 온종일 시위를 하고 있다가 저녁이 되어 귀가할 시간이 되었는데, 정문 밖에는 형사들이 학생 대표들을 체포하기 위하여 기다리고 있었기 때문에, 학생대표들은 학교 밖으로 나가지 못하고 캠퍼스에 머물러 있었다. 그런데 박 교수님이 그러한 사정을 전해 듣고서 학장님의 승용차[25]에 우리 대표들을 태워 가지고 시내로 가서 형사들이 따라오지 못할 만한 곳에 내려주고 퇴근하신 적도 있었다. 그리고 상황이 더욱 악화되어 형사들이 우리 학생대표들을 검거하려고 개인 숙소나 하숙집까지 찾아오게 되었기 때문에, 우리들은 저녁마다 들어가서 잘 곳이 없어서 고민한 적도 있었다. 우리는 그야말로 염치불구하고 등잔 밑이 어둡다는 속담에 의지하여, 당시 서대문구 불광동에 있던 박 교수님의 자택에 들어가서 며칠 동안 신세를 진 적도 있었다.

그런데 어느 날 저녁에 우리가 박 교수님 댁에서 오락 삼아 고스톱을 치고 있다가 저녁 10시가 넘어서 퇴근하신 박 교수님에게 들킨 적이 있었다. 그러나 박 교수님은 우리를 꾸짖지 않으시고 빙그레 웃으시면서 우리가 묵고 있는 방으로 들어오셔서 우리들과 함께 고스톱을 치고 계시다가, 이제 그만 자라고 하시면서 안방으로 들어가셨다. 그런데 그 다음 날 아침에 우리가 일어나서 이부자리를 정리하다가 요 밑에 놓여 있는 봉투 하나를 발견하게 되었는데, 그 속에는 상당한 액수의 현금과 함께 "어젯밤에 고스톱 칠 때에

---

25) 당시에는 법대에 승용차가 학장님이 타시는 관용차 한 대밖에 없었다.

보니까, 너희들에게 돈이 없는 것 같더라. 이 돈을 가지고 목욕도 하고 식사도 하면서 건강하게 잘 지내기 바란다."고 적힌 메모지가 들어 있었다. 우리는 그것을 보면서 아무 말도 하지 못하고 한참 동안 멍하니 앉아 있었던 기억이 있다.

그리고 박 교수님은 인간적으로 정말 따뜻하고 자상하신 선생님 이시다. 내가 1986년에 독일로 유학을 갈 때에는 우리 가족을 강남 에 있는 유명한 한식당으로 초대하여 한우갈비를 사 주시면서 잘 다녀오라고 격려해 주셨으며, 1992년에 서울대에 경제법 교수로 임 용될 때에는 법대의 학장으로 계시면서 경제법 교수의 TO를 마련 해서 그 자리에 내가 채용될 수 있도록 도와주시기도 하셨다. 또 2017년에는 내가 대한민국학술원의 회원으로 선임될 수 있도록 도 와 주셨다. 이처럼 나는 서울대 법대에 재학하던 학창시절부터 법 학교수가 되어 교수로 살아오는 과정에서 박 교수님으로부터 많은 은혜를 받았다.

7. 한동대학교 석좌교수

한동대와 인연

1987년 한동대가 1988년부터 법학부를 신설하기로 결정한 후에, 신설된 법학부를 이끌어 나갈 전임교수를 채용하기 위하여 노력하 는 과정에서, 고 김영길 총장님이 나에게 전화로 법학부를 이끌어 나갈 좋은 교수를 추천해 달라는 부탁을 하셨다. 김 총장님은 딱 한마디로 '좋은 교수'라고 말했지만, 그 좋은 교수의 요건은 만만치 않은 것으로 보였다. 왜냐하면 한동대는 기독교대학이니까, 전임교수는 반드시 크리스천이어야 할 것이고, 학문적으로는 대학교수가 될 수 있는 충분한 자격과 능력을 갖추고 있어야 할 뿐만 아니라, 포항에 내려가서 근무할 수 있는 준비가 되어 있는 사람이어야 하기 때문이다. 나는 주위에 그러한 요건을 갖춘 사람이 있는지를 찾아보았으나, 적절한 후보자를 찾지 못하여 망설이고 있었다.

그런데 연말이 다가오자 김 총장님이 다시 전화를 해서, 전임교수의 채용이 매우 급하니까 교수추천을 서둘러 달라고 독촉하셨다. 나는 김 총장님께 주변에서 두루 찾아보았으나 남자들 중에는 적절한 후보자가 보이지 않는다고 하면서, 혹시 여자라도 괜찮겠느냐고 물었더니, 한동대는 남자와 여자를 가리지 않는다고 하셨다. 나는 당시 국내에서 나의 지도로 민법을 연구하여 법학박사학위를 취득하고 독일 함부르크대학 막스 프랑크 연구소에 가서 박사후과정을 밟고 있던 신은주 박사에게 연락해서 한동대에서 전임교수를 채용한다고 하는데 지원할 의사가 있느냐고 물었더니, 그럴 의사가 있다고 하였다. 이에 김 총장님에게 신은주 박사를 추천하였으며, 그가 1988년에 한동대 법학부의 제1호 전임교수로 채용되어 지금까지 한동대에서 민법을 가르치고 있다.

나는 이제 갓 설립된 법학부에 교육경험이 전혀 없는 제자를 신임교수로 보내놓고서, 그가 과연 여러 가지 일을 잘 감당해 나갈 수 있을지 궁금하기도 하고 또 염려도 되었다. 그런데 당시에 나는 안식년을 맞이하여 1년간 미국 보스턴에 있는 하버드대학에 방문교수로 갈 준비를 하고 있었다. 그러나 갑자기 밀려온 IMF사태로 인하여 정부가 모든 공무원들의 해외출장을 동결하여 출국을 하지 못하고 있는 상태이었다. 그런데 김 총장님이 나에게 한동대에 와서 교수들에게 특강이나 간증을 해달라고 부탁하기에, 포항에 내려가서 특강 겸 간증을 한 뒤에 김 총장님과 환담하는 자리에서 내가 안식년으로 미국에 가서 1년간 연구할 예정이었으나, IMF사태로 인하여 출국하지 못하고 있다고 이야기했더니, 김 총장님은 미국에 가지 말고 한동대에 내려와서 강의를 해달라고 부탁하셨다. 나는 그 부탁을 거절하기가 어려워서, 한 학기 동안 한동대 법학부에서 강의를 하기로 약속하고, 매주 수요일 아침에 김포공항에서 비행기를 타고 포항에 가서 법학부 3학년 학생들에게 채권법 강의를 하게 되었다.

그리고 한동대에서는 2002년에 국내 최초로 미국식 로스쿨을 개설하여 운영하기로 하고, 서울에서 학생들을 모집하기 위한 설명회를 개최하게 되었다. 그런데 김 총장님이 신은주 교수를 통하여 나에게 그 자리에 와서 로스쿨에 진학할 예비학생들에게 한동대 로스쿨의 특징과 전망에 대하여 설명하는 강연을 해 달라는 부탁을 하셨다. 내가 무슨 이야기를 하면 좋겠냐고 물었더니, 무슨 이야기라도 좋으니 권 교수가 알아서 해달라고 하셨다. 그래서 나는 어떤 이야기를 하는 것이 좋을까 하고 고민을 하다가, "왜 미국식 로스쿨을, 한국에서 하려고 하는지?"에 대하여 질문을 한 뒤에, 거기에 답변하는 형식으로 강연을 하게 되었다.

우선, 우리가 미국식 로스쿨에 진학하는 이유는 미국법을 배우기 위한 것이다. 그런데 미국법을 배우는 목적은 사람에 따라 다를 것이다. 그가 미국인의 경우에는 자국에서 법률가로 활동하기 위한 것이 보통이겠지만, 외국인인 경우에는 그 목적이 서로 다를 수 있을 것이다. 미국법은 오늘날 단순히 미국에서만 적용되는 법이 아니라, 유럽에서 널리 통용되고 있는 EU법과 함께 전 세계에서 일반적으로 승인하고 있는 글로벌 스탠더드(global standard)의 하나로 인정되고 있다. 따라서 미국법에 대한 공부를 통하여 글로벌 스탠더드를 이해하려고 하는 것이 될 수도 있을 것이다. 그런데 우리가 미국법을 공부하려면 미국에 가서 공부할 것이지, 왜 그렇게 하지 않고 한국에서 미국법을 공부하려고 하는가? 여기에는 등록금과 생활비 등과 같은 현실적인 문제도 있겠지만, 그보다 더 중요한 이유는 장차 우리가 꿈꾸고 있는 아시아연합(Asian Union)과 깊은 관련이 있을 수 있다는 점이다. 우리는 먼저 미국법에 대한 공부를 통하여 글로벌 스탠더드를 이해한 다음에, 이를 한국을 비롯한 아시아 여러 나라의 법과 비교·연구함으로써, 장차 우리가 꿈꾸고 있는 아시아연합을 형성하기 위한 법적 토대를 마련하는 동시에, 그러한 사회에서 함께 일할 수 있는 능력을 배양하기 위한 것이다.

그런데 그 자리에는 한동대 측에서 총장님과 보직교수님들을 비롯하여 여러 교수들이 참석하고 있었지만, 예비학생들은 그리 많이 참석하지 않았다. 그러나 그 일이 있는 후에 김 총장님은 한동대 로스쿨에 대하여 이야기할 기회가 있을 때마다 아시아연합(AU)에 대한 언급을 빼놓지 않으셨다고 하는 것을 보면, 그날 내가 한 강연이 한동대 로스쿨의 비전 형성에 상당한 기여를 하였던 것으로 보인다. 그 이후에도 나는 기회가 있을 때마다 한동대를 방문하여 특강도 하고 간증도 하면서 계속 긴밀한 관계를 유지해 왔다. 그리고 2014년에는 내가 서울대에서 배출한 마지막 제자라고 할 수 있는 조혜신 교수가 한동대에 전임교수로 임용되어 경제법 등을 가르치면서, 학생들을 지도하고 있다.

석좌교수

나는 한동대 법학부에 있는 제자 신은주 교수의 주선으로 2020년 3월 1일 자로 한동대의 석좌교수로 임명되었다. 나는 70세가 넘은 나이에 젊은 학생들에게 강의를 할 수 있다는 것을 매우 감사하게 생각하며, 매주 한번 포항에 내려가서 법학부와 대학원 법학과에서 강의를 할 구상을 하고 있었다. 그러나 갑자기 일어난 코로나 19 사태로 인하여 대면강의를 하기가 어려웠기 때문에, 당분간 학생 수가 그리 많지 않아서 대면강의를 할 수 있는 대학원 강의만 하고, 학부 강의는 후일로 미루게 되었다. 그러다가, 지난 2021년 2학기에는 학부에서 법학입문 강의도 담당하게 되었다.

나는 매 학기 강의를 하기 위하여 1주일에 한번씩 포항에 다녀오고 있는데, 그 일정은 대체로 다음과 같다. 아침 8시 20분경에 서초구 방배동에 있는 자택을 출발하여 지하철로 서울역에 가서 포항행 KTX를 타고 포항역에 도착해서 다시 택시를 타고 한동대에 들어가면 12시경이 된다. 캠퍼스에서 몇몇 대학원 학생들과 함께 구내식당에서 점심식사를 하고, 교정에 있는 벤치에 앉아서 커피나 차를 마시면서 그들과 환담을 하면서 휴식을 취한 후에, 오후 1시 반부터 4시 반까지 대학원 강의를 하고나서, 연구실에서 잠시 학생들과 면담을 한 뒤에 다시 택시를 타고 포항역으로 가서 서울행 KTX를 타고 서울역에 내려서 지하철로 방배동에 있는 집에 도착하면 저녁 9시 20분경이 된다. 이처럼 매주 3시간의 강의를 하기 위하여 13시간 정도를 보내고 있는 셈이다.

그리고 2021년 2학기에는 학부에서 법학입문 강의도 담당하게 되었는데, 학부 강의는 아침 10시에 시작되기 때문에, 집에서 새벽 5시 반에는 출발해야 서울역에서 6시 25분에 출발하는 포항행 KTX를 타고 포항역에 가서 택시를 타고 학교에 도착하면 9시 반경이 된다. 그렇게 해서 10시부터 75분간 학부강의를 하고나서, 점심 식사를 한 후에 오후 1시 반부터 3시간 동안 대학원 강의를 한 뒤에 다시 택시를 타고 포항역으로 가서 오후 5시 반 서울행 KTX로 서울역에 도착해서 지하철로 방배동 집에 돌아오면 저녁 8시 반경이 된다. 이처럼 집에서 학교까지 거리가 멀어서 왕복하는 데 시간이 많이 걸리는 것이 다소 부담스럽기는 하지만, 매주 젊은 학생들을 만나서 그들에게 내가 평생 동안 연구와 교육 및 실무경험 등을 통하여 쌓아온 지식과 경험 및 지혜를 나누면서 그들과 교제할 수 있는 기회를 갖는다는 것은 아주 보람 있고 즐거운 일이라고 생각된다. 2022년 1학기에는 대학원 강의만 담당하였는데 2학기에는 다시 학부강의도 할 예정이다.

8. 최근에 발표한 짧은 글들

대학에서 정년퇴직을 한 이후에는 비교적 시간의 여유가 있는 편이어서, 원고청탁이 오면 가급적 이를 거절하지 않고 수락하려고 노력하고 있다. 그 중에서 최근에 발표한 짧은 글 몇 가지를 소개하면 다음과 같다.

공정거래위원회의 우선과제

대한민국의 경제질서는 개인과 기업의 경제상의 자유와 창의를 존중하는 시장경제를 기본으로 하고 있다(헌법 제119조 제1항). 그런데 시장경제가 정상적으로 작동하기 위해서는 시장에 자유롭고 공정한 경쟁이 유지되고 있어야 한다. 그러나 실제의 시장에는 자유롭고 공정한 경쟁을 제한하거나 저해하는 요소들이 많이 있다. 그 대표적인 것이 불합리한 정부규제, 재벌에 의한 경제력 집중, 독점이나 과점, 경쟁제한적인 기업결합, 부당한 공동행위, 불공정거래행위 등이다.

우리나라는 1960년대 이래 정부가 단기간에 고도성장을 이룩하기 위하여 소수의 능력 있는 기업을 집중적으로 지원하여 수출을 장려하는 정책을 추진해 왔다. 그 결과, 1980년대에는 신흥공업국의 대열에 편입되었으며, 2000년대에는 10대 교역국에 포함될 정도로 큰 성과를 거두었다. 그러나 그 이면에는 불합리한 정부규제와 과도한 경제력 집중 및 독과점적 시장구조, 경쟁제한적이거나 불공정한 거래관행 등과 같은 폐해가 나타나서, 시장이 정상적으로 작동하지 않는 현상이 나타나게 되었다. 이에 정부는 1980년부터 시장경제의 기능을 회복하기 위하여 불합리한 정부규제를 완화하기 위하여 노력하는 한편, 자유롭고 공정한 경쟁을 촉진하기 위해 「독점규제 및 공정거래에 관한 법률」(이하 '독점규제법'이라 한다)을 제정해 시행하고 있다. 독점규제법은 자유로운 경쟁을 제한하는 시장지배적 지위 남용, 경쟁제한적인 기업결합 및 부당한 공동행위를 금지 또는 제한할 뿐만 아니라, 과도한 경제력 집중을 억제하기 위해 지주회사 등의 행위 제한, 대규모기업집단에 대한 상호출자와 순환출자의 금지, 계열회사에 대한 채무 보증의 금지, 금융·보험회사의 의결권 제한, 대규모내부거래의 이사회 의결 및 공시, 부당지원행위의 금지 등의 규제를 하고 있다. 그리고 불공정한 경쟁이나 거래를 막기 위하여 각종 불공정거래행위를 금지하는 동시에, 「하도급거래 공정화에 관한 법률」(이하 '하도급법'이라 한다), 「가맹사업거래 공정화에 관한 법률」(이하 '가맹사업법'이라 한다), 「대규모유통업에서의 거래 공정화에 관한 법률」(이하 '대규모유통업법'이라 한다) 등을 제정하여 시행하고 있다. 그리고 이러한 법률의 집행은 공정거래위원회(이하 '공정위'라 한다)가 담당하고 있다.

공정위의 과제나 업무는 크게 네 가지로 나누어진다. 첫째로, 자유로운 경쟁질서의 확립이다. 독과점적 시장구조의 개선과 시장지배적 지위 남용 금지, 경쟁제한적인 기업결합의 제한, 부당한 공동행위의 금지가 여기에 해당된다. 둘째로, 공정한 거래질서의 확립이다. 불공정거래행위의 금지와 하도급법, 가맹사업법 및 대규모유통업법의 집행 등이 여기에 해당된다. 셋째로, 과도한 경제력 집중의 억제이다. 지주회사 등의 행위 제한, 대규모기업집단의 상호출자와 순환출자의 금지, 계열회사에 대한 채무 보증의 금지, 금융·보험회사의 의결권 제한, 대규모내부거래의 이사회 의결 및 공시 등의 규제, 부당지원행위의 금지 등이 여기에 해당된다. 넷째로, 소비자 보호의 업무이다. 「소비자기본법」, 「제조물책임법」, 「표시·광고의 공정화에 관한 법률」, 「전자상거래 등에서의 소비자보호에 관한 법률」, 「약관의 규제에 관한 법률」, 「할부거래에 관한 법률」, 「방문판매 등에 관한 법률」 등의 시행이 여기에 해당된다.

그런데 문재인 정부에 들어와서는 공정위가 이러한 과제나 업무들 중에서, 이른바 '갑을(甲乙)관계'에서 나타나는 각종 불공정한 거래관행의 시정을 통하여 을의 눈물을 닦아주는 업무에 집중하느라,

독과점적 시장구조의 개선이나 시장지배적 지위의 남용금지, 경쟁
제한적인 기업결합의 제한을 통하여 자유로운 경쟁질서를 확립하기
위한 업무는 물론이고, 소수의 재벌에 의한 과도한 경제력 집중을
억제하기 위한 업무에는 그 역량을 집중하지 못하고 있는 것으로
보인다. 우리나라에는 갑을관계가 장기간 고착되어 있는 데다가 갑
의 불공정한 거래관행으로 인하여 피해를 받고 있는 을의 숫자가
매우 많을 뿐만 아니라, 그 피해가 심각한 상태에 이르고 있는 경
우가 많은 것이 사실이다. 이러한 상태에서 공정위가 을의 눈물을
닦아주기 위해 불공정한 거래관행의 시정에 치중하는 것은 당연한
일이며, 특히 정무적인 관점에서 보면 그것이 더 시급한 과제로 보
일 수도 있다.

그러나 공정위가 제한된 인력과 예산으로 을의 눈물을 닦아 주
기 위해 노력하느라, 그 본연의 업무인 독과점적 시장구조의 개선
및 시장지배적 지위의 남용 금지, 경쟁제한적인 기업결합의 제한
등을 통한 자유로운 경쟁질서의 확립과 과도한 경제력 집중의 억제
에 소홀하게 된다면, 그것은 문제라고 하지 않을 수 없다. 그것이
문제가 되는 이유는, 갑을관계가 장기간 고착되어 있는 산업이나
갑의 불공정한 거래관행으로 인해 피해를 받고 있는 을의 숫자가
많고, 또한 그 피해가 심각한 분야는 대체로 갑이 속한 산업이나
시장의 구조가 독과점화되어 있는 데다가 수직적 분업 구조로 되어
있는 경우가 많기 때문이다.

그런데 이러한 구조 하에서는 피라미드의 하단에 있는 을이 그
상단에 있는 갑의 불공정하거나 불합리한 거래의 제안을 거절하고
다른 거래처를 선택할 수 있는 여지가 거의 없기 때문에, 을의 피

해를 예방하거나 이를 효과적으로 구제하기가 매우 어렵다는 점이다. 따라서 갑을관계에서 나타나는 불공정한 거래관행과 그로 인한 피해를 효과적으로 시정하기 위한 근본적인 대책은 갑을관계를 형성하는 산업이나 시장의 구조, 즉 독과점적 시장구조를 경쟁적인 시장구조로 개선하는 방안이 되어야 할 것이다. 다시 말하자면, 공정위가 불공정한 거래관행을 시정하기 위해 사용할 수 있는 단기적인 처방은 그러한 거래를 강요하는 갑의 행태를 직접 규제하는 것이지만, 보다 근본적인 처방은 그러한 거래관행이 발생하는 산업이나 시장의 구조를 개선하여 당사자들이 그러한 갑을관계에서 벗어나서 자유로이 거래처를 선택할 수 있는 환경을 만들어 주는 것이라고 할 수 있다. 단기적인 처방은 우선 시행하기는 쉽지만 그 효과가 크지 않을 뿐만 아니라 오래 지속되지도 않는다는 단점이 있고, 근본적인 처방은 그것을 시행하기는 어렵지만 그 효과가 크고 오래 지속된다는 장점이 있다. 따라서 공정위는 단기적인 안목으로 불공정한 거래관행을 시정하기 위해 노력하기보다는, 장기적인 안목으로 그러한 거래관행이 발생하는 산업이나 시장의 구조를 경쟁적인 구조로 개선하기 위해 노력하는 것이 바람직할 것이다.

최근에 나라 안팎을 시끄럽게 하고 있는 일본의 수출제한 조치도 이러한 산업 내지 시장의 구조, 즉 소수 재벌 중심의 독과점적 시장구조와 무관하지 않은 것으로 보인다. 왜냐하면, 그것은 우리나라의 대기업들이 오랫동안 일본 기업들이 제공하는 부품이나 소재에 전적으로 의존해 오고 있는 산업 내지 시장의 구조와 관련이 있기 때문이다. 따라서 우리가 이러한 문제를 제대로 해결하기 위해서는 일본 정부의 오만한 태도를 비난하거나 일본 제품에 대한 불매운동과 같은 감성적인 대응에 그치지 말고, 차제에 중소기업 중심으로 되어 있는 우리나라의 부품·소재산업을 적극적으로 육성해서 우리나라 기업의 일본 기업에 대한 의존도를 획기적으로 줄여 나갈 수 있는 방안을 강구할 필요가 있다. 그렇게 함으로써, 우리가 당면하고 있는 일본의 수출 제한 조치라는 위기를 우리나라 기업의 경쟁력을 제고하는 동시에, 대기업과 중소기업이 상생할 수 있는 생태계를 조성하는 전화위복(轉禍爲福)의 계기로 삼을 수 있게 되기를 간절히 기원한다(경쟁저널 제200호, 2019.8.).

공정경제, 어디까지 왔는가?

우리나라는 시장경제를 경제질서의 기본으로 삼고 있다. 시장경제가 정상적으로 작동하기 위해서는 시장에 자유롭고 공정한 경쟁이 유지되고 있어야 한다. 그러나 우리나라에는 자유롭고 공정한 경쟁을 저해하는 요인들이 많이 있다. 그 대표적인 것들이 소수의 재벌에 의한 과도한 경제력집중과 독과점기업에 의한 경쟁제한행위와 불공정거래행위 등이다. 따라서 정부는 시장경제가 정상적으로 작동하도록 하기 위하여, 1980년에 독점규제 및 공정거래에 관한 법률을 제정하여 이들을 규제해 오고 있다. 그럼에도 불구하고 경제력집중이 완화되지 않고, 각종 경쟁제한행위와 불공정거래행위가 근절되지 않고 있다.

이에 문재인 정부는 '정의로운 대한민국'이라는 국가비전을 실현하기 위한 5대 국정목표의 하나로 '더불어 잘사는 경제'를 제시하고, 이를 실현하기 위한 5대 국정전략의 하나로 '활력이 넘치는 공정경제'를 제시한 뒤, 그 구체적인 실천과제로서 ① 공정한 시장질서 확립, ② 재벌 총수 일가 전횡 방지 및 소유·지배구조 개선, ③ 공정거래 감시 역량 및 소비자 피해 구제 강화, ④ 사회적 경제 활성화, ⑤ 더불어 발전하는 대·중소기업 상생 협력 등을 제시하고, 이를 실현하기 위해 열심히 노력하고 있다.

이러한 과제들 중에서 국회의 입법이 필요한 사항들은 야당의 협조를 얻지 못하여 좌절된 것들도 있긴 하지만, 그 밖의 사항들에 대하여는 상당한 성과를 거둔 것으로 평가된다. 따라서 문재인 정부가 남은 임기동안 기존의 성과를 잘 관리하면서, 다음 국회에서 입법과제들을 원만하게 해결하는 등 미진한 과제들을 실현하기 위하여 꾸준히 노력하게 되면 조만간 '활력이 넘치는 공정경제'의 실현에 한 걸음 다가설 수 있을 것이라는 기대를 모았다.

그런데 2020년 초에 갑자기 발생한 코로나19 사태로 인하여 사정은 완전히 바뀌어 버렸다. 이 사태는 기본적으로 국민의 생명과 건강을 위협하는 보건 위생에 관한 것이지만, 그로 인한 사회적 거리두기가 경제와 사회에 미치는 영향이 지대하기 때문에, 그 파장은 IMF 외환위기나 제2의 금융위기 때보다 더 심각할 것으로 예상된다. 이러한 경제위기는 경제력집중과 양극화를 더욱 심화시켜서 불공정의 문제를 더욱 크게 부각시킬 가능성이 있다. 따라서 문재인 정부는 이러한 경제위기를 극복하기 위하여 노력하는 과정에서 그동안 추진해 온 국정목표와 국정전략을 시대적 요구에 맞게 재정립할 필요가 있을 것이다.

이에 필자는 문재인 정부가 '활력이 넘치는 공정경제'라는 국정전략의 실천과제들을 근본적으로 수정할 필요가 있다고 생각한다. 왜냐하면 우리나라 경제에서 자주 발생하고 있는 불공정의 문제는 소수 재벌 중심의 독과점적 시장구조와 깊은 관련이 있는데, 그동안 정부가 추진해 온 실천과제들은 이러한 구조 자체를 개혁하는 것이 아니라 그 폐해를 시정하는 데 그치는 측면이 강하였기 때문이다.

따라서 문재인 정부는 공정경제를 실현하기 위하여 소수 재벌 중심의 독과점적 시장구조를 개별기업 중심의 경쟁적인 시장구조로 개혁하는 근본적인 대책을 강구할 필요가 있다. 이를 위한 실천과제로서는 ① 재벌의 총수가 소수의 지분으로 그룹 전체를 선단식으로 경영할 수 있게 하는 순환출자의 금지와 지주회사제도의 개선을 통하여 재벌총수의 전횡을 막고 계열기업의 독립경영을 보장하며, ② 독과점적 시장구조를 개혁하는 동시에 독과점의 폐해를 엄격히 규제함으로써 자유롭고 공정한 경쟁질서를 확립하고, ③ 수직적 거래구조를 개혁하여 불공정한 거래가 자주 발생하는 환경을 개선하며, ④ 대기업과 중소기업이 가격과 품질을 중심으로 공정하게 경쟁하면서 서로 협력할 수 있는 여건을 조성하고, ⑤ 소비자의 피해구제를 강화하기 위한 제도적 기반을 마련하기 위하여 노력할 필요가 있다.

이러한 근본적인 대책들은 이를 마련하기도 어렵지만, 실현하기는 더욱 어렵고, 또 실현하더라도 단기간에 소기의 성과를 거두기는 매우 어렵다. 그러나 조만간 닥쳐오게 될 경제위기가 양극화를 증폭시켜서 불공정의 문제가 더욱 악화될 우려가 있다는 점을 감안하면, 지금이야말로 근본적인 대책을 강구할 적기라고 할 수 있다. 만약 문재인 정부가 남은 임기동안 코로나19 사태로 인한 경제위기를 극복하기 위해 노력하는 과정에서, 불공정의 문제를 해결하기 위한 근본적인 대책을 마련하여 실현할 수 있다면, 코로나19 사태로 인한 경제위기는 공정경제의 실현을 통하여 우리 나라 경제질서를 선진화할 수 있는 전화위복의 기회가 될 수도 있을 것이다(경제연리포트 통권 20호, 2020.5.).

소비자법 40년: 소비자주권시대를 향한 과제

(1) 소비자법의 전개과정

우리나라에서는 소비자보호법이 1980년 1월에 제정되었다. 그러니까 동법은 벌써 40년의 역사를 가지고 있다. 소비자보호법은 대량생산, 대량판매, 대량소비가 일반화하고 있는 산업사회에서 나타나는 다양한 소비자피해를 효과적으로 해결하기 위하여, 소비자의 기본적인 권리와 책무를 선언하는 동시에, 소비자의 권리를 실현하기 위하여 국가 및 지방자치단체와 사업자가 부담하는 책무에 대하여 규정하고 있었다. 특히 국가 및 지방자치단체는 관련법령 및 조례를 제정 및 개폐할 의무를 부담하고 있는데, 이에 따라 국가는 약관규제법(1986), 할부거래법(1991)과 방문판매법(1991), 표시·광고법(1999), 제조물책임법(2000), 전자상거래법(2002) 등을 제정하여 시행하고 있다. 그리고 1986년에는 국민소득의 증가와 소비자욕구의 다양화로 인하여 소비자보호에 관한 행정수요가 급격히 증대함에 따라 동법의 선언적인 규정을 보다 실효성 있게 개정하는 동시에, 소비자보호에 관한 기본법으로서의 성격을 명백히 하면서 소비자보호사업의 전담추진체인 한국소비자보호원의 설립근거를 마련하여 1987년부터 한국소비자보호원을 설립하여 운영하고 있다.

한편 2006년에는 소비자보호법을 소비자기본법으로 전면 개정하였다. 그 취지는 소비자정책의 페러다임을 '소비자보호' 위주에서 '소비자주권 실현' 중심으로 전환하기 위한 것이라고 설명한다. 즉, 종래 소비자보호 위주의 소비자정책에서 탈피하여 중장기 소비자정책의 수립, 소비자안전·교육의 강화 등으로 소비자권익을 증진함으로써 소비자주권을 강화하고, 시장 환경의 변화에 맞게 한국소비자원의 관할 및 소비자정책에 대한 집행기능을 공정거래위원회로 이관하며, 소비자피해를 신속하고 효율적으로 구제하기 위하여 일괄적 집단분쟁조정 및 단체소송제도를 도입하는 등 현행 제도의 운영상 미비점을 개선·보완하기 위한 것이라고 한다. 그리고 2020년에는 금융소비자의 권익을 보호하기 위하여 금융소비자보호법을 제정하였다.

(2) 소비자법의 현황과 문제점

① 소비자법의 현황

현행 소비자법은 소비자기본법과 약관규제법, 할부거래법, 방문판매법, 전자상거래법, 금융소비자보호법, 표시·광고법, 제조물책임법 등과 같은 개별 소비자보호법으로 구성되어 있으며, 그 주요 내용은 다음과 같다.

우선, 소비자기본법은 소비자의 권익을 증진하기 위하여 소비자의 권리와 책무, 국가·지방자치단체 및 사업자의 책무, 소비자단체의 역할 및 자유시장경제에 있어서 소비자와 사업자의 관계를 규정함과 아울러 소비자정책의 종합적 추진을 위한 기본적인 사항 등을 규정하고 있다. 소비자기본법은 안전의 권리, 알 권리, 선택할 권리, 의견을 반영할 권리, 피해보상을 받을 권리, 교육을 받을 권리, 단결권과 단체활동권 및 환경친화적 소비권 등과 같은 소비자의 기본적인 권리를 선언하는 동시에(법 4조), 소비자의 책무, 즉 사업자 등과 더불어 자유시장경제의 주체임을 인식하여 물품 등을 올바르게 선택하고, 소비자의 기본적 권리를 정당하게 행사하는 동시에, 스스로의 권익을 증진하기 위하여 필요한 지식과 정보를 습득하도록 노력하고, 자주적이고 합리적인 행동과 자원절약적이고 환경친화적인 소비생활을 함으로써 소비생활의 향상과 국민경제의 발전에 적극적인 역할을 다해야 할 책무를 부담한다고 규정하고 있다(법 5조).

그리고 소비자기본법은 국가와 지방자치단체의 책무, 즉 소비자의 기본적 권리가 실현되도록 하기 위하여 관계 법령 및 조례의 정비, 필요한 행정조직의 정비 및 운영개선, 필요한 시책의 수립 및 실시, 소비자의 건전하고 자주적인 조직활동을 지원·육성하는 동시에(법 6조), 위해의 방지, 계량 및 규격의 적정화, 표시·광고의 기준, 거래의 적정화, 소비자에의 정보제공, 소비자의 능력향상, 개인정보의 보호, 소비자분쟁의 해결, 소비자종합지원시스템의 구축·운영, 시험·검사시설의 설치 등을 해야 할 책무를 부담한다고 규정하고 있다(법 6조 내지 17조).

한편, 동법은 사업자의 책무, 즉 사업자는 국가 및 지방자치단체의 소비자권익 증진시책에 적극 협력하고, 소비자단체 및 한국소비자원의 소비자권익 증진과 관련된 업무의 추진에 필요한 자료 및 정보제공에 적극 협력해야 하며, 안전하고 쾌적한 소비생활 환경을 조성하기 위하여 물품 등을 제공함에 있어서 환경친화적인 기술의 개발과 자원의 재활용을 위하여 노력하고, 소비자의 생명·신체 또는 재산의 보호를 위한 국가·지방자치단체 및 한국소비자원의 조사 및 위해방지 조치에 적극 협력하여야 한다(법 18조).

그리고 사업자는 물품 등으로 인하여 소비자에게 생명·신체 또는 재산에 대한 위해가 발생하지 않도록 필요한 조치를 강구해야 하고, 물품 등을 공급함에 있어서 소비자의 합리적인 선택이나 이익을 침해할 우려가 있는 거래조건이나 거래방법을 사용해서는 안 되며, 소비자에게 물품 등에 관한 정보를 성실하고 정확하게 제공해야 하며, 소비자의 개인정보가 분실·도난·누출·변조 또는 훼손되지 않도록 그 개인정보를 성실하게 취급해야 하고, 물품 등의 하자로 인한 소비자의 불만이나 피해를 해결하거나 보상하여야 하며, 채무불이행 등으로 인한 소비자의 손해를 배상해야 한다고 규정하고 있다(법 19조).

또한, 약관규제법, 할부거래법, 방문판매법, 전자상거래법, 금융소비자보호법 등은 소비자와 사업자의 거래의 내용이나 조건의 공정화를 실현하기 위한 사항을 규율하고 있고, 표시·광고법은 상품 또는 용역에 관한 표시와 광고의 공정화에 관한 사항을 규율하고 있으며, 제조물책임법은 제조물의 결함으로 발생한 손해에 대한 제조업자 등의 책임에 대하여 규정하고 있다.

② 현행 소비자법의 한계와 문제점

현행 소비자법은 그동안 소비자피해의 구제와 예방은 물론이고 다양한 소비자권리의 실현을 통하여 소비자의 권익향상에 상당한 기여를 한 것으로 평가된다. 그러나 아직도 소비자피해가 효과적으로 구제 또는 예방되지 않고 있을 뿐만 아니라 소비자주권이 제대로 실현되지 않고 있는 것이 사실이다. 그 이유는 현행 소비자법이 일정한 한계와 문제점을 내포하고 있기 때문이라고 할 수 있는데, 그 대표적인 이유는 다음과 같다.

우선, 소비자법이 체계적으로 정비되어 있지 않을 뿐만 아니라 그 내용도 미흡하다. 소비자기본법은 기본법으로서의 성격이 분명하지 않은데다가 개별 소비자보호법과의 관계도 명확하지 않다. 소비자기본법은 대체로 기본법적 성격을 가진 규정들로 구성되어 있지만, 소비자안전과 소비자분쟁의 해결 등과 같이 개별 소비자보호법에 포함되어야 할 사항들도 함께 규정하고 있는데 그 내용이 충실하지 않아서 가습기 살균제 사건이나 BMW 자동차 화재사고와 같은 문제를 효과적으로 해결하지 못하고 있다. 그리고 개별 소비자보호법의 내용들 중에도 아직 전혀 마련되어 있지 않거나 그 내용이 부실한 경우가 많이 있다.

둘째로, 소비자정책의 추진체계가 효과적으로 작동하지 않을 뿐만 아니라 소비자정책의 수립과 집행에 소비자의 의견이 충분히 반영되지 않고 있다. 소비자기본법은 공정거래위원회에 소비자정책에 관한 기본계획을 수립할 의무를 부여하고 있고(법 21조), 소비자의 권익증진 및 소비생활의 향상에 관한 기본적인 정책을 종합·조정하고 심의·의결하기 위하여 국무총리의 소속으로 소비자정책위원회를 두고 있는데(법 23조), 소비자정책위원회는 상당히 많은 권한을 가지고 있음에도 불구하고 그 주요 구성원인 관계중앙행정기관장의 무관심과 참여 부족 등으로 그 역할을 제대로 수행하지 못하고 있다. 그리고 소비자정책의 수립과 집행이 행정부 주도로 되어

있어서 소비자나 소비자단체의 역할은 아주 미흡하며, 일반 소비자
가 참여할 수 있는 기회는 제한되어 있다.

셋째로, 소비자의 기본적인 권리를 실현하기 위한 제도들 중에
서 가장 중요한 소비자안전의 확보와 소비자분쟁의 해결을 위한 제
도와 절차가 완비되어 있지 않다. 뿐만 아니라 소비자에의 정보제
공과 소비자의 능력 향상 및 개인정보의 보호를 위한 제도도 매우
미흡한 실정이다.

넷째로, 소비자나 소비자단체가 스스로 그 피해의 구제 또는 예
방을 위하여 노력하는 경우 이를 지원하고 장려할 수 있는 제도가
제대로 마련되어 있지 않다.

끝으로, 정보통신(ICT) 기술이나 디지털경제의 발달과 같은 급격
한 경제환경의 변화와 코로나19 사태로 인한 비대면 거래의 확산
등과 같은 상황변화에 따라 나타나는 새로운 소비자문제에 대하여
효과적으로 대처할 수 있는 시스템이 마련되어 있지 않다.

(3) 소비자법의 발전방향

시장경제에서는 소비자가 주권자의 지위에 있다고 한다. 그런데
이러한 소비자주권이 실현되기 위해서는 시장에 자유롭고 공정한
경쟁이 유지되고 있어야 하고, 소비자는 사업자가 제공하는 상품이
나 서비스에 대하여 충분한 정보를 가지고 합리적인 선택할 수 있
어야 한다. 그러나 실제의 시장에는 자유롭고 공정한 경쟁을 제한
하는 요소들이 많이 있을 뿐만 아니라, 소비자는 상품이나 서비스
에 대하여 충분한 정보를 가지고 합리적인 선택을 하기가 어렵기
때문에 소비자의 권익이 침해되는 경우가 자주 발생하고 있다. 따

라서 국가는 한편으로는 자유롭고 공정한 경쟁을 촉진함으로써 소비자주권이 실현될 수 있도록 노력하면서, 다른 한편으로는 상품이나 서비스에 대하여 충분한 정보를 제공하여 소비자가 합리적인 선택을 할 수 있는 여건을 마련하는 동시에 소비자가 받은 피해를 효과적으로 구제할 수 있도록 하기 위한 노력을 경주할 필요가 있다.

그리고 이를 위해서는 위에서 살펴본 현행 소비자법의 한계와 문제점을 조속히 극복하기 위해서 노력할 필요가 있다. 우선, 소비자법의 체계와 내용을 명확하게 정비할 필요가 있다. 소비자기본법은 기본법적 성격을 분명하게 하기 위해서 동법의 내용 중에서 기본법적 성격에 부합하지 않는 규정들, 예컨대 소비자안전과 소비자분쟁의 해결 등과 같은 규정들은 이를 삭제하고, 개별 소비자보호법에서 보다 명확하게 규정하는 것이 바람직할 것이다.

둘째로, 소비자정책의 추진체계를 명료하게 정립할 필요가 있다. 소비자정책에 관한 기본계획을 수립하는 공정거래위원회의 위상을 제고하여, 소비자권익증진 및 소비생활에 관한 기본정책을 종합·조정하고 심의·의결하는 소비자정책위원회가 실질적으로 작동할 수 있는 여건을 마련하기 위하여 노력할 필요가 있다. 그리고 소비자정책의 수립과 집행에 소비자가 적극적으로 참여하여 의견을 반영할 수 있는 방안을 마련할 필요가 있다.

셋째로, 소비자의 안전을 확보하기 위한 제도를 정비할 필요가 있다.

넷째로, 소비자피해구제제도를 강화할 수 있는 방안을 마련할 필요가 있다.

다섯째로, 소비자에 대한 정보제공과 교육의 강화를 통하여 소비자가 합리적인 선택을 할 수 있게 하는 동시에 소비자단체의 역량을 강화하여 소비자주권이 실현될 수 있는 여건을 마련하기 위하여 노력할 필요가 있다.

끝으로, 정보통신(ICT) 기술이나 디지털경제의 발달과 같은 급격한 경제환경의 변화와 코로나19 사태로 인한 비대면 거래의 확산 등과 같은 상황변화에 따라 나타나는 새로운 소비자문제에 대하여 효과적으로 대처할 수 있는 시스템을 마련하기 위하여 노력할 필요가 있다(월간 소비자, 2020.10.).

독점규제법 시행 40주년을 맞이하여

금년(2021년)은 우리나라 경제질서의 기본법인 독점규제 및 공정거래에 관한 법률(이하 '독점규제법'이라 한다)이 시행된 지 40년이 되는 해이다. 우리나라는 시장경제를 경제질서의 기본으로 삼고 있는데, 시장경제가 정상적인 기능을 발휘하기 위해서는 시장에 자유롭고 공정한 경쟁이 유지되고 있어야 한다. 그러나 실제로는 자유로운 경쟁을 제한하거나 공정한 거래를 저해하는 요소나 행위들이 많이 있어서 자유롭고 공정한 경쟁이 제한되는 경우가 있기 때문에, 국가는 자유롭고 공정한 경쟁을 촉진하기 위하여 1980년 말에 독점규제법을 제정하여 1981년 4월 1일부터 시행하고 있다.

독점규제법은 시장지배적 지위남용과 경쟁제한적인 기업결합, 부당한 공동행위 및 불공정거래행위 등을 금지 또는 제한하고 있을 뿐만 아니라, 독과점시장구조의 개선과 과도한 경제력집중의 억제를 위한 규제도 하고 있다. 이 법의 집행을 담당하고 있는 공정거래위원회(이하 '공정위'라 한다)는 지난 40년간 동법의 집행을 위하여

열심히 노력해 온 결과, 부당한 공동행위와 불공거래행위 등과 같
은 행태규제에서는 상당한 성과를 거두었으나, 독과점적인 시장구
조의 개선이나 소수 재벌에 의한 경제력집중의 억제에 관해서는 소
기의 성과를 거두지 못하고 있다는 평가를 받고 있다.

그럼에도 불구하고, 현 정부에 들어와서는 공정위가 을의 눈물
을 닦아준다는 명분으로 하도급거래와 가맹사업거래, 대규모유통업
거래 및 대리점거래 등과 같은 이른바 '갑을(甲乙)관계'에서 발생하
는 각종 불공정한 거래관행을 시정하기 위하여 노력하느라, 시장지
배적 지위의 남용금지와 독과점적 시장구조의 개선 및 소수 재벌에
의한 경제력 집중의 억제를 통한 자유로운 경쟁질서의 확립을 위한
법집행에는 그 역량을 집중하지 못하고 있는 것으로 보인다. 그런
데 이러한 현상은 매우 안타까운 일이라고 하지 않을 수 없다. 왜
냐하면 그러한 노력만으로는 당장 눈에 보이는 을의 눈물을 닦아줄
수 있을지는 모르지만, 을이 눈물을 흘릴 수밖에 없는 산업의 환경
이나 시장의 구조를 개선할 수는 없기 때문이다.

우리나라에는 갑을관계가 장기간 고착되어 있는 산업이나 거래
분야가 많기 때문에, 갑의 불공정한 거래관행으로 인하여 을이 피
해를 받고 있는 경우가 많을 뿐만 아니라 그 피해가 매우 심각한
경우도 있다. 이러한 상황에서 공정위가 을의 눈물을 닦아주기 위
하여 불공정한 거래관행의 시정에 주력하는 것은 충분히 이해할 수
있는 일이라고 생각되며, 특히 민생을 중시하는 정부의 입장에서
보면 이러한 공정위의 태도는 칭찬할 만한 것이지 비난할 것은 아
니라고 할 수 있다.

그러나 갑을관계에서 갑의 불공정한 거래관행으로 인하여 피해

를 받고 있는 을의 숫자가 많고, 또 그 피해가 심각한 경우는 대체로 그 산업의 환경이나 시장의 구조가 독과점화되어 있는데다가 수직적인 분업구조로 편성되어 있는 경우라고 할 수 있다. 그리고 그러한 시장구조 하에서는 피라미드의 하단에 있는 을이 그 상단에 있는 갑의 불공정하거나 불합리한 거래의 제안을 거절하고 공정한 거래를 할 수 있는 다른 거래처를 선택할 수 있는 여지가 없는 경우가 많기 때문에, 을의 피해를 예방하거나 이를 효과적으로 구제하기가 매우 어려울 것이다. 따라서 공정위가 갑을관계에서 발생하는 갑의 횡포로 인한 을의 피해를 효과적으로 구제 또는 예방하기 위해서는 겉으로 드러나는 불공정한 거래관행의 시정에 만족하지 말고, 갑을관계를 형성하는 원인을 제공하고 있는 당해 산업의 독과점적인 시장구조와 수직적인 분업구조를 경쟁적인 시장구조로 개편하기 위하여 적극적으로 노력할 필요가 있다.

그런데 이러한 시장구조의 개편은 장기적인 과제에 해당하기 때문에 이를 실현하기도 어렵고, 또 단기간에 그 성과를 기대할 수도 없다. 따라서 정부의 임기가 끝나가는 시점에서는 이를 추진하기가 쉽지 않을 것이다. 그러나 올해는 독점규제법 시행 40주년을 맞이하는 해이기 때문에, 공정위가 지난 40년간 법집행의 성과와 한계를 객관적으로 평가하고, 그 문제점을 찾아내어 이를 개선할 수 있는 방안을 마련할 필요가 있을 것이다. 따라서 공정위는 차제에 자유롭고 공정한 경쟁질서의 확립을 저해하는 근본적인 요인이라고 할 수 있는 독과점적인 시장구조의 개편과 과도한 경제력집중의 억제를 통하여 자유롭고 공정한 시장환경을 조성하기 위한 장기적인 대책을 수립하여, 이를 강력하게 그리고 지속적으로 추진해 나가는 것이 바람직할 것이다.

경쟁원리의 확산

우리나라는 개인과 기업의 자유와 창의를 존중하는 시장경제를 경제질서의 기본으로 삼고 있다(헌법 제119조 제1항). 그런데 시장경제가 정상적으로 작동하기 위해서는 시장에 자유롭고 공정한 경쟁이 유지되고 있어야 한다. 왜냐하면, 기업들 간의 경쟁은 품질 좋고 값싼 상품이나 서비스를 공급함으로써 보다 많은 소비자의 선택을 받기 위해 노력하는 끊임없는 창조와 혁신의 과정이라고 할 수 있기 때문이다. 그리고 이러한 경쟁이 활발하게 이루어지고 있어야 기업들이 품질 개발과 원가 절감을 위한 혁신적인 노력을 통해 보다 많은 소비자의 선택을 받아 지속적으로 성장할 수 있다. 그러나 실제의 시장에는 자유롭고 공정한 경쟁을 제한하는 요소들이 많기 때문에, 시장경제가 정상적인 기능을 발휘하지 못하는 경우가 많이 있다.

이러한 경쟁을 제한하는 대표적인 요소들은 불합리한 정부규제와 독과점적 시장 구조 및 다양한 형태의 경쟁제한행위 등이다. 우리나라에서는 그 밖에 대규모기업집단(재벌)에 의한 과도한 경제력집중도 시장경제의 기능을 저해하는 중요한 요인으로 작용하고 있다. 이에 정부는 1980년대부터 불합리한 정부규제를 완화하는 동시에, 독과점적 시장구조의 개선과 경쟁제한행위의 금지를 통하여 자유롭고 공정한 경쟁을 촉진하기 위하여 노력해왔을 뿐만 아니라, 과도한 경제력집중을 억제해서 시장경제의 전제조건인 경쟁원리를 회복하기 위하여 꾸준히 노력해오고 있다. 그 결과, 많은 산업 분야에서는 자유롭고 공정한 경쟁질서가 어느 정도 확립되어 있다고 할 수 있다. 그러나 아직도 적지 않은 산업 분야에서는 정부규제와 경쟁제한 행위들로 인하여 경쟁의 원리가 제대로 실현되지 않고 있는 것으로 보인다. 따라서 우리는 이러한 산업 분야에서도 경쟁원리가 더욱 확산될 수 있도록 노력할 필요가 있다. 그 필요성은 IT 기술과 정보가 고도로 발달하고 있는 4차 산업혁명 시대에 들어와서 더욱 강조되고 있다. 그런데 이를 위해서는 우리나라보다 먼저 경쟁법과 정책을 도입해서 많은 경험과 노하우를 쌓고 있는 미국과 유럽 등 선진국의 법제와 실무경험(best practices)을 참고하는 것이 바람직할 것이다.

우선, 전력이나 가스 등과 같은 에너지산업에도 경쟁원리를 도입할 필요가 있다. 이 분야는 오랫동안 자연독점(自然獨占)산업으로서 경쟁원리가 작동하기 어려운 분야로 인식되어 왔지만, 최근에는 기술과 정보의 발달에 힘입어 이 분야에도 경쟁원리를 도입해서 좋은 성과를 거두고 있는 나라들이 많이 있다. 그러나 매우 아쉽게도 우리나라에서는 아직 이 분야에 경쟁원리가 도입되지 않고 있다. 먼저, 전력산업의 경우에는 1990년대에 산업구조의 개편을 통해 경쟁원리를 도입하려는 시도가 있었지만, 그것이 정치적인 이유 등으로 중단된 이래 오늘날까지 아무런 진전을 보지 못하고 있다. 그리고 가스 산업의 경우에는 아직 구조 개편을 위한 시도조차 나타나지 않고 있다. 그런데 우리나라에서도 기술과 정보의 발달에 따라 전력이나 가스 등과 같은 에너지산업에도 경쟁원리를 도입할 필요성이 증가하고 있으며, 이를 통해 에너지산업의 경쟁력을 제고하는 동시에 소비자의 후생을 증대할 수 있는 여지가 발생하고 있다.

그리고 철도, 버스, 택시 등과 같은 운송산업에도 경쟁원리를 확산할 필요가 있다. 현재 이 분야에는 경쟁원리가 부분적으로 도입되어 있지만, 아직 경쟁원리가 제대로 작동하지 않고 있다. 얼마 전에 세간의 이목을 끌었던 우버(Uber) 택시의 도입과 관련된 논쟁이 그 대표적인 사례라고 할 수 있다. 이미 다른 나라에서는 일반화되고 있는 우버 택시가 유독 우리나라에서만 허용되지 않고 있는 것을 보면, 우리나라에서 운송산업에 대한 정부의 규제가 얼마나 강고한지를 짐작할 수 있으며, 이를 개혁해야 할 필요성도 그만큼 크다고 할 수 있다.

한편, 의료산업이나 제약산업과 같은 보건산업에도 경쟁원리를 확산할 필요가 있다. 오늘날 IT기술과 정보의 발달은 이 분야에도 큰 영향을 미치고 있는데, 이를 효과적으로 활용하여 국민의 건강 증진에 이바지하기 위해서는 이 분야에도 경쟁원리를 도입하여 확산할 필요가 있다. 그 대표적인 사례가 인터넷을 통한 원격진료의 허용이나 제약산업에 있어서 특허권과 관련된 문제들이라고 할 수 있다. 그러나 이러한 문제는 각국의 의료 및 제약 관련 법제와 국민건강보험제도와 깊은 관련이 있기 때문에, 의료나 제약산업에 경쟁원리를 도입하기 위해 노력할 경우에는 이러한 점들도 함께 고려할 필요가 있다.

또한, 교육이나 법률 서비스와 같은 공공 서비스 분야에도 경쟁원리를 확산할 필요가 있다. 우선, 교육 분야에 경쟁원리를 제대로 도입할 필요가 있다. 이 분야에서는 대학입시경쟁이 아주 치열하기 때문에, 언뜻 보기에는 경쟁원리가 과도하게 작동하고 있는 분야인 것처럼 보이지만, 실제로는 과도한 정부규제로 인해 경쟁원리가 제대로 작동하지 않는 대표적인 분야라고 할 수 있다. 시장경제에 있어서 경쟁은 품질과 가격을 비롯한 장점(merits)을 중심으로 이루어지게 되는데, 이 분야에서는 불합리한 정부규제로 인해 경쟁이 제한되거나 크게 왜곡되고 있다.

오늘날 특히 문제가 되고 있는 것은 대학교육과 관련된 시대착오적인 규제들이다. 모든 대학들이 신입생의 선발부터 교육 과정의 편성과 운용에 이르기까지 대부분의 활동에 대해 정부의 과도한 규제를 받고 있기 때문에 대학의 자율성이 보장되지 않고 있다. 그뿐만 아니라, 대학들 간에 양질의 교육 서비스를 합리적인 가격으로 편리하게 제공해서 우수한 자질을 갖춘 인재를 발굴해서 훌륭한 인재로 양성하기 위한 경쟁을 할 수 있는 여지가 거의 없다. 이와 함께 시대착오적인 정부규제의 대표적인 예로서, 이른바 '수학능력시험' 제도를 들 수 있다. 우리나라에서는 전국 각지에 흩어져 있는 수십만 명의 학생들이 한날한시에 단 한 번의 시험으로 수학 능력을 평가받도록 되어 있는 제도를 수십 년간 유지해오고 있다. 그러나 IT기술과 정보가 고도로 발달함에 따라 수학 능력을 테스트할 수 있는 기술이나 방법도 현저히 발달하고 있기 때문에 이제 그러한 제도를 더 이상 유지할 필요가 없으며, 특히 4차 산업혁명 시대에 들어와서도 그러한 제도를 계속 유지하고 있는 것은 '난센스 중의 난센스'라고 하지 않을 수 없다. 따라서 정부는 대학교육에 관한 규제를 과감히 철폐하고, 각 대학이 신입생의 선발부터 교육 과정의 편성과 그 운용에 이르기까지 모든 분야에서 자유롭게 경쟁할 수 있는 여건을 마련해 줌으로써, 다양한 분야에서 요구하는 전문적인 지식과 능력 및 기술을 갖춘 우수한 인재들을 양성할 수 있는 길을 열어주기 위해 노력할 필요가 있다.

그리고 법률 서비스 분야에서도 경쟁원리를 더욱 확산하기 위해 노력할 필요가 있다. 우리나라에서는 양질의 법률 서비스를 제공할 수 있는 이른바 '경쟁력 있는 법률가를 양성하기 위한 사법개혁'을 통해, 1997년에 사법시험 합격자 수를 대폭 늘렸으며, 2009년에는 법학전문대학원(Law School) 제도를 도입하여 해마다 신임 변호사를 1,500명 이상 배출함으로써 법률가의 수가 대폭 증가했다. 그런데 최근 대한변호사협회(대한변협)가 변호사시험 합격자의 수를 1,200명으로 감축해야 한다는 성명서를 발표하면서, 변호사 수의 증가에 제동을 걸기 위하여 노력하고 있다. 그러나 이는 시대착오적인 주장으로서, 도저히 용납할 수 없는 부당한 주장이라고 판단된다. 왜냐하면, 우리나라에는 아직 변호사의 도움을 받기가 어려운 서민들이 매우 많을 뿐만 아니라, 산업 분야에 따라서는 해당 분야에 대한 전문지식을 갖춘 경쟁력 있는 변호사를 찾기가 어려운 경우도 많기 때문이다. 이러한 상황에서 대한변협이 변호사의 전문성 제고를 통해서 그들의 직역(職域)을 확대하려는 노력은 하지 않고, 안일하게 변호사시험 합격자의 수를 줄여야 한다고 주장하는 것은, 기본적 인권을 옹호하고 사회정의를 실현하기 위하여 노력해야 할 변호사의 사명을 망각한, 아주 이기적인 발상이라고 하지 않을 수 없다. 한편, 이러한 대한변협의 옹졸한 태도는 최근에 변호사를 소개하는 플랫폼인 '로톡(LAWTALK)'을 운영하고 있는 로앤컴퍼니(Law & Company)와 벌이고 있는 법적 분쟁에서도 그대로 나타나고 있다.

끝으로, 이러한 경쟁원리의 확산은 국경을 넘어서 글로벌한 차원에서도 전개되고 있다. 1991년 구소련(舊蘇聯)의 붕괴로 인해 종래 공산주의 체제에 속해 있던 많은 나라들이 체제전환을 통하여 시장경제를 도입하게 되었으며, 그 결과 많은 체제전환국들이 경쟁법과 정책을 도입해 시행하고 있다. 이러한 현상은 중국과 베트남 등과 같은 가까운 이웃나라에서도 나타나고 있다. 그런데 이들 나라에서는 경쟁법과 정책을 도입·시행하고 있음에도 불구하고, 아직 그러한 법과 정책이 실효성 있게 집행되지 못하고 있는 경우가 많다.

따라서 우리는 이웃나라들 중에서 경쟁법과 경쟁정책을 도입하기 위해 노력하고 있거나, 이를 도입했지만 아직 제대로 집행하지 못하고 있는 나라들을 돕기 위해 노력할 필요가 있다. 특히 최근에 우리나라와 교류와 협력을 강화하고 있는 아세안(ASEAN) 회원국들이 그 대표적인 대상이 될 수 있을 것이다. 우리는 이들 나라의 경쟁법과 정책에 대해 깊은 관심을 가지고 비교·연구하는 동시에, 다양한 차원의 교류와 협력을 통해서 그러한 나라에서도 경쟁원리가 확산되어 시장경제가 명실공히 경제질서의 기본으로 자리매김할 수 있도록 지원할 필요가 있다. 이는 직접적으로는 이웃나라들을 돕는 일이 되겠지만, 간접적으로는 이웃나라에 진출해서 활동하고 있는 우리나라 기업들을 돕는 일이 될 수 있을 것이며, 장기적으로는 우리나라를 포함한 아시아 전체의 경제가 지속적으로 발전할 수 있는 환경이나 여건을 조성하는 길이 될 수 있을 것이다(경쟁저널 오피니언, 2021.8.).

한국경쟁법학회 춘계학술대회

한국경쟁법학회는 서강대 법학연구소와 공동으로 2022년 3월 25

일 오후 1시 20분부터 6시까지 한국공정거래조정원 8층 대회의실에서 춘계학술대회를 개최하였는데, 여기서 나는 다음과 같은 내용의 축사를 하였다.

우리나라에서는 아직 코로나 바이러스 감염증의 확산이 진정되지 않고 있는 상태입니다. 그럼에도 불구하고 우리 한국경쟁법학회가 금년도 춘계 학술대회를 이렇게 온라인으로라도 개최할 수 있게 된 것을 기쁘게 생각하며, 그동안 이를 위하여 수고해 주신 학회 회장님을 비롯한 임원 여러분들과 오늘 사회자와 발표자 및 토론자로 참가하여 열띤 토론을 전개해 주실 여러분들 그리고 온라인으로 참가해 주신 회원 여러분들에게 깊이 감사드립니다.

한국경쟁법학회는 1988년부터 지금까지 34년 동안 우리나라 경제질서의 기본법인 독점규제 및 공정거래에 관한 법률(이하 '독점규제법'이라 한다)을 비롯한 공정거래관련법에 대한 연구와 발표 및 토론을 통하여 우리나라의 경쟁법과 경쟁정책의 발전에 크게 이바지해 왔다고 자부합니다. 저는 오늘 이 자리에서 그동안 우리나라의 시장경제와 경쟁법의 발전을 위하여 헌신적으로 노력해 오신 회원 여러분들께 존경과 아울러 감사의 말씀을 드리면서, 우리 경쟁법학회가 장차 우리나라 경쟁질서의 확립을 통한 시장경제의 발전에 더욱 크게 기여할 수 있도록 하기 위하여 특별히 유의해 주기를 바라는 사항 몇 가지를 말씀드리는 것으로서 축사에 대신하고자 합니다.

우선, 시장경제가 정상적으로 작동하기 위해서는 자유롭고 공정한 경쟁질서가 확립되어야 합니다. 그리고 이를 위해서는 독점규제법을 비롯한 공정거래관련법들의 실효성이 보장되어야 합니다. 우리나라의 공정거래관련법들은 지난 40년간 지속적인 발전을 거듭하여, 이제 법제도와 법리적 측면에서는 선진국의 수준에 뒤지지 않는 단계에 이르렀다고 할 수 있습니다. 그러나 우리나라의 경제질서가 시장경제의 원리에 부합하게 정상적으로 작동하고 있다고 보기는 어려운 것이 사실입니다. 아직 여러 산업분야에 경쟁원리의 작동을 저해하는 불합리한 정부규제가 많이 남아 있는 데다가, 소수 재벌에 의한 경제력집중도 완화되지 않고 있으며, 독과점적 시장구조가 고착되어 있는 산업분야에서는 수직적인 거래 구조로 인한 불공정한 거래관행이 중소기업이나 소비자들의 이익을 침해하는 경우도 적지 않습니다. 이른바 '기울어진 운동장'과 '갑을관계'에 대한 비판의 목소리가 쉽게 사라지지 않고 있는 것도 그러한 이유 때문이라고 할 수 있습니다.

따라서 우리 학회에서는 앞으로 법과 제도에 대한 연구를 계속 해 나가면서, 거기에 만족하지 말고 그러한 법과 제도가 실제로 어떠한 기능을 발휘하고 있는지, 만약 정상적인 기능을 발휘하지 못하고 있는 경우가 있다면 그 이유가 무엇인지를 분석하여 이를 해결할 수 있는 방안을 모색하기 위하여 노력할 필요가 있습니다. 특히 산업분야별로 경쟁원리가 제대로 작동하지 않는 산업분야를 찾아내어, 그 분야의 시장구조와 행태 및 성과를 실증적으로 분석, 검토하여 자유로운 경쟁이나 공정한 거래를 저해하는 요인이 무엇인지를 진단하여 이를 해소할 수 있는 방안을 모색하기 위하여 노력할 필요가 있습니다. 그렇게 해야 비로소 우리 학회가 경쟁질서의 확립에 실질적인 기여를 할 수 있습니다.

둘째로, 우리나라에서는 시장경제에 있어서 자유로운 경쟁과 공정한 거래의 관계가 명확하게 정립되지 않은 채, 후자 즉 공정한 경쟁이나 공정한 거래가 지나치게 강조되고 있는 경향이 있습니다. 이것은 이론적인 차원에 그치는 문제가 아니라, 실제의 법집행에 있어서도 여러 가지로 어려운 문제를 야기하고 있습니다. 선진국에서는 통상 경쟁당국은 자유로운 경쟁의 유지·촉진을 목적으로 독과점이나 기업결합 및 부당한 공동행위 등과 같은 경쟁제한행위에 대한 공적 규제를 실시하고, 공정한 경쟁이나 공정한 거래의 실현은 법원에 의한 사적 구제를 통하여 실현되고 있습니다. 그러나 우리나라에서는 양자를 모두 경쟁당국의 공적 규제를 통하여 실현하고 있는 데다가, 공적 규제가 불공정한 경쟁이나 불공정한 거래의 금지에 치중하느라 독과점이나 경쟁제한의 문제의 해결에 역량을 집중하지 못하는 경향을 보이고 있습니다. 이러한 태도는 자유로운 경쟁질서의 확립에는 물론이고 공정한 거래질서의 유지에도 도움이 되지 않기 때문에, 우리 학회에서는 이 문제에 대하여 깊은 관심을 가지고 철저히 연구하여 바람직한 대안을 제시해 주기 바랍니다.

셋째로, 4차 산업혁명 시대를 맞이하여 온라인 플랫폼과 같이 새롭게 제기되는 경쟁이슈들이 많기 때문에 경쟁법학회에서 이에 대하여 관심을 가지고 연구하고 토론하는 것은 좋지만, 그러한 시의적인 문제에 치중하느라 경쟁법학이 추구해야 할 기본적인 과제라고 할 수 있는 독과점적 시장구조의 개선이나 경쟁제한적인 행위의 금지를 통하여 자유롭고 공정한 경쟁질서의 확립에 이바지하는 일에 소홀함이 발생하지 않도록 노력하는, 균형감각을 유지하기 위하여 노력할 필요도 있다고 생각됩니다.

끝으로, 우리 경쟁법학회도 이제 시야를 나라 밖으로 돌려서 이웃나라의 경쟁법이나 경쟁정책에 대하여도 깊은 관심을 가지고 연구하고, 또 그들과 활발한 교류와 협력을 통하여 이웃나라 경쟁법과 정책의 발전에도 기여할 수 있는 방안을 모색할 필요가 있습니다. 우리의 이웃에는 중국이나 베트남, 몽골 등과 같은 체제전환국들이 많이 있고, ASEAN과 같은 개발도상국들도 많이 있습니다. 그리고 그들도 바야흐로 경쟁법을 도입하여 시행하고 있지만, 아직 경쟁법에 대한 지식과 경험은 물론이고 집행의 역량이 부족하여 법집행에 많은 어려움을 겪고 있습니다. 그들은 우리나라와 경제적, 문화적, 사회적 측면에서 활발한 교류와 협력을 하고 있을 뿐만 아니라, 우리나라의 경제발전이나 경쟁법의 집행에 대하여 많은 관심을 가지고 있습니다. 따라서 우리가 그동안 경쟁법을 집행하는 과정에서 얻은 지식과 경험 및 노하우 등을 그들에게 전수해 줄 수 있다면, 그들의 경쟁법 집행에 상당한 도움을 줄 수 있을 것이기 때문에 이를 위해 노력할 필요가 있습니다.

이상과 같이 우리가 해야 할 일은 너무나 많지만, 우리들의 역량은 아주 미흡한 상태입니다. 따라서 우리 학회의 회원들은 서로가 아주 소중한 존재라는 것을 명확히 인식하고, 상호 존중하는 마음을 가지고 서로를 따뜻하게 격려하면서 긴밀히 협력해 나가는 훈훈한 분위기를 계속 유지해 나감으로써 자유롭고 공정한 경쟁질서의 확립에 크게 이바지할 수 있게 되기를 기원합니다. 감사합니다.

준법경영 활성화를 위한 공정거래 형벌제도 개선방안

이 글은 2022년 5월 20일 한국경쟁포럼과 공정경쟁연합회가 공동으로 개최한 세미나에서 발표한 격려사를 수정·보완한 것이다.

우리나라는 시장경제를 경제질서의 기본으로 삼고 있는데, 시장경제가 정상적으로 작동하기 위해서는 시장에서 활동하는 사업자들 간에 자유롭고 공정한 경쟁이 유지되고 있어야 하고, 또 그들 간의 거래가 공정하게 이루어져야 합니다. 따라서 국가는 자유롭고 공정한 경쟁의 촉진과 공정한 거래질서의 확립을 위하여, 독점규제 및 공정거래에 관한 법률을 비롯한 하도급법, 가맹사업법, 대규모유통업법, 표시 광고법 등과 같은 공정거래관련법들을 제정하여 시행하고 있습니다.

이러한 법률의 집행은 공정위가 담당하고 있으며, 동법의 실현은 주로 공정위에 의한 행정적 제재를 통하여 이루어지고 있습니다. 그런데 최근에는 형사적 제재와 아울러 민사적 구제도 점차 증가하고 있습니다. 그 중에 형사적 제재는 인간의 신체의 자유나 재산권에 대한 중대한 제한인 형벌을 그 수단으로 하고 있기 때문에, 통상 경쟁질서나 거래질서의 보호를 위한 최후의 보충적 수단으로서 활용되고 있습니다. 그러나 우리나라 공정거래관련법들은 법에서 금지 또는 제한하는 거의 모든 행위에 대하여 형벌을 부과할 수 있게 규정하고 있습니다. 이는 이른바 형벌조항의 과잉이라고 할 수 있습니다. 2020년 독점규제법의 전면 개정을 통하여 그러한 형벌조항들 중에 일부가 축소되기는 했지만, 아직도 그 범위가 지나치게 넓다고 할 수 있습니다.

그리고 공정거래관련법들이 공정위에게 부여하고 있는 전속고발권제도는 그동안 형벌의 남용으로 인한 기업활동의 위축을 방지하는 역할을 수행해 왔다고 할 수 있습니다. 그러나 공정위의 소극적이고 자의적인 전속고발권의 행사에 대하여 강한 비판이 제기되었기 때문에, 법 개정을 통하여 검찰총장을 비롯한 다양한 기관에 고발요청권이 인정되었으며, 공정위의 전속고발권의 행사도 적극적으로 바뀌었습니다. 그 결과, 최근에는 공정거래관련법 위반행위에 대한 형사적 제재가 증가함에 따라 과잉범죄화로 인한 기업활동의 위축이 우려되고 있습니다.

무릇 경쟁법과 제도가 실효를 거두기 위해서는 그 자체가 합리적이어야 하고, 이를 집행하는 절차가 민주적이고 공정해야 하며, 수범자의 시장경제에 대한 인식이 제고되어야 합니다. 따라서 우리는 이러한 관점에서 공정거래관련법상 형사적 제재가 가지는 의미와 역할에 대하여 근본적으로 재검토하여, 현행법상 형사적 제재가 안고 있는 문제점을 진단하여 이를 개선할 수 있는 방안을 마련하기 위하여 노력할 필요가 있습니다. 입법론으로는 공정거래관련법상 형사적 제재는 경성카르텔과 같이 경쟁제한성이 명백하지만 은밀하게 이루어져서 강제수사의 필요성이 인정되는 행위와 공정위의 시정명령 위반행위 등으로 제한하는 것이 바람직할 것입니다. 그리고 현행법상 형사적 제재를 적용하는 과정에서는 공정위와 검찰 또는 경찰이 서로 긴밀히 협조하여 그 실효성을 제고하면서 수범자의 권리가 침해되지 않도록 배려할 필요가 있으며, 사업자의 시장경제에 대한 인식과 준법의식의 제고를 통하여 과잉형벌로 인한 기업활동의 위축이 발생하지 않도록 노력할 필요가 있습니다.

오늘 이 정책세미나가 이러한 문제들을 깊이 있게 논의하여 개선방안을 마련하는 자리가 될 것을 기대하며, 발표자와 사회자, 토론자를 비롯하여 이 자리에 참여하신 모든 분들에게 감사와 아울러 격려의 말씀을 보내드립니다.

9. 수　상

경쟁촉진상 수상

2019년에는 한국경쟁포럼의 초대 회장을 역임하신 윤호일 법무법인 화우의 대표변호사가 한국경쟁포럼 창립 15주년을 기념하여, 우리 경쟁법과 정책 분야에서 활동하는 사람들로 구성된 경쟁커뮤니티(competition community)에 활력을 불어넣기 위하여, 이 분야의 발전에 크게 기여한 사람을 찾아내어 포상하는 제도를 마련하여 실시하면 좋겠다고 제안하면서, 그를 위한 기금으로 한국경쟁포럼에 거금을 출연해 주셨다. 한국경쟁포럼에서는 그분의 뜻을 존중하여 포상제도를 실시하기로 하고 이를 위한 위원회를 구성하여 구체적인 준비를 하게 되었다.

우선, 그 상의 이름을 "경쟁촉진상"이라고 부르기로 하고 수상후보자의 추천 등에 관한 규정을 마련한 뒤에, 경쟁법과 정책에 관련된 학회나 단체에 그 뜻을 알려주고, 그동안 독점규제 및 공정거래 관련분야의 법과 정책의 발전에 크게 기여한 사람을 수상후보자로 추천해 달라고 요청하는 등 필요한 절차를 밟게 되었다. 그 결과, 내가 제1회 수상자로 결정되었고, 그 시상식은 2020년 5월에 개최될 예정인 공개세미나와 함께 거행하기로 하였다. 그러나 코로나19 사태로 인하여 공개세미나가 10월로 연기됨에 따라, 10월 15일에 개최된 공개세미나와 함께 경쟁촉진상 수상식이 거행되었고, 그날에 나는 제1회 경쟁촉진상을 수상하는 영광을 안게 되었다. 그 자리에서 나는 다음과 같은 수상소감을 발표하였다.

[수상 소감]

한국경쟁포럼이 창립 15주년을 기념하여 제정하여 수여하는 제1회 '경쟁촉진상'을 제가 수상하게 된 것을 매우 기쁘고 영광스럽게 생각합니다. 그리고 이 상을 제안해 주시고 이를 위한 거액의 기금을 출연해 주신 윤호일 변호사님과 수상자의 선정을 위하여 수고해 주신 경쟁촉진상 심사위원회 강철규 위원장님을 비롯한 여러 위원님들과 시상에 필요한 제반업무를 담당해 주신 조학국 한국경쟁포럼 회장님과 사무총장과 사무차장께 진심으로 감사드립니다. 그리고 바쁘신 중에도 이 자리에 직접 참여해서 축하해 주신 공정위 김재신 부위원장께도 감사드립니다.

우리나라는 시장경제를 경제질서의 기본으로 삼고 있는데, 시장경제가 정상적으로 작동하기 위해서는 시장에 자유롭고 공정한 경쟁이 유지되고 있어야 합니다. 그러나 실제의 시장에는 이를 제한하거나 저해하는 요소들이 많이 있기 때문에, 국가는 경쟁을 촉진하기 위하여 노력할 필요가 있습니다. 다 아시는 바와 같이 우리나라는 자유롭고 공정한 경쟁을 촉진하기 위하여, 1980년에 독점규제 및 공정거래에 관한 법률(이하 "독점규제법"이라 함)을 제정하여 1981년 4월 1일부터 시행하고 있습니다. 그런데 동법의 시행 초기에는 아직 오랫동안 지속되어 온 정부주도형 경제성장정책의 그늘에서 벗어나지 못하여, 독과점의 폐해나 불공정한 거래관행을 규제할 필요가 있다는 점을 인정하면서 그것을 통하여 자유롭고 공정한 경쟁질서를 확립해야 한다는 점에 대한 인식은 매우 낮았던 것으로 보입니다. 그러나 1990년대에 들어와서는 국민경제의 규모가 크게 확대되었고, 시장개방으로 인하여 국경없는 경쟁이 일반화되었으며, 국제경제력을 갖춘 대기업들이 증가함에 따라 시장경제와 경쟁질서의 중요성에 대한 인식이 강화되었으며, 그 결과 독점규제법이나 경쟁정책에 대한 인식도 제고되고, 경쟁당국인 공정거래위원회의 역할도 중요하게 되었습니다. 그리고 이러한 현상은 최근 IT산업의 발달과 제4차 산업혁명의 도래로 인하여 더욱 분명하게 드러나고 있습니다.

이러한 시점에 우리 한국경쟁포럼이 "경쟁촉진상"이라는 제도를 마련하여 독점규제법과 경쟁정책의 발전에 기여한 공로가 큰 사람에게 그 상을 수여하기로 한 것은 매우 뜻 깊은 일이라고 생각됩니다.

그런데 제가 이 상의 제1회 수상자로 선정되었다는 소식을 듣고서, 저는 한편으로는 매우 감사하지만, 다른 한편으로는 쑥스럽고 송구스러운 마음을 금할 수 없었습니다. 왜냐하면 저는 1970년대 후반부터 지금까지 나름대로 독점규제법을 비롯한 경제법 분야를 연구하고 교육하기 위해 노력해 온 것은 사실이지만, 워낙 천학 비재한데다가 그 당시에는 연구여건도 그다지 좋지 않아서, 자유롭고 공정한 경쟁의 촉진을 목적으로 하는 독점규제법이나 경쟁정책의 발전에 큰 기여를 하지 못하였기 때문입니다. 이는 우리나라에는 아직 소수 재벌에 의한 과도한 경제력집중과 독과점적 시장구조 및 다양한 경쟁제한 행위와 불공정한 거래행위 등으로 인하여 자유롭고 공정한 경쟁질서가 확립되지 않고 있다는 것을 보아도 알 수 있습니다.

이러한 상황에서 평생 동안 경쟁법을 연구하고 교육해 오면서 법 집행의 경험까지 가졌으나 큰 공로를 세우지 못한 사람이 경쟁촉진상을 수상하게 된다면 그것은 어떠한 의미를 가질 것인지에 대하여 생각해 보았습니다. 그것은 아마 마무리라도 잘 하라는 뜻이 아닐까 생각됩니다. 한편으로는 그동안 연구하고 싶었으나 하지 못한 주제나 시작했다가 아직 끝내지 못한 주제들에 대한 연구를 마무리하면서, 다른 한편으로는 어려운 여건에서 경쟁법과 경쟁정책 분야에서 열심히 일하고 있는 분들을 격려하고 도와서 그들이 우리나라 경쟁질서의 확립에 크게 이바지할 수 있게 하는, 우리 competition community의 발전을 돕는 후원자의 역할을 담당하고자 합니다. 그러한 뜻에서 오늘 이 영광을 competition community의 모든 구성원들과 함께 나누고자 합니다.

끝으로 그동안 우리나라 경쟁법과 경쟁정책의 발전을 위해 노력해 오신 모든 분들께 경의를 표하며, 오늘 이 자리에서 저의 수상을 축하해 주신 여러분들에게 진심으로 감사드립니다(2020.10.15.).

명예로운 안동인상 수상

2020년 9월에 재경안동향우회로부터 나를 금년도 '명예로운 안동인상' 수상후보자로 추천하고 싶다는 연락을 받았다. 나는 안동 출신이기는 하지만, 그동안 고향인 안동을 위해서 한 일이 거의 없었기 때문에, 이를 주저하였으나 향우회 회장의 강한 권유로 이를 수락하여 추천절차에 응하게 되었는데, 심사결과 2020년 명예로운 안동인상 수상자로 결정되어, 10월 초 추석연휴기간 중에 있는 '안동인의 날'에 안동에서 그 상을 수상하기로 예정되어 있었다. 그러나 코로나19 사태로 인하여 그 모임이 무기 연기되었다가 11월 3일에야 비로소 안동시청에서 개최되는 수상식에 참석하여 그 상을 수상하게 되었다. 그날 나는 주최 측의 요청으로 수상 후에 1분간 수상소감을 발표하게 되었는데, 그 내용은 다음과 같다.

[수상 소감]

명예로운 안동인상을 받게 된 것을 매우 기쁘고 영광스럽게 생각합니다. 저는 1949년에 안동에서 태어나 중학교를 졸업한 후 서울로 올라가서 지금까지 서울에서 살고 있습니다. 그러니까 70여 년 중에 안동에서 15년, 서울에서 56년을 살았지만, 언제나 안동사람이라는 긍지를 가지고 살았습니다.

대학을 졸업한 후에는 학자의 길로 들어섰기 때문에, 평생 동안 학문을 통해서 국가와 사회의 발전에 이바지하기 위하여 노력하느라, 고향인 안동을 위해서는 기여한 바가 거의 없습니다. 이런 사람에게 명예로운 안동인상을 수여해 주셔서 정말 감사하기도 하고 송구스럽기도 합니다. 저도 앞으로는 안동을 위해서 할 수 있는 일이 있는지 찾아보도록 하겠습니다.

그리고 명예로운 안동인상을 수여하기 위하여 애쓰신 권영세 안동시장님을 비롯한 관계자 여러분들과 저를 후보자로 추천해 주신 재경 안동향우회 손요헌 회장을 비롯한 관계자 여러분들께 진심으로 감사드립니다.

끝으로 저와 결혼한 후에 주위에 안동사람과 결혼하겠다는 사람이 있으면 도시락이 아니라 불고기를 사주면서 말리겠다고 했으나, 끝까지 잘 견디면서 내조해 준 사랑하는 아내에게 감사드립니다(2020.11.3.).

지난 40여 년간 법학교수로 살아오면서 경험하고 느꼈던 점들을 두서없이 정리해 보았다. 그런데 이것을 세상에 내어 놓으려고 하니 부끄러움이 앞선다.

내가 1979년 3월에 처음 법학교수로 임용되었을 때에, 두렵고 떨리는 마음으로 평소에 존경하고 있던 원로교수님을 찾아가서, "교수가 되기에 적합한 성품은 어떤 성품입니까?"라고 여쭈어보았다. 그런데 그 교수님은 딱 한 마디로 "세상에 교수라는 직업이 없었으면 굶어 죽을 성품"이라고 대답하셨다. 당시에 나는 그 말씀의 의미를 제대로 깨닫지 못하여 다소 서운한 느낌을 금할 수 없었다. 그러나 나는 평생 법학교수로 살아오면서, 그 교수님의 말씀과 그 의미에 대하여 여러 번 되씹어 보지 않을 수 없었다. 그 말씀은 교수는 모름지기 연구와 교육에만 몰두하고 다른 것에 대하여는 신경을 쓰지 말아야 한다는 점을 강조한 것으로 보이지만, 그 말씀이 오늘날에도 과연 타당하다고 할 수 있는지는 의문이다. 그렇다고 하더라도, 나는 그동안 내가 과연 교수가 되기에 적합한 성품을 가지고 있는지, 법학교수로서 해야 할 역할을 다하고 있는지, 특히 경제법 교수로서 감당해야 할 시대적 사명과 역할을 제대로 수행하고 있는지 등에 대하여 자주 생각해 보지 않을 수 없었다.

돌이켜 보면, 나는 학문적으로나 인간적으로 제대로 준비되지 않은 상태에서 얼떨결에 법학교수가 되어서, 많은 분들의 도움과 지원을 받아 가면서 나름대로 법학의 연구와 교육 및 사회봉사를 위해 열심히 노력해 왔다고 자부할 수 있다. 그러나 그동안 이룩한 성과가 그다지 크지 않은 것을 보면, 내 성품이 교수가 되기에 적합하지 않은 것인지, 아니면 내 능력이 부족한 탓인지, 아니면 내가 최선을 다하지 않은 것인지, 그 이유를 자세히 분석해 보아야 할 것 같다.

요즈음은 인간의 수명이 늘어나서 백수를 누리는 분들도 많기는 하지만, 성경에는 "우리의 연수가 칠십이요 강건하면 팔십"이라고 했는데, 내 나이가 칠십이 넘었으니, 앞으로 일할 수 있는 시간은 그리 많지 않을 것 같다. 다행히 아직 건강이 유지되고 정신도 맑으니, 건강이 허락하는 한도 내에서 내가 그동안 쌓은 지식과 경험을 가지고 우리나라 경제질서 중에서 바람직하지 못한 부분, 예컨대 과도한 경제력의 집중과 독과점적 시장구조 등을 고쳐서, 대기업과 중소기업이 각자의 장점을 충분히 발휘하면서 상생할 수 있는 여건을 마련하는 데에 이바지하고, 또 시장경제에 관한 우리의 지식과 경험을 이웃나라들과 나누는 일에도 일조할 수 있다면 더 이상 바랄 것이 없을 것 같다.

■ 약 력

서울대학교 법과대학 및 동대학원 졸업
서울대학교 대학원 법학박사
독일 프라이부르크대학에서 연구(1984.6~1986.7), 독일 훔볼트재단 지원
경희대학교 법과대학 교수 역임
미국 Harvard대학과 독일 Mainz대학 방문교수
제13대 공정거래위원회 위원장 역임
서울대학교 법과대학 및 법학전문대학원 교수 역임
현 서울대학교 법학전문대학원 명예교수
　　　대한민국학술원 회원
　　　한동대학교 대학원 석좌교수

■ 저 서

企業結合規制法論(法文社, 1987)
民法의 爭點(法元社, 1990)
EC競爭法(法文社, 1992)
公正去來法 實務解說(韓國上場會社協議會, 1993)
公正去來法審決例100選(共著, 法文社, 1993)
사법도 서비스다(미래 미디어, 1996)
公正去來法講義(編, 法文社, 1997)
獨逸競爭法(譯, 法文社, 1997)
公正去來法講義Ⅱ(編, 法文社, 2000)
自由競爭과 公正去來(編, 法文社, 2000)
제조물책임법(공저, 법문사, 2003)
公正去來와 法治(編, 法文社, 2004)
通信産業과 競爭法(編, 法文社, 2004)
消費者保護法(제5판, 法文社, 2005)
情報通信과 公正去來(編, 法文社, 2006)
법으로 사랑하다(홍성사, 2010)
독점규제법 30년(편, 법문사, 2011)
시장경제와 사회조화(편, 법문사, 2015)
독점규제법(제7판, 공저, 법문사, 2020)
독점규제법 기본판례(공저, 법문사, 2020)
경제법(제14판, 공저, 법문사, 2021)
독점규제법: 이론과 실무(제5판, 공저, 법문사, 2022)
아세안 경쟁법(공저, 법문사, 2022)

법학교수의 삶

2022년 8월 25일 초판 인쇄
2022년 8월 30일 초판 1쇄 발행

저　자　권　　오　　승

발행인　배　　효　　선

발행처　도서　法　文　社
　　　　출판

주　소　10881 경기도 파주시 회동길 37-29
등　록　1957년 12월 12일/제2-76호(윤)
전　화　(031)955-6500~6 FAX (031)955-6525
E-mail　(영업) bms@bobmunsa.co.kr
　　　　(편집) edit66@bobmunsa.co.kr
홈페이지　http://www.bobmunsa.co.kr
조　판　법　문　사　전　산　실

정가 20,000원　　ISBN 978-89-18-91326-1